广东省哲学社科规划项目（GD12XGL22）
广东省高教改革项目（GDJG20141241）

HR 创新导向的人力资源管理

Human Resource Management Innovation-oriented

孙 博◎著

暨南大学出版社
JINAN UNIVERSITY PRESS

中国·广州

图书在版编目（CIP）数据

创新导向的人力资源管理/孙博著．—广州：暨南大学出版社，2016.7（2016.12重印）
ISBN 978－7－5668－1862－1

Ⅰ.①创…　Ⅱ.①孙…　Ⅲ.①人力资源管理—研究　Ⅳ.①F241

中国版本图书馆 CIP 数据核字（2016）第 121466 号

创新导向的人力资源管理
CHUANGXIN DAOXIANG DE RENLI ZIYUAN GUANLI
著　者：孙　博

出 版 人：徐义雄
策划编辑：李　艺
责任编辑：王雅琪
责任校对：刘雨婷
责任印制：汤慧君　王雅琪

出版发行：暨南大学出版社（510630）
电　　话：总编室（8620）85221601
营销部（8620）85225284　85228291　85228292（邮购）
传　　真：（8620）85221583（办公室）　85223774（营销部）
网　　址：http://www.jnupress.com　http://press.jnu.edu.cn
排　　版：广州市天河星辰文化发展部照排中心
印　　刷：深圳市新联美术印刷有限公司
开　　本：787mm×1092mm　1/16
印　　张：13.75
字　　数：301 千
版　　次：2016 年 7 月第 1 版
印　　次：2016 年 12 月第 2 次
定　　价：32.00 元

前言

知识经济时代，对知识工作者的管理要做出相应的改变。根据德鲁克所说，由知识型工作者组成的现代组织关系已不再是老板和下属的关系，而是一种团队式的、平等的关系。“知识经济下的人力资源创造性产出”实在是一个崭新而艰巨的课题。

企业要在全球化的竞争中赢得主动，就必须注重学习和研究国内外管理的新思维和趋势，结合自身的发展需要，树立新的管理理念，不断提高现代化管理水平，并在实务中不断丰富与完善经典的人力资源管理理论。为迎接创新的挑战，基于创新目的或以创新理论为导向的人力资源管理是我们借助国内外思维，提炼业界实践的应对之策与破冰之举。如果能够把创新导向的人力资源管理研究作为优化企业管理的突破口，将对企业的发展有很大的影响，而且可以丰富既有的、经典的思想。

此等研究宜从创新的角度切入，探索人力资源管理对其的支持，旨在寻求创新视角下人力资源管理理论及其实践的提升。虽然人力资源管理的理论创新不是研究的重点，但是研究成果对创新的贡献不容忽视。企业创新是一项系统工程，其成功倚赖于制度层面的完善、组织的高效运作与人员的协作配合。这就要求基于系统的观点去分解与剖析人力资源管理，对其本身与创新的关系进行透析。本书于理论上可用来丰富人力资源管理理论的思想，为创新导向的人力资源管理研究探索前路；实践上将会助推企业的创新进程与润滑人力资源管理，鼓励企业对研究成果加以运用。

创新研究与人力资源管理研究都是当今管理科学领域的热点问题，受到国内外专家学者的广泛关注。本书大胆地将其思想结合并予以拓展，突破零散的、各自为战的片面研讨，以系统为纲将其串联，试图擢升人力资源管理的层级，以追近企业的创新愿景，期望使创新理论在管理领域拓展的同时，又可为人力资源管理赋予新的思维。

本书将问题分解为七个方面，分别是静态攻略、动态攻略、内部互动、外部利用、组织结构、薪酬保障与培训开发。

创新机理是领衔该模型其他构件的先导部分，并将在整体框架下的每个子系统内得到反映。

静态攻略是一种静态观的策略。它的变动性不是很强，企业至少可以在确定的时间内恒定地处理，主要包括战略、规划与工作分析。

动态攻略则是与静态攻略相对应的另一种观点。对于企业来说，人力资源进进出出，优秀人才得以保留，所以它可以包括员工的吸引、维持与遣散三部分。

内部互动是可应用于企业内部的策略。由于个体决策离不开意识、思想，企业内的互动就显得尤为重要。具体说来，它可以包括三部分：沟通、考评与激励。

外部利用是可应用于企业外部的策略。任何企业都注定与其环境相关，这就要求我们充分利用与把握外部的场合与机遇。那么，变革、合作与竞争就构成了这部分的内容。

组织结构是一种源自组织视角的观点。它可细化为配置、柔性与网络。

薪酬保障是常规的人力资源手段。因为它与员工利益息息相关，所以仍是创新的重点。

培训开发是关乎企业未来的基础。从某种程度上讲，企业创新正是由培训开发所决定的。

较之同类研究，本书有以下特色：①引入动、静态观点。通过相对静态的观点考察人力资源攻略，在战略、规划与工作分析方面为企业创新奠定基础；再以动态的观点设计人员的吸引、维持与遣散攻略。②由组织结构方面切入。诸如如何配置人力资源、如何运筹，才可对创新形成最大的支持。这是一个棘手的问题！研究拟由组织结构的角度寻求创新的支持触角。③巡视边界内外。边界问题一直是学者所感兴趣的。武汉大学赵锡斌教授的企业环境分析理论令人耳目一新，但无论边界定在何处，“内部宜互动，外部须利用”基本上是公认的。若以其为纲，将沟通、考评与激励划入前者，将变革、合作与竞争归入后者，以细化的论题与创新建立联系，从而推进研究的深广度，则可使该论题柳暗花明。④紧扣主流分支。薪酬保障与培训开发对于人力资源管理学科体系举足轻重。如对薪酬是否应该透明等有趣的问题加以深究，可能就会走上创新的轨道。经典的理论与前沿的研究在此得到重视，在其基础上本书力争“向创新看齐”。

管理理论研究百花齐放的现状，要求深入与密切联系实际，以满足理论与实践的需要。不拘泥于经典创新理论框架，将其灵活应用于人力资源管理领域，并善用人力资源管理的学科属性，是本书的主旨。

本书的出版，需要感谢广东省社会科学界联合会、暨南大学、嘉应学院等有关单位的大力支持！本书得到广东省社会科学界联合会与嘉应学院的项目支持。暨南大学出版社李艺、王雅琪编辑的高效工作使本书得以顺利出版。笔者在此一并致以深深的谢意！

由于笔者水平有限，书中或有不当之处，敬请读者朋友们批评指正。

孙 博

2016 年 2 月

目录
CONTENTS

第一章　绪　论

什么是经济增长的驱动力？什么使经济具有竞争力和可持续发展能力？这是学者十分关心的问题。从历史观点看，仅拥有丰富的自然资源、廉价的劳动力、较低的成本以及大规模的生产等已不能维持企业长久的竞争优势。优势必须来自于创新，必须以比竞争对手更快的速度将新产品和新流程商品化，这才是商场制胜之策。

第一节 时代背景

一、理论背景

随着市场供求状况的变化和全球经济一体化、管理信息化步伐的加快，企业管理正经历新的变革，其突出表现为：企业由追求利润最大化转向追求整体价值最大化；人由“劳动力”转变为“人力资源”；传统的监控型管理转向授权型管理，并趋向于以潜能开发、人力资本的价值增值为主体；权力距离缩短使得金字塔式的组织结构转向扁平化、团队式的管理运作模式；传统的物力、财力竞争转向企业对市场瓜分能力的竞争；依靠严格、完备的规章制度转向以共同的愿景来集聚企业的向心力；短期激励转向长短期激励结合，物质推动型激励转向情感满足型激励；网络信息技术应用由单一的信息处理转向组织的信息分享、共同合作、工作流程改造与虚拟性活动；员工由被动接受型转向参与管理型，进而转向自我管理型等。第五项修炼、第五代管理、Z 理论、蓝海战略……新的概念、理论层出不穷，“新管理丛林”时代款款而来。

管理创新的成果，从最初的质量管理、技术管理、物资管理、销售管理、财务成本管理和人事管理等，逐步扩展到知识管理、风险管理、敏捷管理、业务流程再造、和谐管理、供应链管理、客户关系管理等；从应用全面质量管理理论、过程控制理论、成本核算理论、行为科学理论、细分市场理论、计算机控制理论等，逐步发展到应用国际标准认证与一体化整合，培育核心竞争力，创建学习型组织，应用价值管理理论、数字化管理理论、速度管理理论等。这些经验使我们清楚地看到，创新在管理实践中的分量。实践无止境，创新亦无止境。管理学家反复咀嚼的是，创新是管理永恒不变的主题，管理是企业永恒的主题。现在我们则可以说，管理创新是企业永恒的主题。

二、现实背景

通过改革开放三十多年以来的努力，科技创新在我国科教兴国战略中的主导地位已基本确立，创新作为民族进步的灵魂，早已家喻户晓。但是，我国的科技创新水平与世界创新型国家的水平比起来，尚存在相当的差距。基于此，中国共产党第十七次与第十八次全国代表大会分别提出：提高自主创新能力，建设创新型国家；实施创新驱动发展战略，推动大众创业、万众创新。

第十一届全国人大常委会副委员长、中国科学院院长、两院院士路甬祥撰文《提高自主创新能力是建设创新型国家的重大战略任务》，他提出提高自主创新能力和科技创新必须以科学发展观为指导，将科学发展观的要求贯彻到科技创新的各个方面。同时，科技创新要为深入落实科学发展观，而不断提供新的科学认知和持续有力的技术支持。因此，必须从以下几方面着手：①必须坚持以人为本，教育为先。要更新教育观念，推进教育改革与创新。②必须坚持正确的科技价值观，弘扬正确的创新理念。③必须完善、鼓励和保障创新的法律体系，创造公平诚信、创新友好的市场环境。④必须建设先进创新文化，在全社会形成鼓励、尊重创新创业的社会环境与氛围。⑤必须深化科技管理体制改革，加快建设国家创新体系。[①]

坚持走中国特色自主创新道路，全面加强原始创新、集成创新和引进消化吸收再创新。把增强自主创新能力贯彻到现代化建设的各个方面，就要认真落实国家中长期科学和技术发展规划纲要，加大对自主创新投入（关键技术长期依靠引进只会使自己受制于人）。创新全面注入国家、企业、个人等层面，不仅为官方、学界所关注，也成为普通民众热议的话题。因此，“创新”成为频繁亮相的热门词汇。

三、创新呼之欲出

变化和革新是永恒的时代主旋律，“变化”成为唯一不变的主题。身处瞬息万变的知识经济时代，一个组织如何应对来自各方面的竞争和威胁？如何应对竞争对手的挑战？如何让企业在规范运转的同时又能够对外界变化做出敏捷的反应？竞争优势的取得要求企业在变中取胜，以新制胜。这些创新的要求体现在微观层面，需要相应的人力资源管理举措来配合。毕竟，企业的每一项创新都需由个体的员工或其组成的团队来实施。于是，创新导向的人力资源管理研究受到了关注。

人在经济社会发展的环境中能够把握创新的机会，触发创新的灵感，并愿意承担创新带来的风险，以及享受将创新变成现实生产力所带来的利益。因此，企业创新能力的大小取决于企业员工。企业需通过制定适合本企业情况的制度、政策与规定，充分调动全体员工创新的积极性和主动性，进而形成企业创新能力的整体合力。这就是我们探讨的焦点问题——创新导向的人力资源管理。

企业的每个员工都具有创新潜力，但多数人没能把这种潜力转化成企业的可用资本。有些人没有认识到自己的创新潜力，而有些人则认为发挥这些潜力的成本要高于潜在收益，更多的员工则对创新表现出看不透的茫然。所以，企业管理者所面对的问题就是，如何创造良好的工作环境来帮助员工了解企业追求的创新行为、他们自身的创新能力、企业对创新活动的鼓励以及创新失败须承担的责任等。企业管理者需要做的就是，让员工明确企业的创新方向，这一内容将贯穿人力资源管理的各环节。实施得当，势必会加速创新进程。创新导向的人力资源管理的提出，就是在企业的层面上对人力资源管理的创新导向加以描述与探索的。

---

① 路甬祥．提高自主创新能力是建设创新型国家的重大战略任务［N］．人民日报，2007－11－12（9）．

第二节 总体构思

一、概念模型

本书提出“创新导向的人力资源管理”概念，是创新理论与人力资源管理理论复合的产物，涉及面比较广泛，基本上涵盖了人力资源管理领域的各个分支。笔者认为：一个概念的提出，可能会牵涉学科体系的方方面面。这个概念如果是合理有效的，将同样会在多个方面发挥作用。“创新导向的人力资源管理”就属于这样一种概念，它根植于创新而又覆盖了人力资源管理的各个分支。从研究角度来看，基于鼓励新观点、新思维产生的初衷，其有一定的生命力，在概念界定明确且严谨的前提下，人们允许新名词的提出。当然，它势必需要后续研究的“细化”与“聚焦”来支持。

本书在提出“创新导向的人力资源管理”的概念之后，又面临着概念所指范围过宽的现实情况。所以，笔者采取了相应的举措来应对。纵然涉及面广，但却可以“精简”变量，选取在各个领域有代表性的因素使其进入模型，即一种类似“庖丁解牛”的思想。为涵盖人力资源管理的主要领域，笔者以“抓大放小”为原则，确定若干主要因素进入模型，希冀勾勒出人力资源管理的大体轮廓。

图 1－1 中的静态攻略、动态攻略、内部互动、外部利用、组织结构、薪酬保障与培训开发是创新导向的人力资源管理的主体结构，它们将进入研究模型。[①] 其他部分，即创新机理与推荐技术尚存较大争议，将作为补充研究内容。

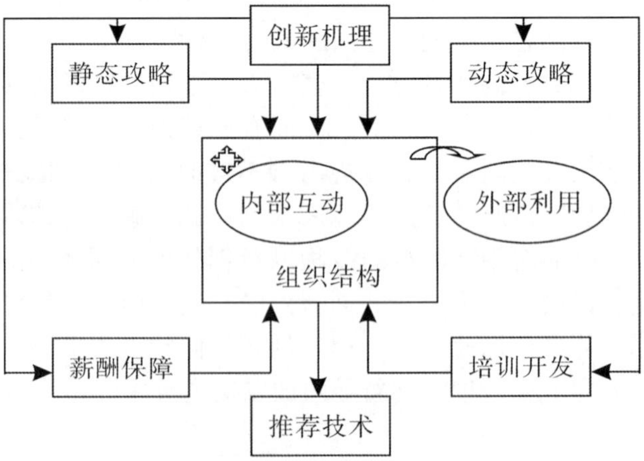

图 1－1 创新导向的人力资源管理的概念模型

（来源：孙博整理，2008）

① 孙博．创新导向的人力资源管理对企业绩效的影响研究［D］．武汉：武汉大学，2009.

二、理论构思

本书提出创新导向的人力资源管理思路，着重实务与问题的解决。在创新导向的基础上，本书从多个维度展开探讨：①动、静态；②内、外部；③组织结构；④其他人力资源管理领域等。针对人力资源管理的内部分支学科，本书借由创新理论对其进行探讨，在理论研讨的同时注重与实践的结合，力争为企业的创新实务解决一些实际问题。期待可以由相关研究预测企业的创新方向，印证人力资源管理的创新导向，同时提出合理激发创新欲望、适当引导企业管理时尚、力促员工与企业同步健康成长、持续强化人力资源管理形象的可行性途径。

通过对如上人力资源管理的分析，笔者试图验证员工身上所体现出的若干改变，暂且称之为创新基因改良，它们可能包括：员工能力的提高、创新动力的增加与发挥空间的拓广。由此，创新将会随之而生，并体现在个人、群体与企业三个层面上。在组织中体现的结果将会是产出提高、成本降低等绩效提升，这些就将是成本领先、产品分化等创新形式的外在表现。贯穿本书始终的是一种系统的观点与技术，该系统思维在大的方向上连接着动态攻略、组织结构等篇章之间的关系，微观方面也将使各章节尽量独立、自含。

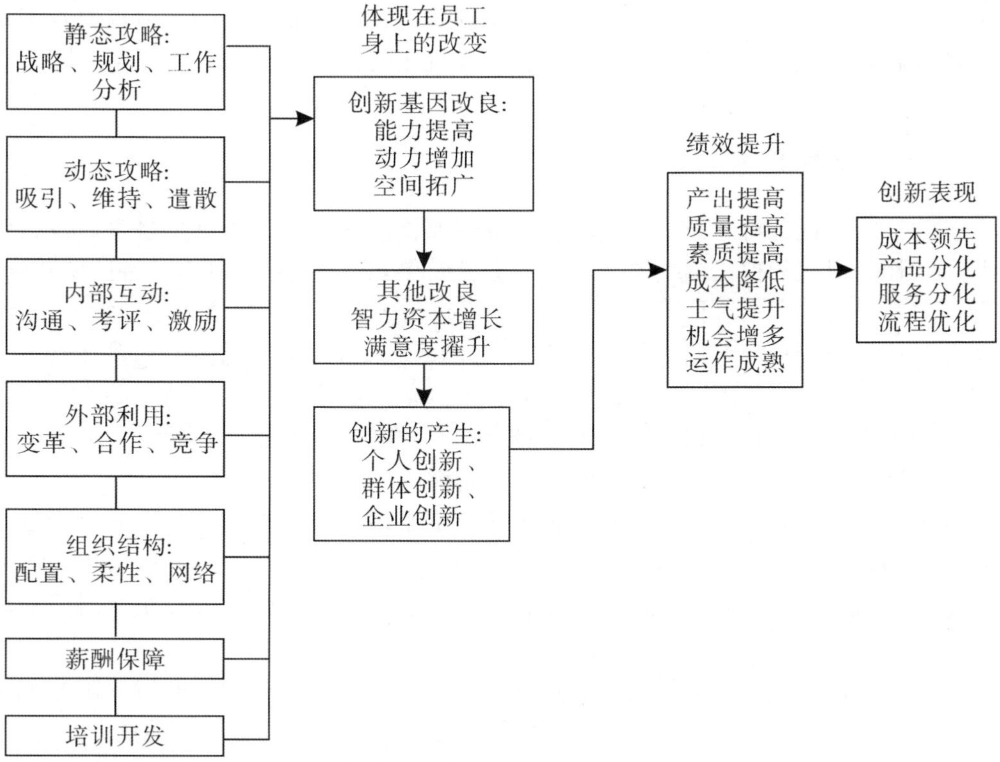

图 1－2　创新导向的人力资源管理的绩效提升路径

（来源：孙博整理，2008）

第三节 有关说明

一、研究意义

本书在“大众创业、万众创新”的历史背景下顺利面世，可以说恰逢其时，并具有特殊的意义。

（一）理论意义

企业要在全球化的竞争中赢得主动，必须注重学习和研究国内外管理的新思维和趋势，结合自身发展需要，树立新的管理理念，不断提高现代化管理水平。为迎接创新的挑战，基于创新目的或以创新为导向的人力资源管理，就是我们借助国内外思维从业界实践提炼出来的应对之策与破冰之举。

创新研究与人力资源管理研究都是当今管理科学领域的研究热点，受到国内外专家学者的广泛关注。将二者结合并予以拓展，即有可能突破零散、各自为战的片面研讨。以系统为纲将其串联，分解与剖析人力资源管理，就可对其关系进行“过滤式”透析。如此可丰富人力资源管理理论的思想，为创新导向的人力资源管理研究探索前路。它既可对创新理论在管理领域进行拓展，又将为人力资源管理赋予新的思维。

（二）现实意义

知识经济时代，对知识工作者的管理方式要做相应改变。根据德鲁克所说，由知识型工作者组成的现代组织关系已不再是老板和下属的关系，而是一种团队式的、平等的关系。管理者在这种团队中的工作已不再是下命令，而是激励知识型工作者。知识型工作者由于自身掌握一种生产工具，即知识，因而比传统的劳动者拥有更大的独立性、灵活性、自由性。组织付给员工工资也未必会得到他们的忠心，关键是要给他们提供运用知识的机会，使其价值得以实现。由此可见，“知识经济下的人力资源创造性产出”实在是一个崭新而艰巨的课题。

经典的人力资源管理理论，需要在实务中不断地丰富与充实。如果能够把创新导向的人力资源管理研究作为优化企业管理的突破口，会对企业的发展有很大的操作意义，也将会助推企业的创新进程并润滑人力资源管理实践，鼓励企业对研究成果加以运用。

本书所提出的创新导向的人力资源管理有助于将增强自主创新能力的国家战略贯彻到现代化建设的各个方面，激发全民族的创新精神，培养高水平创新人才，形成有利于自主创新的体制机制，从而巩固和发展中国特色社会主义伟大事业。

二、理论特点

笔者经由前期的实证研究，对人力资源管理和企业绩效的关系进行了探讨。数据显示，创新导向的人力资源管理实践确实与企业绩效相关，即在静态攻略、动态攻略、内部互动、外部利用、组织结构、薪酬保障和培训开发七个领域及战略、规划、工作分析、（人员的）吸引、维持、遣散、沟通、考评、激励、变革、合作、竞争、配置、柔性、网络、薪酬、保障、培训与开发十九个方面加以创新指导。首先是创新基因改良，它包括能力提高、动力增加、空间拓广，其他的一些改良可以是智力资本增长、满意度擢升等。这些改良孕育了创新，而创新的产生又体现在个人、群体和企业三个层面上。由于创新，企业绩效得以提升，包括产出提高、质量提高、素质提高、成本降低、士气提升、机会增多、运作成熟等。归结创新的表现，主要体现在成本领先、产品分化、服务分化与流程优化四个方面。①

创新导向的人力资源管理特点有二：①以提升企业绩效、激发创新为目的；②是创新理论在人力资源管理领域中的拓展延伸。若与经典人力资源管理相比较，创新导向的人力资源管理最大的不同就是它有一种前瞻的思维，即在实施人力资源管理的动作之前，以是否有利于创新作为考量的依据。至于方法方面，创新导向的人力资源管理没有表现出明显的不同，可能它还是人力资源管理举措的常规组织与安排，只是这种安排的后效将在创新得到激发、增长之时才得以体现。所以，本书所提出的“创新导向的人力资源管理”并非在开辟人力资源管理的新空间，而是在既有空间之内的一个重整——该重整原则就是企业的创新指针。由此可见，创新导向的人力资源管理在行为方面除却超前的创新思维导引，仍在沿用常规的人力资源管理的动作。

三、商榷之处

创新导向可被视为人力资源管理的一个方向，即“向左走”和“向右走”的问题。如奉行成本领先的企业，其人力资源管理就会是成本节约导向。对于追求创新的企业，建议实施创新导向的人力资源管理。当然，企业是否追求创新，完全取决于企业决策层或企业自身。对于市场稳定、居于垄断地位，或实行清算、放弃战略的企业，以及一些持有“小富即安”思想的企业，它们可能没有创新的欲望，守住既有市场，保持现状，即已满足。那么这一部分企业就不会，也没有动力实施创新导向的人力资源管理。也就是说，创新导向只是人力资源管理可能走出的一步。除此之外，企业还有其他的选择。

---

① SUN B. Analysis of impacts of strategic human resource management innovation-oriented on enterprise performance [C] // 2010 second international conference on communication systems, networks and applications (ICCSNA 2010) (Volume 2). Hong Kong: IEEE Computer Society, 2010: pp. 2639 – 2642.

本书成果并不具有普适性，它仅适用于追求创新的企业。这里所提到的“创新”当然也包括管理创新，乃至人力资源管理创新，尽管我们通常将其理解为技术创新。本书中各章节之间的关系是杂合的——它们彼此之间交织相错，譬如在“培训”中会谈到“招聘”，而在“留人”中又会触及“培训”。笔者对于章节的切分是基于人力资源管理逻辑关系的再梳理，而各章节之间的概念也是相对的，如所谓的“静态攻略”与“动态攻略”，只是相较于企业的进人、裁员等行为来说，他们偏静态一些而已。世上本无绝对的静态，何况战略规划也有短、中、长期之分，须根据实际情况做出相应调整。再者，各章节所阐述的内容也仅是“一隅”的观点，它不可能是全面的论述，仅是笔者对于创新、人力资源管理与各篇章特定主题产生的复合思维，有待后续研究补充完善。

四、研究展望

个人创新并不必然导致组织绩效的改善，如何将个体层面的创新上升至组织层面，是后期应予以关注的问题。前文已述，概念模型中的其他部分（即创新机理与推荐技术）尚存较大争议，当前不便深入研究，但应作为后续研究的内容。

企业创新理论博大精深，本书仅是浅尝辄止的“试水”，还存在许多其他优秀、精彩的观点，如主体变换观点：顾客变成股东即“虚拟股份”，顾客变成员工即“购买建议”，员工变成股东即“员工持股”，员工变成顾客即“内部市场”，股东变成员工即“内部控制”，股东变成顾客即“资方监督”……要切实有效地推进企业创新，提升企业绩效，就不能囿于某一观点，应采众家之长。无论对于理论研究者，还是实务工作者，这都是一个不小的挑战。

第二章　创新与人力资源管理

在万众创新的背景之下，“创新”与“众人”结合的重要性与必要性愈发突显。“创客”“众创”等热词腾空出世并迅速传播。这一现象预示着“创新”与“人力资源管理”的复合乃至结合正是大势所趋。创新势必需要经由人员来实现，二者关联之紧密彰明较著。通过对二者的系统梳理，有望扫描其或有交集，寻得相互支持的路径。

第一节 创新概述

对于创新，人们的理解是多层面的。创新已经走进千家万户，如果深入考究就会发现，学者对于它的理解是不尽相同的。

一、经济学家观点

创新的原动力与终极目的均体现在经济层面，所以首先须了解经济学家对创新的看法。

（一）国外观点

创新最初是由奥地利著名政治经济学家熊彼特提出的，他从生产要素替代的角度将创新的含义阐述为："在工业组织中引进新的要素或将新要素与旧要素进行组合。"① 其中，新要素包括产品或产品质量、生产方式方法、市场、供应源、产业组织形式等方面创新的发现、引进与组合。需要指出的是，他把管理创新与技术创新等同起来进行讨论，从而有效扩大了创新的研究范围，为企业如何获得并保持竞争力奠定了坚实的研究基石。根据熊彼特的理论，创新是指"建立新概念—形成生产力—成功进入市场"的过程，企业的创新行为包括寻找新项目、新生产方法、新市场、新原料来源和新产业组织。创新就是创造新产品，并实现其市场价值。熊彼特对创新的定义是开辟性的，对后人的影响是深远的，他本人也由此被称为"创新之父"。

技术创新的新古典学派代表索洛通过对美国 1909 年至 1949 年间私营非农业经济的劳动生产率发展情况进行实证分析，从而提出：技术创新是经济增长的内生变量，是经济增长的基本因素；技术与其他商品一样在带来创新收益的同时，也受到非独占性、外部性等市场失灵因素的影响，适当的政府干预将极大地促进技术创新的进行。他还建立了著名的技术进步索洛模型，专门用于测度技术进步对经济增长的贡献率。② 索洛的政府干预观对企业同样是一个启示：既然国家层面的创新可由政府来干预，那么企业层面的创新岂不亦可由管理层来加以引导？

技术创新的新熊彼特学派以曼斯菲尔德、卡曼等人为代表，该学派坚持熊彼特创新理论的传统，强调技术创新和技术进步在经济发展中的核心作用，认为企业家是推动创新的主体，侧重研究企业的组织行为、市场结构等因素对技术创新的影响，提出了技术创新扩散、企业家创新和创新周期等模型。通过对技术创新与市场结构关系的实证分析和深入研究，新熊彼特学派认为当市场结构处于完全竞争与完全垄

---

① 约瑟夫·熊彼特．经济发展理论［M］．何畏，易家详，等译．北京：商务印书馆，1990：3－4．

② R M SOLOW. A contribution to the theory of economic growth［J］. The quarterly journal of economics，1956（1）：pp. 65－94.

断之间，即垄断竞争和寡头垄断状态时，由于存在一定程度的垄断，又存在一定程度的竞争，该市场结构最有可能促进技术创新，而且可能出现重大的技术创新。①

技术创新的制度创新学派以兰斯·戴维斯和道格拉斯·诺斯等人为代表。该学派利用新古典经济学理论中的一般静态均衡和比较静态均衡方法，对技术创新的外部环境进行了制度分析。该学派认为："由于技术创新活动存在个人收益与社会收益的巨大差距，改进技术的持续努力只有通过建立一个能维持人们创新的产权制度，提高个人收益才会出现。"制度创新决定技术创新，好的制度选择会促进技术创新，不好的制度设计将遏制技术创新或阻碍创新效率的提高。同时，制度创新学派在充分肯定制度创新对技术创新的决定性作用时，也并不否定技术创新对改变制度安排的收益和成本的普遍影响，认为技术创新不仅可以增加因制度安排而改变的潜在利润，并且可以降低某些制度安排的操作成本，从而使建立更为复杂的经济组织和股份公司变得有利可图。②

技术创新的国家创新系统学派以英国学者克里斯托夫·弗里曼、美国学者理查德·R. 纳尔逊等人为代表，该学派通过对日本、美国等国家或地区创新活动特征的实证分析，认为技术创新不是企业家的功劳，也不是企业的孤立行为，而是由国家创新系统推动的。国家创新系统是参与和影响创新资源的配置及其利用效率的行为主体、关系网络和运行机制的综合体系。在这个系统中，企业和其他组织等创新主体通过国家制度的安排及其相互作用，推动知识的创新、引进、扩散和应用，使整个国家的技术创新取得更好的绩效。国家创新系统理论侧重分析技术创新与国家经济发展实绩的关系，强调国家专有因素对技术创新的影响，认为国家创新体系是政府企业、大学研究机构、中介机构等为寻求一系列共同的社会经济目标而建立起来的，并将创新作为国家变革和发展的关键动力系统。由此，弗里曼提出了技术创新的国家创新系统理论，将创新主体的激励机制与外部环境条件有机地结合起来，并相继发展了区域创新、产业集群创新等概念和分支理论。③

（二）国内观点

国内方面，清华大学荣退教授傅家骥多年致力于创新研究。他对创新的定义是，创新是企业家抓住市场的潜在盈利机会，以获取商业利益为目标，重新组织生产条件和要素，建立起效能更强、效率更高和费用更低的生产经营系统，从而推出新的产品、新的生产（工艺）方法，开辟新的市场，获得新的原材料、半成品供给来源或建立企业新的组织。它是包括科技、组织、商业和金融等一系列活动的综合过程。傅家骥教授认为，技术创新的动力问题是一种多因素相互作用的自组织过程，科学技术自身的矛盾运动是推动技术创新发展的永恒动力，同时受到市场需求的拉动，企业家在其中起重要的作用。④ 这就将创新问题自然而然地引入了管理领域。

---

① 王晓蓉，贾根良．"新熊彼特"技术变迁理论评述［J］．南开经济研究，2001（1）：49－54.

② 殷德生．制度创新的一般理论：逻辑、模型与扩展［J］．经济评论，2003（6）：33－36.

③ 张俊芳．关于国家创新系统演变的经济学思考［J］．中国青年科技，2007（2）：9－13.

④ 傅家骥，程源．知识创新与技术创新［J］．中国科技月报，1999（8）：37－39.

二、管理学家观点

由管理学大师彼得·德鲁克启动的知识管理理论更多地涉及了利用知识以实现创新。德鲁克认为，系统的创新即追踪创新机遇的七大来源。前四大来源存在于企业内部，它们是：①意外之事——意外的成功、意外的失败、意外的外在事件；②不一致之事——现实与设想或推测的不一致；③基于程序需要的创新；④每一个人都未注意的工业结构或市场结构的变化。后三种来源涉及企业或工业外部的变化：①人口统计数据（人口变化）；②认知、情绪及意义上的变化；③新知识，包括科学和非科学的。每一个来源都有自己的独特属性，因此，这七项来源需要单独进行分析。然而，没有哪一个来源天生比其他来源更重要或更具生产力。重大的创新可能来自对变化征兆的分析，也可能来自伟大的科学突破所带来的新知识的广泛应用。但是，这些来源的讨论顺序并不是随意的。它们按照可靠性和可预测性的程度，由高到低排列。与普遍认识相反的是，新知识——特别是新科学知识，不是成功的创新最可靠或最可预测的来源。虽然科学创新非常引人注目，但它实际上却是最不可靠和最不可预测的。相反地，对隐性变化征兆，如对意外成功或意外失败的平庸且无吸引力的分析，其风险性和不确定性却是相当低的。一般来说，从这里产生的创新能够在最短的时间内，从创建企业时起预测到结果，不管是成功还是失败。[①] 创新的模式并非固定不变的，它可能来自于灵光闪现，也可能是出于机遇与巧合。

德鲁克的观点貌似无章可循，但细加体味，可为创新的激发与诱导研究提供技术上的指导。成功的企业家不会坐等“缪斯的垂青”，赐予他们一个“好主意”。抱有大而空、急于求成想法的企业家注定要失败，因为他们大多数都会干错事、走错路。一个看似伟大的创新结果可能除了技术精湛外什么也不是，而一个中度智慧的创新反而可能演变成惊人且获利颇丰的事业。

随着知识管理研究在近些年来大行其道，学者们尝试对创新与创造从技术层面上加以固化。挪威学者韦格认为创新可以通过个人的理智与分析来扩展先前的知识，也可以借实验和探险以试误，而学习是取得与创造新知识的最佳方式。韦格认为既存的知识由一部分（来源）转移到另一部分（接受者）就是学习。接受者可以是个人、组织或机器，来源可以是另一个人、一台机器、一本书或其他符号化的外显知识，也可以是提供学习机会的情境。韦格所认为的包含所有可激发组织产生智能性的行动与观点之概念性架构需具三大要素：①探索知识及其适切性；②发现知识的价值；③灵活地管理与运用知识。他又指出知识管理的基础有四个范畴：①知识的创造；②知识的显示；③知识的利用；④知识的转化。[②]

日本学者野中郁次郎和竹内弘高认为知识转化经由四种模式：①公有化

① 彼得·德鲁克. 创新与企业家精神［M］. 张炜，译. 上海：上海人民出版社，2002：43－44.

② K M WIIG. Knowledge management：The central management focus for intelligent-acting organizations［M］. TX：Schema Press，1994.

(socialization)或称社会化：从内隐知识转换至内隐知识的过程，指组织成员间分享个人经验，以创造内隐知识的历程，即成员间内隐知识的转移，分享个人经验、心得以形成知识团体化，产生共鸣式的知识。因此个人需身体力行以致知，组织内部需建立充分的沟通交流机制。②外化（externalization）：从内隐知识至外显知识的过程。以语言、形式将想法与诀窍表现出来，使之成为正式的组织知识，从而能被广泛、有效地使用。于此过程中，内隐知识透过隐喻、模拟、观念、假设表达出来，而最常被用为知识外化的方法是演绎与归纳、隐喻与模拟。内隐知识外化是组织创新活动中的重要部分，创新能力强的组织其知识外化效果特别显著。③联结（combination）：从外显知识转换至外显知识的过程。结合不同的外显知识体系；个人透过文件、会议、计算机网络交换，汇编语言与形式以结合知识。联结可产生原型与新原件技术等系统性知识。④内化（internalization）：从外显知识转换至内隐知识的过程。当经验透过共同化、外化与联结，再进一步内化到个人的内隐知识里，就成为有价值的资产。能掌握语言与形式，以语言、故事传达知识或制作成文件、手册均有助于内化过程。内化可产生项目管理、制造过程、产品使用及政策执行等操作性知识。

野中与竹内认为知识创造有其程序性，内隐知识和外显知识的流转则具有规律性，即知识创造应以“社会知—外部知—结合知—内部知”的程序来进行。由上述知识转化的模式可知，内隐知识与外显知识彼此交互作用，经由共同化、外化、联结及内化的知识转换过程，个人、团队、组织等不同层次的知识逐渐扩散，即形成所谓的“知识螺旋”，在转化过程中不断循环，知识随之不断创新，如此才能提升组织知识层次。野中还认为企业应大幅改善其旧有流程，甚至重新思考与重新设计新流程，并主张为使组织知识创造管理有效率或有效能地进行，知识创造工作应由善于整合各领域知识，本身知识专、精度高，且能将知识“外显化”的员工来完成。①

韦格、野中与竹内等几位学者的观点提出了企业追求创新愿景时在机制建设方面的思路，尤其对企业培训很有借鉴价值。

三、社会学家观点

根据涂尔干的社会学理论，创新首先发生在微观层面，如个体公司中。不同的微观创新组成一个更大的社会创新环境，并且还会得到新的宏观因素的补充。微观的创新会形成凝聚力较强的国家创新系统，国家又能从政策的层面来影响创新过程。因此，这些宏观的结构和环境反过来又影响了个体公司，而企业内部的创新过程也会受到社会结构的影响。这就是宏观和微观创新过程之间的关系。② 企业受此规律支配的同时，可以将该观点应用于内部子系统，并作为调节企业层面与员工个体层面创新的理论支持。

---

① I NONAKA，H TAKEUCHI. The knowledge-creating company [M]. New York：Oxford University Press，1995.

② 埃米尔·涂尔干．社会分工论 [M]．渠东，译．北京：生活·读书·新知三联书店，2000：135－139.

综观创新研究现状，可以看出：既有研究与现代企业管理理论的结合已经显示出诱人的前景，但深入的探讨尤其是探讨如何以创新理论指导企业的人力资源管理工作方面，仍显不足。

四、创新思维扼要

朴素的创新理论，旨在追求将至繁的创新成果表述为至简的思维模式。

（1）加。

在进行某种创造活动的过程中，可以考虑在该事物上还可以添加什么。把这件事物加长、加高、加厚、加宽一点行不行？或者将原物品在形状上、尺寸上、功能上进行“异化”与“更新”，以求实现创新的可能。例如，伽利略发明的望远镜就是“加”的典型例子。欧洲有一个磨镜片的工人，一次，他偶然把一块凸透镜与一块凹透镜叠加在一起，他透过这两块镜片向远处一看，惊讶地发现远处的景物可以移到眼前来。这个发现，后来被科学家伽利略知道了，他对这个无意之中“加”而形成的事物进行了跟进研究，终于发明了望远镜。

（2）减。

在原有事物上还可以减去点什么？如将原来的物品减少一点，缩短一点，降低一点，变窄一点，减薄一点，减轻一点等，这个事物能够变成什么新事物？它的功能、用途会发生什么变化？在操作过程中，减少时间、次数可以吗？这样做又有什么效果？例如，隐形眼镜就是将镜片减薄、减小，并减去了镜架。

（3）扩。

现有物品在功能、结构等方面还可以扩展吗？放大一点，扩大一点，会使物品发生哪些变化？这件物品除了大家熟知的用途外，还可以有哪些用途？例如，大家知道吹风机是用来吹头发的。但在日本，有人想利用吹风机去烘干潮湿的被褥，扩展了它的用途，后来在此基础上发明了为酒店所青睐的被褥烘干机。

（4）缩。

将原有物品的体积缩小一点，长度缩短一点会怎样，可否据此开发出新的物品？我国的微雕艺术是世界领先的，其实质也是“缩一缩”。它缩小的程度是惊人的，能在头发丝上刻出伟人的头像、名人诗句等，成为一件件价值连城的珍品。生活中的袖珍词典、微型录音机、微型照相机、浓缩味精、浓缩洗衣剂（粉）等都是“缩”的结果。

（5）变。

它是指改变原有物品的形状、尺寸、颜色、滋味、音效等，从而使之形成新的物品。它可以使物品从内部结构上，如成分、部件、材料、排列顺序、长度、密度、浓度和高度等方面发生改变，还可以从使用对象、场合、时间、方式、用途、方便性和广泛性等方面发生变化，也可以从制造工艺、质量和数量，对事物的习惯性看法、处理办法及思维方式等方面进行改变。例如，企业经营要创新就离不开一个“变”字，如果冷饮食品厂不注重产品的花样翻新，就无法开发出形状、颜色、味道各不相同的新产品，也就无法使企业发展壮大。如果企业不拘于现状而不断开发新产品，那么企业就会充满生机和活力。

（6）改。

它是指从现有事物存在的缺点入手，发现该事物的不足之处，如不安全、不方便、不美观的地方，然后针对这些不足寻找有效的改进措施，以进行发明和创新。“变”的技巧带有主动性，它表现为行为人要主动地对其进行各方面的变动，使这一事物能保持常新。“改”的技巧带有被动性，它常常是在事物缺点已暴露或人们已发现该事物的缺点后，才为人们所利用，即通过消除某种缺点的方式进行创造。因此，“变”对于思维灵活、善于创新的人较适合；“改”对于初学者或较保守、不善于发现问题的人较适合，因为这一方法使人更容易发现问题和寻找创造对象。“改”的技巧应用范围很广，如拨盘式电话机改为琴键式电话机，手动抽水马桶改为自动感应式抽水马桶等。

（7）联。

某一事物和哪些因素有何联系？利用它们之间的联系，通过“联”这一技巧可拓展其功能，开发出新的产品。例如，把两个原本没有联系的事物联系起来，如数控机床、苹果梨的产生，就是“联”技巧的成果。

（8）代。

它是指用其他的事物或方法来代替现有的事物，从而进行创新的一种思路。有些事物尽管应用的领域不一样，使用的方式也各有不同，但都能完成同一功能。因此，可以试着替代，既可以直接寻找现有事物的替代品，也可以从材料、零部件、方法、颜色、形状和声音等方面进行局部替代，并思考替代以后会产生哪些变化，会有什么好的结果，能解决哪些实际问题。例如，曹冲称象可以说是“代”的典型事例。又如，用各种快餐盒代替传统的饭盒，用复合材料代替木材、钢铁等。

（9）搬。

将原事物或原设想、技术移至别处，使之产生新的事物、新的设想和新的技术。把一件事物移到别处，还能有什么用途？某个想法、原理、技术搬到别的场合或地方，能派上别的用场吗？例如，利用激光的特点来进行激光打孔、激光切割、激光磁盘、激光测量、激光照排、激光治疗等。将日常照明电灯通过改变光线的波长，制作成紫外线灭菌灯、红外线加热灯；改变灯泡颜色，又成了装饰彩灯；把灯泡放在道路口，就成了交通灯。

（10）反。

“反”就是将某一事物的形态、性质、功能及其正反、里外、横竖、上下、左右、前后等加以颠倒，使之变成新的事物。“反”的思维方法又叫逆向思维，一般是从已有事物的相反方向进行思考。例如，家喻户晓的司马光砸缸的故事就是一个典型事例。一个小朋友不小心落到了水缸里，司马光突破救人须“人离开水”这一常规想法，将缸砸破，使水离开人，将小朋友救起。

（11）定。

“定”是指对某些发明或产品制定出新的标准、型号、顺序，或者为改进某物品，为提高学习和工作效率及防止可能发生的不良后果等做出一些新规定，从而进行创新的一种思路。例如，有人用“定”发明了一种“定位防近视警报器”。发明者将微型水银密封开关与电子元件、发音器一起安装在头戴式耳机上，经调节，设置了头部到桌子的距离，当头部与桌子间的距离超过这个规定值时，微型水银开关便接通电源，发出警告，提醒使用者端正坐姿。

（12）仿。

学习模仿其他事物的原理、形状、结构、颜色、性能、规格、动作、方法等，以求创新。如英国人邓禄普发明充气轮胎也是同样的道理。一次，他看到儿子骑着硬轮自行车在卵石道上颠簸行驶，非常危险。他想，能否生产一种新的可以减小震动的轮胎呢？在花园里，他看到了浇水的橡皮管，踩一脚上去觉得很有弹性，于是他利用橡胶的弹性，成功发明了充气轮胎。①

第二节 人力资源管理概述

本节首先需要明确的概念是人力资源。有关其定义，学界说法不一。为有效梳理后续研究，暂且如此定义：人力资源是指能够推动整个经济和社会发展的具有智力劳动和体力劳动能力的人口的总称，包括智力劳动能力和体力劳动能力（现实的和潜在的）。②

在明确了人力资源的概念之后，本书需要界定人力资源管理的含义。人力资源管理是指组织为了获取、开发、保持和有效利用在生产和经营过程中必不可少的人力资源，通过运用科学、系统的技术和方法进行的各种相关的计划、组织、领导和控制等活动，以实现组织既定目标的管理过程。学术界一般认为人力资源管理由人力资源规划、招聘配置、培训开发、绩效考评、薪酬福利、劳动关系六大模块构成，如图 2－1 所示。

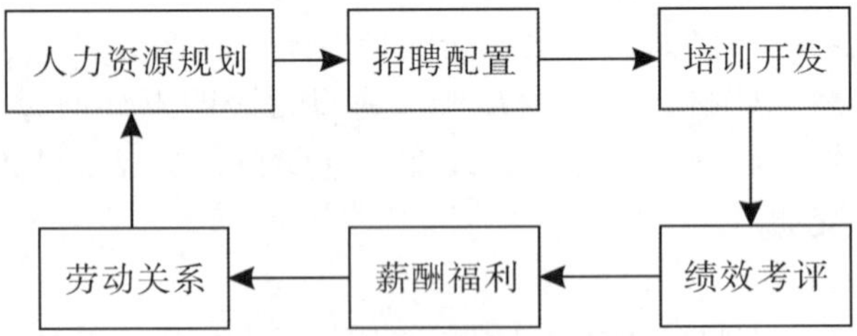

图 2－1 人力资源管理核心模块

（来源：孙博整理，2016）

① 肖敬军．如何培养创新思维能力［EB/OL］．（2016－02－16）．http：//www.zhangdahai.com/show/0cNTIvIZWcEXiR1g.html.

② 窦胜功，卢纪华，周玉良．人力资源管理与开发［M］．北京：清华大学出版社，2012：2.

前述的人力资源管理六大模块涉及如下概念：

资源规划：主要指人力资源规划。人力资源规划是为使组织拥有一定质量和一定数量的人力资源，以实现组织目标而拟定的在未来发展过程中人员需求量和人员拥有量相互平衡的一套措施。

招聘配置：是指在企业总体发展战略规划的指导下，制订相应的职位空缺计划，并决定如何寻找合适的人员来填补这些职位空缺的过程。它的实质是让潜在的合格人员对本企业的相关职位产生兴趣并前来应聘这些职位。

培训开发：是指企业通过各种方式使员工具备完成现在或将来工作所需要的知识、技能并改变他们的工作态度，以改善员工在现有或将来职位上的工作业绩，并最终实现企业整体绩效提升的一种计划性或连续性的活动。

绩效考评：绩效就是员工在工作过程中表现出来的与组织目标相关的并且能够被评价的工作业绩、工作能力和工作态度。其中，工作业绩就是工作的结果，工作能力和工作态度是指工作中的行为。绩效考评就是指制定员工绩效目标并收集与绩效有关的信息，定期对员工的绩效目标完成情况做出评价和反馈，以确保员工的工作活动和工作产出与组织保持一致，进而保证组织目标完成的管理手段与过程。

薪酬福利：薪酬是员工从企业那里得到的各种直接的和间接的经济收入，简而言之，薪酬就相当于报酬体系中的货币报酬部分。薪酬管理是指企业在经营战略和发展规划的指导下，综合考虑内外部各种因素的影响，确定自身的薪酬水平、薪酬结构和薪酬形式，进行薪酬调整和薪酬控制。福利是员工的间接报酬，一般包括健康保险、带薪假期或退休金等形式。这些奖励作为企业成员福利的一部分，发放给员工个人或者员工小组。福利管理是指对选择福利项目、确定福利标准、制定各种福利发放明细表等福利方面的管理工作。

劳动关系：是指用人单位与劳动者之间，依法确立的劳动过程中的权利义务关系。通过规范化、制度化的管理，使劳动关系双方（企业与员工）的行为得到规范，权益得到保障，维护稳定和谐的劳动关系，促使企业经营稳定运行，谓之劳动关系管理。

第三节　创新与人力资源管理的复合

糅合创新理论与人力资源管理理论，将其结合为以创新为目的，以人力资源管理为手段的企业管理理论——创新导向的人力资源管理。管理理论研究百花齐放的现状，要求进行深入的且密切联系实际的研究以满足客观需求。不拘泥于经典的创新理论框架，将其灵活地应用于人力资源管理领域，复合运用创新理论与管理理论，并善用人力资源管理的学科属性，是该理论研究的努力方向。

一、静态攻略

在企业管理中，创新思维首先是一种战略思维。企业间的竞争尤其是大企业、企业集团之间的竞争，在相当程度上表现为战略思维、战略定位的竞争。战略管理具有根本性、长效性，对企业的可持续发展具有决定性的意义，是企业绩效管理的基础。有资料表明，成功的企业家花在战略思维和研究上的时间占全部工作时间的60%以上。养成学习和思考的习惯，从繁杂的日常事务中跳出来，冷静地思考企业战略发展问题，是优秀的管理者和团队必备的素质。

作为管理的四大职能之首，计划扮演着非常重要的角色。如果创新在计划阶段就受到冷落，其发展只能是自生自灭。反之，如果在规划时就为创新预设一定的空间，前瞻地予以考虑，企业创新工作就可以更为有的放矢，绩效提升也可以进行合理的预估。

工作分析是人力资源管理的基础工作，也是各项职能工作展开的前提与基础。但工作分析是否就是要求员工步调一致地“踢正步”？对工作分析的误解之一就是把工作内容“一刀切”，从而赢得管理的优势与便利。若企业运营如此进行，将会使员工的创造力被无情地扼杀。那么，能否在工作分析中就嵌入创新因子呢？

此处存在着某种内在的逻辑联系将前述三者（战略、规划与工作分析）串联起来，从而形成一个较为宏观的命题。所谓的逻辑联系就是：战略、规划与工作分析将在一段时期内相对地保持稳定。尽管它们并非一成不变，但从某种程度上说，依然可以将其视为“静态”的“打法”，即提升企业绩效的静态攻略。经过此过程，就可以得出第一个命题：企业绩效可以借由静态攻略提升，这体现在战略、规划与工作分析三方面。

二、动态攻略

企业欲在创新方面有所作为，势必要对创新型人才加以关注。这种创新型人才多是知识型工作者。知识型工作者由于自身掌握一种特殊的生产工具——知识，因而比传统型工作者拥有更大的独立性、灵活性、自由性，其所拥有的创意是企业十分看重的。但是这种创意该如何甄别，即在熙熙攘攘的应聘人员中，企业该如何设计一种机制，使得创新型人才能够脱颖而出，确实须费思量。做好这一步，就等于为企业奠定了优良的创新储备。知识型工作者的另一个特点是很容易跳槽，而其位置并不像传统型工作者那样容易替补。知识型工作者的跳槽往往给企业造成难以弥补的损失，这种损失不仅是员工个人，而且包含公司自身，如何留住他们就是企业必须面对的一个课题。时下流行的“政策留人、感情留人、待遇留人、事业留人”能否切实产生我们所期望的效应？组织付给员工工资未必能得到他们的忠心，关键是要给他们提供运用知识的机会，使其价值得到实现。对于知识型工作者的劳动，既不便实行计件管理，又不便实行计时管理；既不能只靠高薪高职购买，又不能仅用“哥们义气”笼络；既要给他们提供比较优越、宽松的工作空间，使他们能不受打扰地、自由地从事创造性劳动，又不能放手不管、不加引导——因为即使他们确实整日都在为公司的事情冥思苦想，没有正确引导、没有良好情绪也难以激发其灵感。而对“做一天和尚撞一天钟”及由于种种原因而与企业不相匹配的员工，该如何与其“和平分手”，则是企业须掌握的另一项技巧。由此可见，“知识经济下的人力资源创造性产出”实在是一个崭新而艰巨的课题。在此，主要是围绕着企业对员工的进入、维持与离开进行探讨的。所以，第二个命题就是：企业绩效可以借由动态攻略提升，体现在（人员的）吸引、维持与遣散三方面。

三、内部互动

根据德鲁克所说，由知识型工作者组成的现代组织关系已不再是老板和下属的关系，而是一种团队式的、平等的关系。管理者在这种团队中的工作已不再是下命令，而是激励知识型工作者。知识型工作者通过机器操作能生产出什么样的产品，以及这些产品达到的标准和产品本身的质量几乎完全取决于知识型工作者的创造性劳动。那么企业绩效的提升，就有赖于管理者与员工特别是知识型工作者之间的互动。我们要主动适应知识经济时代的特点，彻底破除“官本位”思想，建立符合知识经济时代要求的企业管理制度——尤其是人力资源管理制度。首先要使沟通机制保持顺畅，许多创意的闪现即来源于沟通中有意无意的触及。传统企业对员工按其所担任的行政职务给予待遇，该做法对知识型工作者缺乏吸引力，无法激发其积极性，甚至使其时感屈辱，带有浓厚的“官本位”色彩，不利于鼓励知识型工作者安心从事创造性工作。传统企业对员工实行的考勤制度、坐班制度同样不适合知识型工作者，这些制度将大大降低其工作效率——尤其是制约其创造性的发挥。传统企业的考核制度对于创造性劳动并没有给予特别的奖励，形成“干多干少一个样、干与不干一个样”的尴尬局面，这种“大锅饭”的做法明显不利于激励创新、追求卓越，使杰出湮没于平庸之中。对知识型工作者的任用和工资福利应该探索新的方法，使其能安心从事精神创造劳动，并从中获得最大的物质收益和精神满足。管理者与知识型工作者应平等相处，与他们交朋友，并经常同他们交流，参与其工作团队活动以不断调动其积极性，激发其创造灵感。对知识型工作者确有较大创意的工作成果，企业应给予重奖以激励其本人、鞭策众员工，因为创新实在来之不易，聪明之人不是随要随有。把知识转化为认股权、股利和红利等“知本主义”的做法亦可被纳入。如此，第三个命题就是：企业绩效可以借由内部互动提升，体现在沟通、考评与激励三方面。

四、外部利用

除却企业内部的互动外，企业外部也蕴含着大量机会，着实应该予以把握与利用。在知识经济与信息社会，企业无时无刻不处在变动的环境中。机遇只偏爱有准备的人，这些外部的变革应该被企业扫描检测，它们往往就是创新的源泉。企业变革的目的是为了使组织发挥更大的效能，但是在变革过程中，员工不免会因为对变革不了解、不信任、不认同而产生恐惧、焦虑，甚或抗拒阻挠，如此一来，企业推进变革势必受阻。所以，须针对变革的过程进行管理、干预，务求变革顺利进行，以达到预期成效。故组织变革可视为组织发展历程中一次重大的成长机会，它须适应环境的快速变化，运用科技的发展，调整组织的策略、结构及成员的价值观、行为，以使组织绩效获得提升。在顾客需求日益细化与丰富的时代，资源整合的胜者即为赢家。欲将“蛋糕”做大，企业必须与外部合作。为使企业整合的资源增加，合作的范围要有所突破，而贯穿价值链与横跨产业面的广泛外部对象，恰好为企业提供了诸多可以利用的契机。企业在制定和分解战略目标时，习惯性地将思维集中于自身可支配的企业资源，强调“力所能及”。如果企业能够对自己的资源价值重新审视与评价，以其资源置换所需的“异业资源”，合作空间将被扩大。而其真实诉求是，在同异业的“置换”和“共享”中以一种全新的视角打破企业原有的资源格局，深挖企业资源的潜在价值，使得企业自身资源价值的利用达到最大化。在复杂的外部环境中，传统的竞争也被赋予了新的意义。“左手挥拳，右手握手”即是对市场中企业间关系的生动写照。双赢、共赢与多赢成为企业间利益交换的筹码。“行有行规”，企业间的竞争不能违反规则。企业如果能够做到“明察秋毫”，密切监视外部变革，并左右逢源，怀和善之心伸出合作之手，展开良性竞争、正当竞争，企业绩效就有望“左右开弓”。基于此，第四个命题为：企业绩效可以借由外部利用提升，体现在变革、合作与竞争三方面。

五、组织结构

长期以来，我国企业的组织结构深受政府机构的影响：以权力分配为依据，每一个权力进行横向和纵向的分配，这种分配带来的直接结果是权力与监督部门较多，而相应的责任部门较少。这样的权力分配方式，极大地拉长了决策者与一线员工的距离，使得企业不能相机而动，过多的职位设置又不可避免地影响了决策效率。知识经济时代的办公场所呈现虚拟化、分散化和小型化趋势，这就需要相应组织结构的调整来适配。对企业的某些特殊岗位，可以试行弹性工作日制度，配备必要的办公自动化条件，探索新的办公形式与管理方式。对知识型工作者的配置，更是项颇具技术性的工作。扬长避短是经典的配置理论，即发挥某人所长而回避其短处。这种思想同样有待革新。短处与长处永远是相对的，适当地改变工作情境，短处甚至能够带来意想不到的效果。在组织重新设计的过程中，权力重心宜下移以形成扁平化的组织架构，从而能够及时对外做出反应，有效提高效率，减少管理层级，缩短决策层与一线的距离。随着企业运营的虚拟与分散，除配置之外，更为有效的应对方略应属柔性与网络。柔性是指组织结构的可调整性，它基于对环境变化、战略调整的适应能力，与刚性相对。思想如果再开放一点，就到了企业将自身业务转托外部承担的层面。有相当一部分中小企业“麻雀虽小，五脏俱全”，在职能配备上存有冗余，在资源利用上存在浪费，为何不能甩开“非主流”业务，而在核心流程上精耕细作呢？至此，第五个命题是：企业绩效可以借由组织结构提升，体现在配置、柔性与网络三方面。

六、薪酬保障

薪酬作为员工劳动与贡献的对价，受到普遍的关注，大至国家政府，小到家庭个人，都对薪酬给予了别样的关心。理想化的完善薪酬体系被描述为：对外具有竞争力，对内具有公平性和激励性。外部竞争性考虑的是市场水平和公司的支付能力，而内部公平性和激励性考虑的是岗位的价值和员工的业绩。薪酬往往被认为是总结性支付，即对员工前期工作进行科学、合理的货币结算。企业的如是认识与如此做法本无可厚非，但是如果能够意识到薪酬的先导效应，则有助于提升绩效。在薪酬制度的制定中，考虑嵌入绩效因子，辅以其他如发放技巧，就可以超前地牵引员工行为，使其沿着企业愿景的方向发展。企业甚至可以考虑薪酬虚拟化，按薪点制建立虚拟分红权，高级经理通过对赌协议、联合确定基数法，引入股权、人事权、财权。在保护第一桶金——发家主业的同时，投资独立的第二家企业，依赖员工筹资，向员工贷款，并计算利息，给予股权；员工在新型公司组织中享有时间红利和成长红利、虚拟薪酬及虚拟福利。赫兹伯格认为保障无助于绩效的提升。这种说法未必准确，原因在于：①员工保障是取得较佳绩效的必要条件，绝非可有可无；②员工保障的一部分内容诸如福利，经运作之后同样可以产生激励的效果，从而对绩效有促进的作用。福利计划其实是一种充满生机与想象力的创新机会，它是一次绝好的将本企业与其他公司区别开来的机会。员工保障计划要真真切切、精确地展示出企业的价值观、信念、对未来的看法以及创造未来的措施。薪酬与保障一直都是人力资源管理的核心内容，受到了学界与管理者的重视。所以，可以很自然地得出第六个命题：企业绩效可以借由薪酬保障提升，体现在薪酬与保障两方面。

七、培训开发

培训与开发同样是人力资源管理的重点部分。企业的创新、变革和发展离不开员工的不断学习与进步。企业欲在业绩方面有所作为，就须下苦功，强化人力资源的素质建设。员工培训与人力资源开发是提高员工素质的必要手段。绩效管理的主要目的之一就是了解员工绩效状况中的优势与不足，进而对其进行改善和提升。当管理者看到员工工作绩效低下时，除了要检查管理制度上是否存在疏漏外，还要考虑要否对员工进行培训。主管人员往往需要根据员工的绩效现状，结合被评估者个人的发展愿望，与其共同制订绩效改善计划和未来发展计划。人力资源部门则需要根据员工当前绩效中有待改善的方面，设计整体的培训计划，并组织实施。经过培训之后，员工的技能大大增强，完成任务自然也会更有信心，所以培训经常被认为之于绩效有着短平快的优势。知识型工作者非常看重企业是否能提供知识增长的机会。如果只给其使用知识的机会，而不给其增长知识的机会，企业就不可能使知识型工作者一直保持忠诚和高涨的工作热情。就像人类对资源的利用，一味地攫取、贪婪地利用与漫不经心地培育养护，总会换来资源枯竭殆尽的一天。所以，企业尤其要为知识型员工提供培训和不断提高自身技术的机会，利用他们的才能的同时更注重培训与开发，这不仅能增强他们的技能，更能够大大增加留住他们的筹码。如果说培训是着眼于现在，那么开发则是瞄准了未来，在此基础上增加员工的知识、增强其技能，继而通过改进某些调节变量的方式改造员工行为，从而提升并保持公司竞争优势。正如美国未来学家约翰·奈斯比特所说的，“成功的公司要解决两个问题——一个是对最有竞争力、更富生产性的管理人员的需求；一个是把办公室与教室连在一起”。随着知本的价值超过资本，员工培训与开发在企业人力资源开发管理中的地位将会得到前所未有的提高。知识型员工的发展与学习型企业、学习型组织、学习型社会的构建，都将依托并且受惠于企业的培训开发工作。至此，我们得到了所要探讨的第七个，也是最后一个命题：企业绩效可以借由培训开发提升，体现在培训与开发两方面。

为涵盖人力资源管理的主要领域，本书以“抓大放小”为原则，围绕七个前述命题，确定模型中的战略、规划、工作分析、（人员的）吸引、维持、遣散、沟通、考评、激励、变革、合作、竞争、配置、柔性、网络、薪酬、保障、培训与开发十九个因素。

第三章　创新导向的人力资源管理

对企业来说，创新不仅包括寻求新技术，而且包括寻求新产品、新原料、新市场、新的管理制度和新的方法等。管理者需要有目的地寻找创新的源泉，抓住一切机会。所谓“创新导向的人力资源管理”，是为了激发、诱导企业创新，在人力资源管理实践中进行创新引导。换言之，就是创新理论与实践在人力资源管理领域的应用。其中，人力资源管理是手段，引导企业创新是目的。

第一节 静态攻略

所谓“静态攻略”与“动态攻略”，是建立在稳定性分析基础之上的，对人力资源管理若干职能所做的切分。战略、规划与工作分析在企业中非一成不变，在一定的时期内仍以稳定为宜，所以笔者将其归入“静态攻略”，和（人员的）吸引、维持与遣散这些变动性相对较强的部分（谓之“动态攻略”）相对照。

一、战略

笔者认为，在企业的诸多创新中，首先要解决的应是宏观创新的问题，这就是战略创新。相对于其他创新，企业战略创新是一种“灵魂”的创新。在知识经济浪潮与纷繁复杂的市场竞争中，企业普遍面临着战略创新的挑战。成功的管理者，大都把更多的或者说主要的精力投放到企业战略上。也就是说，成功的企业决策者，必须以全新的理念、全新的视角、全新的方法、全球化的眼光和战略家的勇气来抓战略，来加快“灵魂”创新。①

（一）战略与矿藏：铜矿、银矿与金矿

战略之于企业犹如矿藏，绵延的资源供给即由战略锚定。但何种资源，或资源的利用问题，须由人力资源的管理者来决定。

1. 矿藏：企业人力资源

如果说其他方面的管理创新都比较容易被对手模仿的话，那么只有企业内部人力资源的独创性知识和技术优势是较难被模仿的。人力资源利用静态的物质资本，不断地创造价值。同时，如果人力资源自身的价值不断提升的话，将会使一定物质资本的升值空间变得更大，企业发展亦将更快。显而易见，在机器不断贬值，劳动力、资本和知识等日益集中于人才之上的知识经济背景下，人力资源不断升值已是必然趋势。知识正在成为现代经济中真正的资本和财富，但这个财富绝非唾手可得。人力资源的质量与潜力将取决于企业实施的战略管理手段。

2. 铜矿：人本管理

人本管理是企业管理中“以人为中心”的管理，即一切管理的核心是人，而不再是物质资本。这种思想非常流行，大部分企业都已意识到人本管理的重要性。它有几个最基本的内涵：一是坚持以人为中心，把人看作是企业的主体，这对企业管理具有决定性作用；二是不再把企业看作是一个单纯创造物质财富的经济组织，而是一个由人组成的、能够自我繁衍的有机体，企业的财富首先表现在人的价值上，

---

① SUN B. Innovation-based HR strategies [C] //International conference on E-product E-service and E-entertainment. Henan: IEEE Computer Society, 2010: pp. 1166 - 1169.

而不是首先表现在物的价值上；三是企业不仅要创造物质财富，还要创造精神财富如企业文化；四是对人进行金钱、物质激励的同时，要把精神激励放在首要位置。

企业在管理中体现“以人为本”是非常重要的。其强调企业应以人为中心，这本身就有些抽象，导致在实际管理过程中往往会发生或多或少的偏差。诚然，人本管理颇为流行，社会信息也在暗示成功的企业似乎已经推行人本管理。但是，实践中的人本管理仍然存在各种各样的问题。

3．银矿：能力管理

前述问题出现在人本管理的范围方面：“人”的含义界定模糊——是人员、人力还是人才？如果是人员，包括所有的人员吗？还是仅指一部分或一小部分人员？如果是人力，是指人的劳动力，还是指人的能力或潜力？如果是人才，那么人才又该作何解释？企业中是否有人才、非人才之分？……人本管理没有回答究竟是以什么人或人的什么为本，如此，企业在具体实施过程中容易做出一些以人为中心，却负面多多或劳而无益的事情，甚至有些别有用心的管理者利用这一缺陷，形而上学地打着以人为本的旗号做出忤逆以人为本的行为。譬如很多企业虽然有精神激励，但主要仍依赖物质激励，其实质就是把人的本质物化，自觉不自觉地把物质财富作为最终目标。所以要回答成功的企业人本管理究竟应该把握住人的什么，本书给出的答案——人的能力。

人力资本取代物质资本，并且能够创造巨大价值的根本就是人拥有能力。人力资源可以主观能动地对物质资本加以改造、安排、重组、使用，而物质资本只是处于被动的地位，只有被利用的价值。如果企业仅借用物质激励，会激起人无止境的欲望，会造成企业成本的水涨船高，待到不堪重负的时候，方知是自酿苦果。相对地，人对能力无止境的欲望不应被忽视，它可以为企业开拓无限的发展空间。所以，成功企业应该是在实际管理中通过各种方式发挥企业人力资源的能力，以此建立企业的竞争优势。由此可见，企业应该实施人本管理，更应该实施能力管理。这点对企业的实际管理有非常大的意义。企业不再仅仅要求应聘者具有特定的某一职位要求的知识和技能，而是要求应聘者具有一种创新的能力，一种学习的能力。其次，还要在实际管理中进行人性化的管理，让员工能力有发挥的空间，这样才能激发他们的责任心、积极性和推动企业进步的使命感。

4．金矿：潜能管理

能力管理虽然缩小了人本管理中的管理对象范围，但是能力的范围仍然太大，依然有较大的操控难度。首先，人的能力有很多，企业不可能对人力资源的所有能力进行全面管理。其次，企业中有些人身怀绝技却郁郁不得志而无从发挥；有些人能力平平，却平中见奇，仍可独当一面，创造较大的价值。所以简单的能力之说难以有效地解释成功所在。企业真正关心的是如何把人力资源对市场的运作能力予以释放，并随着市场环境的变化使这种能力可以与时俱进、与日俱增。这就是人力资源潜能的问题了，它要求企业实行潜能管理，其比能力管理更具针对性。所以，潜能管理是一种更为深入的管理，也是一种更有效的管理。时下非常流行的被喻为未来企业成功模式的学习型组织，其根本也是一种潜能管理。企业内形成学习氛围的目的就是使这种主动性的能力不断得到开发，使其释放出源源不绝的潜能。所以企业追求成功，没有潜能管理意识是很容易失败的。譬如一些企业对目标管理的实施就存在类似偏差。目标管理的核心是把企业目标层层分解到具体的个人，利用个人目标的达成来实现组织目标。这个过程中上下级之间的沟通尤为重要，通过沟通可以制定出既有挑战性又可被下级接受的目标。因为潜能的释放本身就饱含成就感，这种成就感实质上是一种同步的激励，双重目标可以回归一致并被实现。如果做不到这点，所谓的目标管理只是徒有虚名。[①]

正如微软公司的核心理念，简单地说就是“激发每个员工的潜能”。该公司招聘时强调的与其说是人的能力，不如说是人的潜能。某员工可以不懂软件、硬件知识，但他的潜能会让他掌握这些知识。这个理念强调的是人的激情，当员工有100%的能力时企业希望他能发挥120%。所以，在微软公司，企业管理的核心就是创造一种充满激情的氛围，有人称之为激情领导。在他们看来，管理就是激发人的潜能，而激发潜能的本质就是激发人的激情。可以说，潜能管理是未来管理的趋势和方向。企业要能适应变化中的竞争环境，首先必须要重视人的能力，根本的就是利用人的潜能来引导企业发展，从而保持其立于不败之地的竞争力与领先一步的竞争优势。这才会为企业掘得金矿，赢取高额财富。

（二）战略创新

国外一些优秀公司的领航人，对战略创新大都有着清醒甚至超前的认识。比尔·盖茨在2000年辞去微软CEO一职，集中精力关注微软的核心战略创新，专心致志地培育和创造新的技术优势。原福特公司董事局主席乔特曾说过一句很深刻的话：“领先的企业总是在为明天的要求而工作”，说的就是战略创新问题。

人的能力有高低之分，“一刀切”的做法已被证明不合时宜。如果能够设计一种机制，使得工作量与难度可以自动调节，并依之进行利益分配，让能人脱颖而出，这将是人力资源管理人员所向往的。让最有“权重”的人才自动“漏”出，不妨称之为人力资源的“漏斗理论”。海尔集团“赛马不相马”的做法就营造了一种类似的氛围。而多排道竞争机制的设计，则可在战略方面加以应用。

从企业发展的实践来说，企业战略创新关注现实、主导未来，是对企业发展的一种整体性、长期性、基础性的安排和谋划。为展示、预想未来的战略发展方向，以指导整个企业创新的方向，企业需要自问：企业的高层领导是否对创新情有独钟，并全力推行之？企业是否制定了创新愿景？企业的生产、研发、营销等部门是否安排定期的创新扫描？企业新的发展方向是否成为企业高层经理会议的定期议题？高层管理人员是否对最佳的企业战略发展方向持不同意见？企业是否正式授命高层管理人员来改善管理程序，以支持创新？高层管理人员是否定期与员工共同探讨企业的战略发展方向？企业员工是否经常挑战高层管理人员对企业现状的理解？企业人

① 耿韶磊．企业人力资本管理的三把钥匙［J］．中国牧业通讯，2004（8）：32－34．

力资源战略是否与其创新战略相适……①

战略创新也并非某些人想象的那么神秘、遥不可及。要向不同的行业、企业学习，哪怕只是思路上的一点点革新，因为企业的战略创新有时也恰恰只需那一点点。比如把生产线从"推"改为"拉"，起初可能没有人想过，而它看上去也仅仅是方向上的改变，但由此却启动了生产线上的一系列革新，形成了著名的精益生产模式。再比如利用员工来进行研究开发被认为是天经地义的，许多企业已经有了很好的实践，但引入顾客参与研究开发，对关键参数给出指导性意见，甚至突破产品既有的模型款式，这就是一个创新了。②

（三）创新导向的人力资源战略

人力资源的选用育晋流程，包括相关视角的优化改善，应以战略层面的创新导向为基础。

1. 总体战略：人力超越

（1）动态超越静态。

企业不仅要合理配置、使用人力资源，而且应注重人员潜能的开发释放，即开发超越使用。因为开发的视角把人力视作可不断升值的资源，通过企业有组织的管理开发与员工有意识的自我开发擢升员工价值，并在企业经营活动中得到体现。而使用的观点则只是把人力当作恒定客体加以安排，不存在升值、贬值之说，这个观点无疑会使企业在市场中举步维艰——员工都难以进步，何谈企业？

（2）团队超越个体。

不仅要造就有成就的个体，更应培育团队，发挥人力资源团队规模效应。"一花独放不是春，万紫千红才是春。"企业要实现创新愿景，单靠某个英雄人物的灵光一现是难以达成的。无论是技术环节，还是管理环节，太过倚赖单独个体将会加大企业风险。把核心技术铸造成企业的核心竞争力，就需要给它刻上企业的"铭牌"——以团队来打造，放大其规模效应，这样全盘走势就不会因个人的失误而疲软。

（3）智力超越体力。

不仅要发挥人力资源体力劳动密集型功能，而且要发挥人力资源智力才能密集型功能，企业要永葆竞争优势，就应注重后者。体力劳动密集型的发展可能为企业带来一时的利润，但它不是可持续的，难以构筑竞争优势，更不可能成为企业的持续竞争优势。"倚多取胜"将落后于时代的发展，企业间的竞争将更多地取决于人才的创新本色，知识集约将是创新的源泉。

（4）网络超越节点。

不仅要发挥人才自身功能，而且要充分利用与其连带的社会关系网络功能。企业作为员工实现个人价值的纽带，在员工个人社会关系网络中也扮演着重要的角色，因之，企业对员工的开发利用是全方位的。若割裂二者的联系，把它上升为形而上

---

① 克利斯·斯泰尔斯．战略创新——走出成熟陷阱［J］．通信企业管理，2003（5）：52－53.

② 佚名．企业战略创新新方法［J］．出口商品包装：软包装，2003（1）：58－59.

学的“公私分明”，于各方的成长都是不利的。有的城市向一些贡献突出的人授予“荣誉市民”称号和表彰，就是看重其丰富的社会关系资源。企业与员工互相助力，心往一块儿想，劲往一处使，才会加快企业的创新进程。

（5）外脑超越内脑。

不仅要利用内脑，而且要利用外脑。要充分利用资源，就要努力突破资源瓶颈。企业要做到以人为本，不应局限于自有员工的狭窄范围。在庞大的社会经济体系中，企业永远只是一个微小的分子。企业如果能够做到内、外脑相结合，让专业人士去做专业的事，才会有长远的发展。

2. 遴选战略：成熟型 PK 成长型

企业选人时，要注重两个原则。目前比较流行的是“即招即用”，要求员工到岗就能轻车熟路地展开业务。鉴于此，有些企业比较排斥青涩的新手。简而言之，就是企业对人才方面“现货”与“期货”的不同价值观。这个问题应该辩证地看待：成熟意味着效率，但也可能意味着定势与迂腐。所以企业在选人时一方面要考查应聘人员的业务水准，另一方面还要考查其成长性——某种程度上后者对于企业的创新进程有着更为积极的意义。若论经验，可能精于此道的企业已不少，但这些企业仍然在招兵买马，补充新鲜血液，那么它所需要的就应是新聘人员更为活络的思维。在选人时如果再走回“唯经验论”的老路，或将偏离企业招新的初衷。

3. 岗位战略：让岗位“动”起来

实施工作多样化和工作丰富化。简单重复的工作只能扼杀员工的创新思维与激情，因此要打破员工岗位固定化和单一专长化模式，适时轮岗或调换工作地点。赋予岗位以乐趣与激情，并使其柔性化，如在专业技术资格之外进行星级评定、兼岗互查，可以让岗位动感十足。这样，员工自然会打起精神，投入其中，而非消极被动，敷衍塞责。

4. 互动战略：你来我往

企业内部员工的互动，应是一个积极合作的过程。只有有效地调动起员工的积极性，才可以使沟通、考评、激励等工作平稳进行。除了多层面、各种技术手段相结合，还需要管理者主动推行“互动提升”的理念，单纯的“强权推行”“简单执行”与“被执行”对于知识型员工尤为不适合。在设计制度时，要充分考虑对方的回应。譬如可以引进企业内部听证制度，为管理决策的出台赢取和谐的支持。

5. 使用战略：四面出击

人力资源的使用，需要知人善任。

首先，是要会知人。了解人、理解人、尊重人，不但知人之表，更要知人之潜力。“知人”方能“善任”，企业要了解员工的真正所长，顺势而为，预埋创新根基，对人力资源进行合理配置。企业要做到“知人”，就要加强与员工的沟通，全面了解员工，勿以有色眼镜去衡量与判断，不轻易对员工下否定的结论。要发挥员工的主观能动性，企业可以把员工设想为“性本善”，并以此为原则指导员工的各项工作。对员工欠佳的表现，要分析深层原因，不“一棒子打死”。对影响员工表现的障碍因素，要结合培训、保障等工作予以移除。对促进其业绩提升的稀缺资源，要结合改组、开发等工作给予支持。

其次，是要会容人。创造宽松环境，使人心情舒畅，不求全责备，允许改进自律。多元化的员工结构是难得的创新源，不可以用“一刀切”的做法来压缩管理成本。社会已经进入允许个性张扬的时代，团队精神不应成为打压个体追求表现的挡箭牌，而是要积极、耐心地引导，因为二者并非根本对立的正反两极。不可吹毛求疵，要容人之短，也要容人之长，以互补型的团队合作弱化个体因素缺陷所带来的不利影响。

再次，是要会用人。为每个员工提供施展才能的舞台，创造学习、发展、升迁的机会。人尽其才，那么人人都是人才。人才价值发挥多少，更多地取决于企业对其的使用。所谓的“避短扬长”，应予以提倡，要大胆地用人之长处，也要巧妙地用其短处。在工作分析科学化的基础上，明示职务升迁路径，使其在追求企业愿景的同时也能追近个人愿景。

最后，是要会做人。以诚相待，与人为善，宽容人、体谅人，不搞内耗，忠于职守，敬业乐业。“性本善”的假设此处仍建议使用，善待他人，友爱为先。管理者首先要做到胸襟坦荡，以企业愿景构筑员工的努力方向，使得员工的合力是为着企业的目标而发挥正向作用。工作友谊的获得不应以公司利益为代价，负面冲突也不应在工作外成为私怨的来源。

6. 培训战略：自动自觉

培训要有两个原则：第一，员工本人要认同，否则难以产生组织期望的效果；第二，要与组织目标一致，否则也是无谓投资。如果只看到后者，导致员工对培训有抵触情绪，说明企业与员工的互动还不够——要么是企业未能了解员工真正的学习需求与欲望，要么就是企业对员工的激发诱导还存在欠缺。培训过程中若出现问题，主要责任多在企业方。

7. 开发战略：层层推进

人力资源开发，是一个广袤且覆盖多层面的热点分支。

（1）技术层面：构建学习型组织。

个人学习策略的重点和目标是通过显性及隐性知识的传播来创造更高价值，通过实践、互动、纠错、反思和创新等方式共同学习。通过指导鼓励员工写经验总结文章，参与学习论坛、解决问题式的讨论会，实现技术知识和经验的共享。以人性化管理原则对现有员工队伍实施与企业发展相协调的训练制度，营造学习氛围。企业一方面要了解员工现实与潜在的学习需求，引导员工围绕企业的共同愿景去设计个人的职业生涯，努力学习工作，在推动企业发展的过程中实现自己的人生价值；另一方面要结合创新愿景组织员工交流技术，前瞻性地融合个人愿景、团队愿景与企业愿景，使员工创造性、持续性地学习。实际上，只有找准培训结合点，才能实现企业效益的最佳化和成本的合理化。①

（2）管理层面：打造职业经理人团队。

管理人员的一言一行都影响着企业员工，所以要从大局出发，从整体利益出发，培养管理人员敢于承担责任的精神，并使其善于从失误与挫折中吸取经验教训。要勇于引进新的管理思路、新的管理理论和新的管理手段，引导管理人员为公司的流程再造、市场拓展、品牌经营和企业的规范化、制度化出谋划策。特别是要注重观察外部形势的发展变化情况，以龙头企业为标杆，鼓励管理人员发扬敢为天下先的开拓精神。企业要根据实际情况调整创新管理，以适应市场竞争的需要，助力管理人员成长为职业经理人，从而跟上时代前进的步伐。

（3）精神层面：凝聚组织士气。

人生有梦，筑梦踏实，人必须有长远的理想与目标，知道为何而战，为谁而战、方能突破瓶颈，激发潜能，持续为实现梦想奉献心力。企业必须拥有凝聚不同背景与特质的员工之心力，从而激发员工的潜能以追求共同愿景。只有让员工自愿以经营人生与事业的心态投入工作，才能奉献其最大能力。将特色企业文化的开展作为经营理念、目标、策略、计划与行动的共同努力方向，可以让员工快乐地工作，并把快乐传递给每个人，输送到企业外。

（4）时间层面：持续开发人力资源。

要以持续的开发将人力资源作为取之不尽、用之不竭，具有倍增和放大效应的资本。人的潜能大部分处于休眠状态，即便是像爱因斯坦一样的天才，也只不过使用了不足10%的潜能。潜能发挥的多少，取决于开发的努力程度，“遇强则强，遇弱则弱”，如果漠视、搁置才能的话，它终究会消减、褪色。这也就要求开发工作应贯穿员工的职业生涯，才能使员工在不断升级的能力与梦想之间品尝与企业共同成长的快乐。

（5）关系层面：求同、趋同，共同进步。

员工个体生涯成长规划与企业人力资源发展目标要相互匹配，使员工与企业一同成长。员工个人目标与企业目标不相调适的问题是管理实务中经常出现的，作为管理者，应该承认它的存在并且视之为常态，而无须大惊小怪。管理者所面临的挑战就是如何整合二者，使它们在同一个轨道上运行，单方面地打压任何一个，都是不可取的。盲目地鼓吹企业目标至上而无视个人发展，是对人才的极大浪费与蔑视。开发工作要使企业与个人相互促进、相映生辉，并且彼此引以为荣——这才是开发的最高境界。

8．薪酬战略：分配革命

改变人们做事方式最有效的途径就是改变其利益分配机制。有时员工的工资发放额度一致，但由于计算方法、支付方式、调整手段的不同，员工的工作表现就会变得迥异。所以薪酬的制定，要考虑适当浮动，并且在支付技术上与人们不断增长的现代生活需求相适应。

---

① 曹伟，赵喜庆．构建学习型组织与职工教育改革企业文明［J］．企业文明，2006（6）：43－44.

9. 保障战略：层层保护

在双因素理论中，员工保障通常被认为是保健因素，譬如福利。但是如果将福利管理予以个性化，同样可以调动员工情绪，达到激励的目的。员工保障的另一层含义是，要在机制上提供保障，而且要让悬空的机制落地，以彰显透明管理的真谛。如果员工诉求无人受理，何谈创新？

10. 流动战略：流水不腐

要创新，就要保持适度压力。竞争淘汰机制可以使人力资源始终处于被激活的状态，所以要保持适度的员工流动性。人员结构过于稳定会造成一潭死水，没有竞争压力，没有创新的诱因与动力，大家都安于现状。流动过于频繁，则会造成队伍不团结，没有技术积累，人心惶惶，组织忠诚度不高，创新也只有胎死腹中。为保持人才持续的创新激情，提拔、晋升可以弱化渐趋主流的创新惰性，建立员工正常的晋升机制，使普通员工具有因努力敬业而被提拔的权利和机会。

11. 组织战略：兵无常势

官僚机构难言创新，经典的直线制、职能制、直线职能制与创新渐行渐远。若要激发活力，至少要加入组织活性因子。建立工作团队，以矩阵制保持组织生气，使员工做到一专多能或全能发展，保持员工对工作的热情和新鲜感。柔性化的组织结构已愈趋流行，工作团队之间的对接也应突破传统的观念。再者，为创新型的团队预留空间，是组织设计时要注意的。就像机器一样，长期的满负荷运转，终将加速老化。组织虽有所不同，但其今日的设计，仍要为明天的创新作考虑。

12. 视界战略：开放的人力资源

企业资源有限，市场机会多多，也危机重重，可以说挑战无限。如何以有限搏无限？企业要努力拓宽人才渠道，争取化有限的资源为无限的资源，然后相机选取、调用。首先，企业应立足区域，充分发挥本地人才的主渠道作用。其次，要面向全国，吸纳高层次人才。再次，还要注重与国际接轨，寻找留学生或外籍管理者、专家的支持。最后，行业协会、学会、科研院所、业界标杆实践等都可被纳入企业的人才库。总之，企业之外的人力资源不应受到冷落，招聘并非是为企业做贡献的唯一途径，开放的人力资源观点可以打开人才受限的“枷锁”。只有跳出企业观察，开阔眼界，以有限搏无限，在合作竞争中发展自己，才可以使企业的创新有所依托，亦将使企业的发展更为稳健。

二、规划

作为管理职能之首，规划在人力资源管理工作中通称为人力资源规划。

（一）创新管理因素

识别人力资源之于创新的刚性因素、弹性因素与柔性因素，在规划创新时予以回避或开发，可以为企业的创新规划赢得主动权。其中的刚性因素、弹性因素与柔性因素，区别在于相关变量所处的有效变动区间（呈依次提升状）。

刚性因素	弹性因素	柔性因素

图3-1 创新管理因素

（来源：孙博整理，2007）

1. 刚性因素

引导企业创新时，某些因素惰性明显，基本难以控制，我们称之为刚性因素。

（1）员工的某些特征。如性格、天资、气质等，是无法改变的。

（2）劳动力的供给。劳动力的供给存在着某种程度上的短缺。尽管社会上存在着大量的失业人员与求业人员，企业招募到所需的人才总是一件不易的事情。

对于创新刚性因素，要结合员工多元化的特征予以弥补。如出现员工年龄结构老化现象，企业可在招聘时向青年应聘人员倾斜。

2. 弹性因素

在引导企业创新时，某些因素弹性十足，可在一定范围内进行控制与调整，这些因素被称为弹性因素。

（1）组织结构自由度。

企业生产经营的顺利运转需要各方面的人才，既需要不同专业的人员，也需要不同技术层次的人员，这样才可以在保证生产经营任务完成的同时，尽可能地降低人工成本；在保证组织需要的同时，也使人力资源得到最充分的利用和发挥。十个拔尖人才组成的团队未必会有理想的产出，正如企业提供的产品和劳务，无论在数量上还是在质量上，甚至是在品种规格上，都难以对整个消费市场产生决定性影响。企业的组织结构不仅存在一定的自由度，而且也存在相对的稳定性，它们的变动必然是一个渐进的过程。

（2）员工的知识技能。

员工的知识技能水平包括知识水平和技能水平两个方面。员工的知识水平主要指员工的文化知识、专业知识和工作经验等。员工的技能水平包括智能、操作技能、表达能力及管理技能。员工的技能对企业产品的市场竞争力及企业发展有着直接的影响。随着科技的日益发展，企业对员工知识水平的要求将越来越高。

从员工个人来看，其知识水平可以用所获得的专业技术职称及最终学历表示。而企业员工整体的知识技能水平，则可以用专业人员占员工总人数的比重、高学历员工占员工总人数的比重、大中专毕业生占员工总人数的比重、员工的平均文化程度等指标来表示。

（3）群体知识技能结构。

员工的群体知识技能结构是企业人力资源素质高低的又一个重要指标。分析群体的知识技能结构一般需从年龄结构、专业技能结构、知识技能层次结构等方面入手。

在人力资源规划中，员工的年龄结构非常重要。一方面，它关系着企业发展过程中员工新老更替的顺利进行；另一方面，不同年龄的员工对于不同的岗位而言有不同的优势和作用。年龄结构分析一般按员工的年龄进行分组统计，用统计图或统计表反映员工的年龄分布状况，可预测年龄管理的发展趋势。

专业技能结构主要指企业员工中不同专业人员之间的配比关系。企业的运营需要多种职能人员，要有一线操作人员，要有工程技术人员，也要有管理人员，在各类人员中又有专业分工的问题。只有各类人员按比例有序结合，人力资源才能得到充分合理的利用。专业技能结构的分析，可以通过计算各职位员工的比例来进行，亦可根据工作分析的原理进行。

知识技能层次结构指的是企业不同技术等级人员的配比关系，通常可以按高、中、初级职称人员的比例关系来反映。如果企业认为这个体系不合理，也可以结合自身情况制定一套技能认定系统，通过计算不同等级人员的比重来进行分析。高、中、初级人员应与其生产经营的项目及未来发展前景和市场竞争状况相适应，否则就会出现人才短缺或人才浪费的情况。

（4）信息系统。

组织内现有人力资源状况可以从组织的信息系统中提取。员工数据可以包括：工作历史数据，培训与发展以及个人发展计划，目前各个岗位所需要的技能，有关员工人数以及年龄状况、学历层次、专业职称等方面的综合性统计信息。

由于各工作岗位上的技术要求可能会有变化，因此人力资源数据信息库应收集有关员工潜力以及员工晋升、个人发展、接受培训与教育等方面的资料，更要特别注意收集和留存员工技术技能方面的信息（包括技能、知识及经验等）。这对评测员工的未来技术发展方向大有益处。

（5）员工队伍整体素质评价。

任何企业都会要求其员工适应其岗位。员工对岗位的适应性是衡量企业员工整体素质高低的标准。这种适应性可用适职率表示，即适职率等于素质适应岗位职务要求的员工人数与企业的员工总人数之比。企业可以考虑不定期地测评员工适职率，如借助民意测验，通过员工发发牢骚、谈谈感受等形式来获取员工岗位匹配信息。

创新弹性因素有着很大的改善空间，它的增进也绝非一日之功。如员工的技术水平往往很难在短期内提升一个档次，但经过一个周期，它通常会有某种程度的提高。但是如果忽视了弹性因素的长久培育，它又有可能降格至较低的档次。因此，弹性因素要结合开发工作予以统筹，使其可以步步推进。

3. 柔性因素

引导企业创新时，某些因素极其灵活，甚至呈现可正可负的方向性差别，给企业的控制与调整带来极大的挑战，这些因素被称为柔性因素。

（1）企业与员工的双向承诺。

员工对企业的承诺体现为职业精神，即开拓创新的意识、雷厉风行的工作作风、消费者至上的信念、热情服务的职业道德、勤奋拼搏的工作精神等，对企业生产力的提高和战略目标的实现有着至关重要的作用。企业对员工的承诺则是工作与生活质量的提升。凡事业有成的员工都有着过硬的思想觉悟和工作作风，凡成功的企业也都有着明确的企业精神和企业理念。

（2）人际协作。

把企业不同的人力资源吸引到同一目标下，并在地域上彼此相邻，职务上彼此相关，就需要一股凝聚力，需要每个员工的集体意识和协作精神。为了组织目标的达成，须杜绝一盘散沙、各自为战的现象。人际协作的效果，确实可以影响企业的成败甚至生存，可它往往又隐性体现于企业的运作之中。

创新柔性因素有着一票否决的功能，它的根深蒂固可以使创新“成也萧何，败也萧何”。对路的柔性因素犹如创新的催化剂，而组织文化的建设则是获得正向柔性因素的途径。

（二）需求规划

犹如经济学分析一样，人力资源规划须关注需求与供给的问题。

1．影响因素

影响人力资源需求的因素很多，概括起来主要有两大方面。

（1）企业内部因素。

①企业发展。数量与质量是企业发展在人力资源方面的主要体现，需要通过增加员工或提高现有员工的素质来实现。企业发展或规模扩大一般会反映在企业的综合经营计划（包括长期计划和年度计划）上，所以可以根据企业的综合计划来预测企业对员工数量、结构和技能等方面的需求。在企业成长速度有限的情况下，不可盲目招聘人员，以避免造成日后过于沉重的冗员负担。此种情况下，企业创新方向的抉择也须审慎，尤其是扩张性的创新。

②人员结构。企业现有人员结构会影响到人力资源的需求。因此，应对现有人员的数量、类别、素质和年龄结构进行分析。人员数量分析，主要是分析现有人员数量是否与工作量或业务量相适应。人员类别分析，主要是分析企业各类不同人员的构成是否合理，需要作何调整（重点分析职能重叠人员，考虑精简、分流此类人员）。人员素质分析，要从现有素质与发展潜力两方面来考察。人员年龄结构分析，要结合人员年龄结构，确定人才需求，再据以制定外聘或内培的决策。

（2）企业外部因素。

①宏观经济。政府的各种法令、产业政策以及市场需求、供给状况等都会影响到企业的投资和发展决策，从而影响到企业对人力资源的需求。

②技术发展。信息技术的广泛应用和网络的普及，会促使企业的生产率大幅提高，导致企业对人员需求特别是对一线生产工人需求的大幅度减少。

③市场竞争。激烈的市场竞争要求企业不断提高劳动生产率，降低成本，同时还要提高质量，开发新产品，以便在竞争中处于有利地位。这就会影响到企业对人力资源的需求。①

---

① 高程，隆翊．企业人力资源规划的三个层次［J］．大众科技，2005（12）：271－272.

2. 需求方

毋庸置疑，人力资源的需求方就是企业本身。但是在此有必要把问题细化，即考虑企业的哪一机构或部门，该种需求是否正常，属临时需求还是长久需求，可否以变通形式满足而无须改变现有人员或现有人员结构。

（1）股东（大）会或监事会。

如果人力资源需求来自于股东（大）会或监事会，就已经超出了人力资源管理的处理范围。独立董事或外部监事的聘任，也是由公司的最高权力机构来行使的，但是经股东（大）会通过并聘任的独立董事或外部监事人选，仍会挂靠在人力资源部并接受其管理。但事实上，它属于一种“外脑”的借用。

（2）董事会。

董事会具有对公司高层人员的聘任权。而某高层人员的聘任与否，或将意味着一个部门的存废。有限的资源追求市场的领先不可能面面俱到，部门功能的发挥是它赖以生存的前提，这就使得某些高层人员的聘任演化为部门的设置之争。公司可能会因才设岗，也可能别有用意地聘任兼职会计而“砍”掉财务部。这样，董事会对部门的设置取舍就又演化为企业的组织结构问题了。那么，对于一个既有部门，其经理人员的聘任又来自于何种需求呢？笔者这里进行了整理：可能公司规模不大，原有人员又确实疏于此道；原有部门经理因故离职或被撤职；企业规模较大，为拓展其分支机构而储备人才；于企业的内部纷争中取得平衡，向外部开放职位。无论哪种情形，都需要管理者具有较强的开创性，即创新意识。高层人员为公司战略导航要有极强的洞察力，这往往就是创新之源。

（3）总裁或总经理。

通常企业对中层人员的聘任不会影响到部门的设置，因为中层人员的聘任权是由总裁或总经理来行使的，而公司内部管理机构设置的决定权则归董事会。总裁的需求来自于各个部门切实的需要，当然其中也存在一个上“推”下“拉”的过程。中层人员作为架设企业的骨干与沟通创新的节点，高层要求其技术上“服”人，管理上“伏”人；而基层则希望其技术上领衔，管理上重情。这就要求中层人员技术技能、概念技能与人际技能的均匀分布、均衡发展。

（4）部门经理。

至于基层人员，其多由部门经理上报需求，由公司统一聘任。他们位处企业权力体系的下部，是企业坚实的生产基础，创新更多的是在他们手中产生。因此，基层人员有很大的上升空间。

需要多加思考的还有，个别部门的需求可否内部消化，以临时用工结转，或者以外包方式满足等。尤其需要思考的是，产生该种需求的动机及是否与企业宗旨相抵触等。

3. 需求确定

对需求的确定，更为确切地说应该是对需求的预测，实施人的选择是很关键的，因为预测得准确与否和实施者及其管理判断力关系密切。一般来说，商业因素是影响员工需求类型、数量的重要变量。管理者要会分离这些因素，并且要会收集历史资料作为预测的基础。例如，某企业的产量和需要的员工数量之间常存在着直接关系，产量增加时，一般劳动力成正比例增长。如果实际情况如此，产量等少数几个有限的商业因素影响人力资源需求时，那么进行人力资源需求预测是一件很简单的事情。可实际情况往往是复杂的，员工数量并不单纯随产量的增加而增加，改善技术、改进工作方法、改进管理等非商业因素都将提升效率，这时，产量和劳动力之间的关系就会发生变化。对此，管理者必须要有清醒的认识。

从逻辑上讲，人力资源需求是包括产量、销售、税收等因素在内的函数，但对不同的企业或组织，每一因素的影响并不相同。管理者在选择影响因素与计算各变量时都须小心谨慎。预测得出的全部人力资源总数减去企业或组织内部可提供的人力资源数，就是人员需求量。人力资源的缺口可以用招聘来弥补，也可以考虑用其他方式（如人才租赁、外包等）来替代。

在进一步的招聘规划时，要考虑同行业间聘用员工的要求，如职业、年龄、受教育水平、种族、性别等。企业要做到领先一步，就需要在原有基础上再精进一分。在招聘中，眼光不仅要盯住外部劳动力市场，也应该建立并注重内部劳动力市场。显然，内部劳动力市场对人力资源规划的影响更直接，也更为可控。许多公司都考虑将工作提升和职业改善的机会优先提供给既有员工。公司可以在内部先行竞聘，增强员工的认同感并提高其积极性。

（三）供给规划

在此，依然沿用需求规划的演绎路线，探讨供给规划。

1. 影响因素

影响人力资源供给的因素可从地域范围的角度分为两大类。

（1）地区性因素。

具体包括：①企业所在地和附近地区的人口密度；②其他企业对劳动力的需求状况；③企业所在地的就业水平、就业观念；④当地科技文化教育水平；⑤企业所在地对求职人员的吸引力；⑥企业本身的吸引力；⑦当地临时工人的供给状况；⑧当地的住房、交通、生活条件等。

（2）全国性因素。

具体包括：①全国劳动人口的增长趋势；②全国对各类人员的需求程度；③各类学校毕业生的规模与结构；④教育制度变革所产生的影响（如延长学制），因教学改革对教师供给可产生影响，进而会对学生质量产生影响；⑤国家就业法规、政策的影响；⑥行业吸引力。

2. 供给方

人力资源的供给，不仅来源于企业外部，而且还来自于企业内部。

（1）外部人力资源供应源。

外部劳动力的供给受整个社会经济及人口结构因素的影响，政府的教育政策、劳动与人事政策对其也有一定的影响力。按理说，统计局应该提供社会整体就业、整体劳动、人事政策及增加劳动力的数量及素质等情况，随着政务管理的公开与透明，数据的统计工作才会逐步完善。要分析整体劳动力供应数量是否足够，先要考虑人口结构、年龄分布、性别、教育水平、就业情况及各行业的独特性等。

（2）内部人力资源供应源。

企业内部的人力资源供给主要是分析在职员工的年龄分布、离职及退休人数，企业可从人员减少和流动性的情况，来分析和探讨人力供给的情况。此外，企业内部人力资源的流动，如晋升、转岗，现有人力资源是否已充分利用等，这些问题亦是值得研究的。对有一定潜质的人员，下放子公司或基层培养是惯常的做法。企业的离职人员、退休人员等属于备选资源，在确定供给时，这些人员不应忽略并可适当倾斜。

3. 供给确定

分析内部劳动力供给时首先要从现有员工着手，一般劳动力供给除了要考虑社会劳动力市场供需情况的影响，还需考虑其他企业的竞争。为了避免人力流失或损耗，管理人员必须对造成员工损耗的因素加以分析。导致员工损耗的因素可分为员工受到企业外部所引起的“拉力”和企业内部所引起的“推力”。“拉力”包括渴望转到其他企业、追求较高收入和较好的发展机会、追求较多的社交机会、投靠亲友，以及员工心理问题，如员工到了退休年龄、已婚妇女怀孕或因结婚而不外出工作等，都可导致劳动力损耗。“推力”包括企业欠缺周详的人力资源规划，造成人力政策不稳，裁减员工等。由于员工自身的问题，如某些青年员工对工作认识不够深入，或不能适应新的工作环境，加上年轻、未婚、无家庭负担等，使他们经常转换工作，如由于缺勤多、流失多造成人手不足，因此造成职员工作压力大，迫使他们辞职。人际关系的冲突也容易造成员工因不满而离职，而工作性质的改变，或工作标准的改变，也可使某些员工失去兴趣或无法适应而离职。①

通过对组织内现有人力资源供给情况进行测算并对员工流动情况进行调整，就可以确定未来某一时间段内组织的人力资源供给情况。

（四）综合平衡规划

综合平衡主要从三个方面来考察，即考察人力资源供给与人力资源需求的平衡、人力资源规划内部各专项计划之间的平衡及组织需要与个人需要之间的平衡。

1. 人力资源供给与人力资源需求的平衡

人力资源供给与人力资源需求的不平衡是一种正常现象，其表现不外乎三种类型，即人力资源短缺、人力资源冗余和两者兼而有之的结构性失衡。

（1）短缺规划。

人力资源供给不足主要表现在经营规模扩张和开拓新经营领域时要有新的人员

---

① 庄正．人力资源规划的探索［J］．上海综合经济，2001（1）：54－56.

补充。企业在原有经营规模和经营领域中也可能出现人力资源不足，比如大量的人员流失，这种异常现象说明企业的人力资源管理政策出现了重大问题。

预测短缺出现时，就应着手制订相应的方案。备选方案有：①将员工调往空缺岗位，同时考虑到遣调员工的适应性问题。②培训员工，并对受训的员工进行晋升性补缺。这样做的目的性比较强，它需要企业对短缺的预测更为准确，否则矫枉过正就会造成人员冗余。③延长员工的工作时间，发挥现有员工的最大潜力，对员工进行激励的同时，也要避免过劳之嫌。④提高员工的生产效率，在原有工作时间内、工作环境下提高绩效。⑤雇用非全日制临时工，如返聘已退休员工、外聘专家等，这是较为温和的做法。如果返聘、外聘员工能够带领企业寻找到新的增长点，则其意义之重大将不仅限于解燃眉之急。⑥雇用全日制临时工，虽属于短期策略，然颇为有效。⑦雇用全日制正式工。⑧在企业预测人力资源短缺的情况即将出现时，可以未雨绸缪地组织超前生产，用以平衡高峰期的用工需求。

其实，解决人力资源短缺最有效的方法是充分调动现有员工的积极性以提高生产效率，可以通过奖金激励、提高员工技能、重新设计工作流程、改进技术设备等方式实现。

（2）冗余规划。

人力资源冗余的情况主要发生在经营萎缩时期，这时过剩人员的处置将成为企业能否度过萧条期的关键因素。冗员分析不只是确定企业冗员人数，还要分析冗员的具体构成和具体情况，以便制订切实可行的冗员利用与处理方案。企业的冗员一般可分为两大类：第一类是素质与工作不相适应的人员，包括老弱病残人员、知识技能不足的人员、思想觉悟不高的人员；第二类是素质与工作适应但超过实际需要的富余人员，包括只愿干本职工作和希望调换工作的人员。预测人力资源冗余出现时，就应采取相应的处理措施，尽量消除其带来的影响。一般的平衡思路有开源和节流两种。

开源：调整营运策略，紧缩亏本业种，转向新兴业种。这本身就是一种创新，是企业身陷困境时的放手一搏，它需要管理者的睿智与胆识，设法开拓新市场。冗员的首选职位当推客服或销售代表，它是延伸企业市场的触角。如果能利用冗员开拓新市场的话，可以说是企业的意外之喜。如有需要，收回外包工作亦是可行的方法。因为它是利用本企业员工为本企业服务的，它有着得天独厚的优势。工作分享于企业来说未必就是“开源”，但对冗员而言，也确实是打开了一条门路，但要以降薪为前提，才能有所作为。如果公司以轮班之类的工作分享方式形成两套阵容、两种打法，很可能会意外地丰富企业既有的经营套路。企业在无奈之下也可选择对冗员进行技能再培训，然后安排其转岗。

节流：遣散临时人员是首选的办法，企业于理于法皆有根据。解雇也是有效的办法，但会产生劳资双方的敌对行为，并会带来很多社会问题，需要有完善的社会保障体系作后盾。人事冻结也常常被现代企业采用，但是它只适用于特定时期。遇缺不补是企业下定决心节流的表现，短期效果立竿见影，长期效果尚不明确。减少工作时间是一种技术性处理，它可能招致员工怨言，但总胜过更为严厉的裁员。减少薪酬也是一种节流变体，相对于减少工作时间来说，它显得更残酷，但冗员总还能保有职位。核减加班费是力度较弱的节流方法，事实上，它往往是企业冗员渐增的信号。关闭企业或关闭工厂，被认为是甚为决绝的做法，其实更不忍的应该是企业主，因为其对该项事业已经彻底绝望。裁员，是人们最常想到的，也是企业常做的。临时裁员，相对较为温和，但被裁员工总会担心变成永久性裁员而不再受雇。

（3）结构性失衡规划。

结构性失衡是人力资源供需中较为普遍的一种现象，在企业的稳定发展状态中表现得尤为突出，这可能是外部环境影响所致，也可能是历史遗留问题。对企业而言，平衡的办法一般有技术培训、人员接任、晋升和外部补充。其中，外部补充主要是为了抵消人员退休和人员流失的空缺。

企业现有人力资源的分布可能存在各种不合理的问题，员工队伍本身就处在不断变动之中，如离职、退休等，必然会造成岗位的空缺和人力资源的缺口，需要有计划地预先采取相应措施及进行必要的调整。必须保持一个良好的结构，才能保证企业的良性运行。但对员工年龄结构和资历结构的调整，却不可能一蹴而就。人力资源从补充到适应，要有一个过程。这一过程的长短，与岗位所需人员的类型，以及补充人员的自身素质有关，因而都需要进行通盘的考虑与周密的安排。①

2．人力资源规划内部各专项计划之间的平衡

人力资源规划包括人员补充计划、培训计划、使用计划、晋升计划、薪资计划等，这些专项人力资源计划之间有着密切的内在联系，须注意它们之间的平衡与协调。②

如通过人员的培训计划，受训人员的素质与技能得到提高后，可将他们安置在合适的岗位。晋升计划使用后，因员工承担的责任和所发挥的作用与此前不同，必须配合相应的薪资调整。唯有如此，企业的人员才能保持完成各项任务的积极性，人力资源规划才能得以实现。

3．组织需要与个人需要之间的平衡

不容否认，组织需要和组织成员的个人需要是有差异的。企业强调组织功能和组织效率，员工则注重个人物质需求和精神需求的满足。解决这对矛盾是人力资源规划的重要目的，其关键在于将不同需要最大限度地糅合于目标制定中。通过组织需要与个人需要的平衡，使员工在积极性充分发挥的基础上达成企业的发展目标，在完成企业目标的同时又使员工需求得到最大程度的满足。③

（五）规划注意事项

在经济效益观点下，人员应力求精简，否则除了徒增人力成本之外，还易造成人力松散、竞争力低及无法培养专业人才的弊病。要为创新留出规划空间，在员工

---

① 张健康．人事经理如何做好人力资源规划［J］．人才瞭望，2003（10）：45－46.

② 鲍玲．企业人力资源规划若干问题探讨［J］．价格月刊，2004（12）：37－38.

③ 岳晶萍，岳兴禄．企业人力资源规划和策划研究［J］．辽宁经济，2002（3）：45－46.

中培植创新的种子选手，起到以点带面的作用，需要对以下几项内容进行重视。

（1）内部人力盘存。

需知晓内部现有人力资源情况。对现有人员一定要尽量做到人尽其才、才尽其用。因此，内部人力盘存须定期开展，适时调整。

在清查记录企业或组织内部人员时，首先应该确认全体人员的合格性，对不合格的要进行培训，大材小用和小材大用的都要进行调整。清查了内部人员后，就可以明确哪些人员可从组织内部补充，哪些需要从外部招聘。须格外注意的是：对内部人员要进行深入了解；对可提升的人员要进行鉴别；要及时制订个人发展培养计划。

（2）职位进阶规划。

结合个人的发展计划，组织制订相应的培养计划。对员工个体而言，即体现为职位进阶规划。员工的职位晋升与其能力的同步提升密切相关，但这并不意味着员工在某职位上工作出色即需提拔。如果他离开现职岗位，使得该部门工作陷入被动的话，留任比晋升更为可取。可能该员工会感觉很不公平，出色的业绩却不能换回组织的信任与职位的进阶。但正因为组织对其太过信任，所以员工难以晋升，这就为个人与组织提出了一个难题——员工进阶与组织创新的平衡问题。

个人能力的出众未必能保证其位居高层，因为他在企业之内有责任把自己的成功经验与大家分享，即要有意识地培养接班人或替代者。在此建议：若某层级的主管在两届任期之内不能培养出或寻找到适合的替代人选，则不予晋升。这样就可以使组织系统持续运行，而员工也可以体会到逐步擢升的乐趣与喜悦。

指导员工规划好他们的个人前程，提供充分发挥其潜能的机会，是人力资源规划的重要一环。帮助员工了解并明确他们获得某些职位或晋升的机会，会使他们对前途充满合理的期望。

（3）成本控制规划。

人力成本中最大的支出是工资，而工资总额在很大程度上取决于组织成员的分布状况，即人员在不同职务、不同级别上的数量状况。合理的人力资源规划，能够合理地控制当前的人力成本，在预测未来企业发展的前提下，有计划地逐步调整人员分布，可将人力成本控制在合理的范围内。①

举例来说，一个已进入成熟期或衰退期的企业，在员工年龄分布中，老年员工占较大比例。由于工资与工龄有关，所以工龄越长，工资越高，企业前进的步伐也将因之变得沉重。此外，退休福利与接班人问题还会影响到其他员工的升迁机会、进取态度及工作士气。企业要考虑制定举措，如提前退休计划等，改善年龄结构，以避免可怕的员工“贵族期”的出现。

（4）损耗规划。

人力损耗曲线可以用来研究人力流失。人力损耗的模式一般是用一条曲线来表

---

① 张萍，陆大奎．论人力资源规划的战略地位［J］．西南民族大学学报（人文社会科学版），2004（6）：98－99.

示任职时间长短与离职的关系。在最初的一段时间里，人力损耗会比较严重，随时间消逝，损耗的人数会急剧增加，主要是由于员工未能适应新的工作环境、企业政策、工作要求及人际关系等，故离职率较高，甚至达到一个高峰。但经过一段时间，离职率将开始递减，原因是新员工度过适应期后，进入胜任阶段，就不会轻易离职。然而，事实上，由于解聘、自动离职、退休等原因，人力损耗现象是无法避免的。

企业可能会从节省成本的角度出发，数次大规模地招聘人员，这就可能引起组织整体人力损耗的较大波动，对编制的稳定不利。所以，对于连番“洗牌”的企业，人力损耗情况一定要并入规划之中。

（5）利用规划。

人力资源运用应以适度发挥效力为原则，对一些常规性的工作，各级主管应以“九人做十人之工作”的精神，充分发挥人力。为使人力运用更灵活，更具弹性，可培训人员使其具有第二或第三项专长，以提升人力质量及个人发展空间，培养出“多能工”或“多面手”。

以缺勤为例，缺勤类型通常包括病假、事假等，此外士气低落、生产率低、工作绩效低、服务水平低等也是重要信号。若管理者能留意这些缺勤指标及其他相关数据，据以估计未来的缺勤程度，就会对未来人力供给的情况有较科学的预见。假如缺勤情况严重，就应对缺勤因素加以分析并改善，使现有人力资源得到充分发挥，以避免连锁效应。

三、工作分析

企业从招聘员工到配置使用、绩效管理，再到薪酬激励、培训开发，均以工作分析为基础。但是工作分析的重要性往往在实务中受到误读或漠视。

（一）工作分析的尴尬

员工对工作分析的态度更多是消极的。资历深厚者质疑人力资源部多此一举；资历尚浅者则疑心重重，唯恐自己被裁而不予配合。一句话，工作分析推行时阻力重重。

1.“地震”恐惧症

即便公司没有工作分析之后裁人的计划，也应做必要调整，而必要的调整对某些员工来说则无异于地震。很多企业在工作分析之后，立即根据分析结果进行大调整：不但删减大量的人员和岗位，还对工作量做大幅调整，几乎每个人都被分配到更多的任务。这样做往往使员工在接受访谈时夸大其工作量。

2. 翻版“假大空”

“请你谈谈你的这份工作对公司的价值。”人力资源管理人员往往提出这样的问题，该让员工怎么回答？要说价值很大，如何大？自谦一下，不就等于申请炒鱿鱼？如果口径统一——“我的工作是维持公司正常运转不可缺少的一个环节”，话虽不错，但访谈的意义何在？工作分析本身也该创新了！[①]

面谈中的“宏观”问题尽量要少，因为这不是在遴选毫不相知的人员。分析的对象是具体的岗位职务，要技术性地嵌入谈话。见面伊始就让员工谈自身价值，访谈不会有什么效果和意义。

3. 热情被冰封

工作分析不像具体任务一样来得紧迫，调查的意图如果没有阐明，可能会受到直线经理与员工的忽视。问卷可能会被部门经理搁置，直到催收时才匆匆下发、草草填写。出差在外或者任务缠身的员工可能会由同事代笔。此外，管理术语之于员工可能很陌生，员工只能凭个人理解来填写，却无法把握填写的规范和标准。这样的效果定然不会理想，填写不全、答非所问已是司空见惯，更有甚者，问卷根本无法回收。

能够安排部门经理访谈的往往只有人力资源部经理一人，但由于经理们都很忙，即便挤出时间参与访谈，也常常被打断、干扰。对经理级别以下的人员进行访谈同样面临窘境：被访谈对象发牢骚，指责公司管理，抱怨自己待遇不公等容易成为谈话的主题。而在谈到与职位分析相关的内容时，被访谈人员往往又言辞闪烁，顾左右而言他，透露出对访谈人员的不信任。访谈结束，对访谈人员的认识仍然停留在模糊的阶段。

通过各种途径收集类似职位说明书并以之作为参照是一些公司的惯常做法。这样可能会导致东拼西凑，势必会受到直线经理的强烈反对。之前的工作很可能被推倒重来，如此反复，管理者极有可能对工作分析彻底丧失信心，导致该项目不了了之。原本雄心勃勃的人力资源管理人员也难免会灰心丧气，工作分析变得举步维艰。[②]

（二）创新节点

要使工作分析对创新有所贡献，同时激发起员工的热情和参与感，就要把它与创新愿景挂钩并导入员工层面。其中的若干创新节点有助于摆脱工作分析中的尴尬并真正助力企业创新。

1. 职务设置

职务设置是工作分析的根本问题，探讨它的目的与意义，是整合创新的初始调研任务。员工对于自己岗位的评价一般不会客观，即便是对同事，也可能会碍于情面或出于工作友谊而谨慎评价。

对相邻职位的在岗人员询问职务设置的目的和意义在于更有可能找出焦点问题，抓住职位的主要矛盾。所以访谈时要求被访谈人员对相邻职位发表意见，旁敲侧击更能收到奇效，本人难以言明的或许会被旁人一语中的，从而使访谈迅速进入实质性的阶段。

---

① 高卫中．工作分析中的员工恐惧及应对策略［J］．商业研究，2009（3）：103－104.

② 于真真．工作分析中常见的问题及对策［J］．北方经济，2007（4）：118－119.

2. 任务职责

任务职责应该是工作分析的核心内容，也是难点。首先，任务职责分析应当基于公司的总体目标，所以一定要有系统的观点。其次，任务职责的设置又必须考虑到市场的动态反应与日常的营运需要，如机械师除了对机器设备进行操作之外必须对其进行适当的保养，将一定时期内的返修率控制在某一水平。吉尔布雷斯夫妇的动作分析研究已不适用于21世纪的科学管理，因为对于知识型员工，其任务职责的确定更为抽象。而对于专业技术型员工，要制定不低于其专业技术规范的任务也不是件易事。在这方面，技术专家的意见无疑是权威的。

让秘书做司机的工作势必是荒唐的，但即便是秘书本人，恐怕也难以言明其任务职责。询问本人，可能会得到这样的回答："我干了很多，也很忙；但忙过之后就不记得都做过什么了。"询问相邻职位的人员，却可能被告之："她好像没干什么。"工作日志法较为客观，但它通常需要一个较长周期的观察与记录。角色过载、职责盲区等都有可能源于任务职责未明确划分。对于员工人数不多的中小企业来说，情况更是如此。泾渭分明的职责划分使得企业面临挑战时无人肯承担责任。

本书在此只是提供一个最为原始的思路，即采取切分蛋糕的方式将分解的指标任务分配至人头。这个过程须是全体职员互动的过程，大家都要参与。因为这与每个人都息息相关，同时将其与薪酬体系挂钩，以体现多劳多得的方针。随着企业的不断壮大与成长，管理者可以依工作日志法进行调整，吸纳专家意见，将工作分流给新进人员或新设岗位。

3. 任职条件

多数企业在任职条件中如此限定："大学本科学历，计算机或相关专业，三年以上工作经验，编程熟练……"这样要求看起来似乎无可厚非，但却遭到了毕业生的激烈质疑，因为他们对"三年以上工作经验"之类的措辞非常敏感，尽管他们可能在参加应聘时满腔热情。然而企业要引入创新，就需要工作人员的新思维，这可能又是"老手"所不具备的。毕业生中不乏品学兼优、踏实肯干的创新型人才，如果仅因为这点被淘汰，也殊为可惜。类似地，有些自学成才者，无学历而确有水平者，可能也会望而却步。

创新鼓励不拘一格选人才，企业不妨把任职条件修改为双轨制，即在保留原有条件的同时也为能够提出创见性观点的人才大开绿灯，如能获得技术委员会或管理委员会的认同及通过员工会议的答辩，仍可任职。

4. 工作时间

犹如初次见面谈天气一样，以询问员工的工作时间为开头来展开话题是比较合适的。尽管上班时间可能是统一的，但并非每个人都是从那刻起就进入了工作状态。所谓的工前准备或多或少会占用一定的工作时间，它以多长为宜？员工不可能在工作时间一直保持亢奋，其工作状态的起伏也是正常的。那么，如何通过调整员工的工作时间来提高其工作效率？

基于此，可以询问这些问题：什么时间正式开始工作？单一阶段工作一次性持续多长时间？通常在工作时间段的哪个区间选择休息？倾向于哪种放松方式，是吸支烟，还是喝杯茶？最高和最低工作效率是否按规律出现？

了解上述信息后，就可以有针对性地进行安排：统一做好工前准备，以压缩非工作时间；在效率低的时段安排咖啡歇，而在效率高的时段设立免打扰措施，保障员工高效完成工作。

5. 单次工作

员工的单次工作量有一个极限，其差错率也要控制在一定的水平之内。可以询问这些问题：各个阶段完成的工作量是多少？次品率是多少？

了解到上述信息后，一方面可以调整员工的单次工作量，另一方面可以将其与不同的时间段相调配。这也适用于差错率的控制，如在差错率高的时段安排员工互检，因为这样员工会因排查同事的失误而变得更为专注。

6. 处理边界

要在工作中独善其身是不可能的，因为它与社会化大生产不相适应。那么员工应选择在什么情况下与同事进行沟通，或向上级请示？这种沟通或请示的内容又是什么？可否将其格式化？这种格式化的内容又能否聚集成批，以固定的方式交接？以上问题值得考虑。在实务操作过程中有不少员工被指欠沟通或小题大做，所以我们急需制定出个人处理边界的标准。边界扩展要考虑该职务在组织中所处的位置、呈现的工作关系及横向与纵向沟通的优化问题。

若能明确处理边界扩展问题，可以防止“各行其是”与“轻事重报”的发生。通过对其进行详细调研，也有望使组织的沟通更为科学、经济。

7. 工作标准

询问员工对工作标准的看法，很有可能得到员工一些负面的意见。尽管企业可能有国家标准、国际标准，但这些标准也并非无懈可击，况且还存在标准是否适用于特定企业的问题。员工的负面意见可能带有主观因素，但它也可能是优化标准的源泉。尽管企业不主张员工自创一套流程标准，但是在严格执行法定标准的前提下让员工以提意见的方式辅助改进原有标准，确实可以使管理者发现更多问题，移除阻碍业务发展的因素。

在工作分析中应明确工作的质量和等级，为日后的考核奠定基础。诸如“好”“一般”之类的词语应避免使用，尽量使用如“万字以内的翻译文稿要在三个工作日内完稿，达到二级翻译水平”的明确标准。因为“好”或“一般”不会激起员工的任何兴趣。如果设定一个明确的标准，如“二级翻译”“误码率低于1%”等，员工自然有了努力的方向。“达到领导满意”是忌用语句，因为它毫无计量标准，以此为评估准则，可能换回的就是员工疏于业务而去讨领导欢心的结果。

8. 工具设备

与员工谈一谈工具设备或许会激起他们的兴趣，这也会使企业从侧面了解员工所想。使用工具设备时需要何种技能，是否有相应的标准规范？工具设备与标准规范间应实行何种变革？

再者，工具设备的共用与摆放也涉及相邻职位间的合理配置。如上文所言，沟通应以科学、经济为原则，工具设备则充当了沟通的媒介。某职务功能的充分发挥，一方面有赖于在岗人员的责任心，另一方面仍要依靠相关职位的支持。以工具设备为媒介的师带徒、技能比武、交流切磋不仅加强了员工的技艺，也会为创新营造浓厚的氛围。

9. 工作环境

工作环境是影响工作生活质量的重要因素，也是员工关心的话题之一。工作环境属于室内、室外还是其他？室内环境的设计可否令员工身心愉悦？室外环境的自然条件与安全系数是否有保障？家庭办公环境能否使员工全身心投入？电脑操作又是否会使员工沉迷于网络？工作环境的切换是否会促进效率的提高？如果是，该如何切换？

工作环境安排一定要参考员工意见。有些企业主仅以自己的好恶取舍，忽视了员工的个体感受，这是不可取的，如今有人倡导“快乐足球”“快乐篮球”，工作也应该是使人快乐的！舒心的环境为员工愉悦的工作心情预先铺设了基石。

（三）工作分析和胜任特征

胜任特征是近年来的研究热点，其与工作分析关系密切。

1. 二者比较

工作分析和胜任特征模型构建之间存在着重要的联系。首先，在定义方面，有学者将工作分析定义为确定和描述能够区分高低绩效工作者表现的一系列程序，这与胜任特征非常相似。其次，在研究方法上，胜任特征研究中常用的行为事件访谈法就是从工作分析关键事件技术中发展而来的。最后，从两种方法的分析结果来看，工作分析的结果往往是以工作说明书和工作规范的形式表现的。工作说明书通常标注了对工作任务和职责等工作方面的要求，而工作规范则强调对从业者的素质方面的要求。胜任特征强调的是能够区分不同绩效的任职者特征，因此，在某种程度上可以看作是对工作规范的拓展和深化。具体而言，工作分析强调的是对任职者基本的素质要求，这些要求通常是对某项工作的任职资格要求；而胜任特征强调的是在任职者具备了基本任职资格的基础上那些能够区分出不同绩效水平的个人特征。因此，从某种意义上我们可以推论，通过工作分析得到的基本任职要求中，那些能够区分高低绩效的素质，就可以被认为是胜任特征。基于此，即可试图找出创新的胜任特征。

胜任特征在管理实践中的广泛应用，对传统的工作分析形成了冲击。胜任特征在构建的过程中，通常会考虑组织情境、组织目标和战略等信息，这样从个人身上得到的胜任特征才能体现组织的特定要求。而传统的工作分析，则很少明确涉及组织的特定要求。除此之外，胜任特征建模关注的是找出整个职业，或者类似的一组工作中共同的、核心的个体水平胜任特征。因此，在同一个组织中将不同职位的胜任特征进行整合，就可以得到组织层面的胜任特征。如果组织层面的胜任特征能够给组织带来竞争优势，使得组织能够进入广阔的市场，给组织带来利润，并且这些优势在短期内无法被模仿，那么组织层面的胜任特征就可以成为组织核心竞争力的一部分。需要指出的是，核心竞争力是一个非常广泛的概念。组织的技术研发、营销策略、沟通措施和文化价值观等都可以成为组织的核心竞争力，这与创新的多维性也是一致的。胜任特征更多涉及的是组织在人力资源方面的特点，如果组织的人力资源战略符合核心竞争力的特点，那么就可以认为胜任特征也是组织核心竞争力的一部分。在每个企业都关注自己核心竞争力的今天，这一点无疑具有重要意义。相反，传统的工作分析主要关注不同工作之间的差异。①

由此可见，工作分析方法的信度优于胜任特征，但是却缺乏对组织战略等组织特定要求的关注，这跟战略性工作分析以及未来导向的工作分析给传统工作分析带来的挑战是非常一致的。此外，胜任特征更多关注的是长期的“员工—组织”匹配，从而将组织的愿景和核心价值观体现在所得到的胜任特征中。以上是对未来工作分析的重要启示。

2. 二者结合

从发展趋势来看，工作分析和胜任特征之间的界限正在变得模糊，如果将两种方法综合起来，就能相互补充、相得益彰。无疑，在一个快速变化的环境中，在组织不断调整自身以适应竞争以及工作性质不断变化的情况下，同时从个体水平和组织水平探讨对工作分析结果影响的因素，具有重要的意义。工作分析能够为胜任特征提供大量的实证数据，例如关于工作任务、工作要求等具体信息，这也就为抽象的胜任特征的获取提供了丰富的资料。不仅如此，从具体工作情境中得到的工作分析结果还可以对这些胜任特征进行具体解释。胜任特征也可以体现组织特性和工作未来需要，并弥补工作分析对于组织层面信息和工作未来需求的不足。因此，体现胜任特征的工作分析能够把工作分析和胜任特征两种方法的优点结合起来，为建立创新组织的核心竞争力提供更为有效的实证数据。②

第一，在社会和组织环境日益变化的情况下，作为人力资源管理的重要工具之一，需要把自上而下的战略性工作分析、未来导向的工作分析和由现实出发自下而上收集信息的传统工作分析方法结合起来。只有这样才能将企业战略、工作的发展趋势、未来要求和胜任特征跟现实工作的具体要求综合起来，建立起企业的核心竞争力，从而更好地为企业的人力资源管理与创新服务。

第二，工作分析与胜任特征各有所长：胜任特征更侧重组织战略和未来需求，注重自上而下的分析流程，而传统工作分析能够系统地分析工作要求和任职者的要求，从而提供更量化和更具可比性的详尽信息。因此，工作分析与胜任特征的结合，也是未来工作分析方法研究的趋势。

---

① 万希．论基于胜任力的工作分析［J］．湖南财经高等专科学校学报，2008（2）：25－27.

② 李文东，时勘．工作分析研究的新趋势［J］．心理科学进展，2006（3）：418－426.

（四）核心能力

本书从一般职位的通用性拟抽象出四个核心能力——客户导向、团队合作、创造力、结果驱动，并在此进行探讨，其结果可适用于一定范围。当然在“其他”项中应该包含该职位最为具体且核心的能力，尽管它不在探讨的范围内，但却是管理者应该注意到的。该提法不尽全面，但在实践操作中具有一定的指导意义。

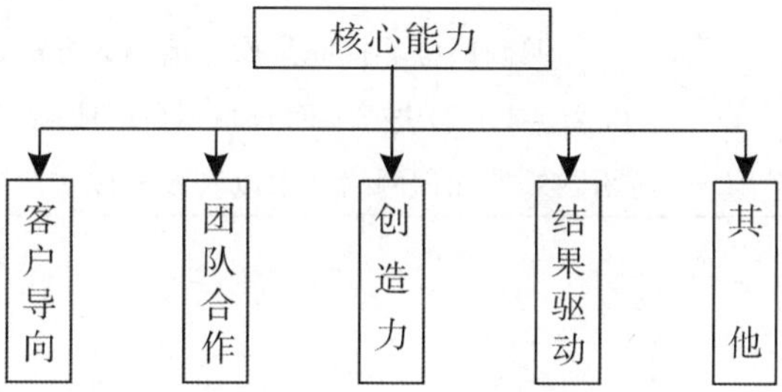

图3－2 通用职位核心能力

（来源：孙博整理，2007）

1．客户导向

客户导向是创新的风向标，企业的一切创新行为都应基于客户利益并最终落实于客户利益。这一点应该体现在职务规范中。其关键行为体现为客户信息的收集、反馈与问责机制的营建、内部最佳实践模式与对邻接职位的责任理解等。

表3－1 核心能力：客户导向

核心能力	客户导向
关键行为	内部标杆与内部网络——确保最佳实践 客户问题追踪——迅速收集、反馈与解决问题 自我问责——确保客户需求正确、适当地被处理 供应商关系的营建 对邻接职位的责任理解 鼓励基于客户利益的信息互动

（来源：孙博整理，2007）

2．团队合作

团队合作是支持创新的组织保证。现今社会分工的细化与深化亟须团队合作的支持。追求创新，就要紧密地联结工作伙伴，使之形成聚沙成塔的合力，这样才能在市场萎靡、企业困顿之际有所突破。相邻职位间最忌讳推诿扯皮，对企业利益漠不关心而各行其是，且美其名曰“规范管理”。团队成员要有勇于承担责任的精神，在合理预期伙伴需求支持时迅速补位——组织失败，匹夫有责！工作人员在平时就应养成一种基于团队利益、实时适当反馈的默契，并为其改善、优化而努力。

表 3－2　核心能力：团队合作

核心能力	团队合作
关键行为	对团队伙伴需求支持的预期 理解个人需求、组织要求、团队工作的不同手段 明确回应邻接职位操作请求的方法 忠诚地寻求解决方案而非心不在焉地挑三拣四 通过组织内与团队外的知识网络诉求以获取最佳实践建议与建设性批评

（来源：孙博整理，2007）

3．创造力

创造力是创新型员工不可或缺的。企业管理的目的不是把员工训练成循规蹈矩的机器，而是激发其活力、潜力、创造力，使其成为富有激情、成绩卓越的人！在工作中要积极应对变革、胆大心细地推进创新，使创新成果为更多人分享，为企业所欢迎。

表 3－3　核心能力：创造力

核心能力	创造力
关键行为	扫描、欢迎与赏识变革 不因实施新技术时的失误而受责、气馁 确保变革之前已经进行风险预测及掌握更有效率的行事方式 将创新编入预算并切实执行 建立、巩固创新被采纳或反馈的（非）正式渠道 与其他群体分享关于创新之最佳实践的经验

（来源：孙博整理，2007）

4．结果驱动

工作是以业绩考核的，所以它要以结果为驱动。要有惯常的纠偏机制，保证企业与人员在正确轨道上向终极目标迫近。在日常行为中即体现为删繁就简，保证目的明确并行之有效。团队与员工本人都要有清晰的目标设定且为之付出努力。

表3-4 核心能力：结果驱动

核心能力	结果驱动
关键行为	终极目标提醒及鼓舞 确保会议始终有明确目的并切实执行 始终如一地追求团队业绩的“真正不同” 团队拓展招新的额外职责——合理保持驱动与利益 能够清晰表明自我开发需求，设定目标与计划

（来源：孙博整理，2007）

（五）注意事项

进行工作分析时要求员工对与其密切接触的相关职位进行分析，并且保证匿名。将其对自身职位的分析保持在一个适当的水平，在权衡时要注意其可信度。为了适应新的需要，不能把任职者作为唯一的工作信息来源，还应该让一些非任职者，例如企业的战略制定者和人力资源管理者以及相关领域的行业专家，加入工作分析的过程中来，这样他们可以就企业需要的一些比较抽象的个性特质和战略需求提出建议。在自上而下的分析过程中列出宏观的问题，通过采访或座谈的方式，对初步结果的统计意义进行优先判断，随后再进行深入研究。在自下而上的分析过程中尽量避免宏观问题，并辅之以周密的问卷（最好是选择题或判断题）展开调查，对初步结果先统计再分析。除此以外，还须注意以下几点。

1. 逆向分析：反道而行

工作分析时往往依知识（knowledge）、技能（skill）、能力（ability）的顺序展开，而在组织既有人力资源稳定的情况下，不妨依能力（ability）、技能（skill）、知识（knowledge）的顺序逆向展开。由能力的角度可以分析其隐含的技能与潜藏的知识，以及为工作做出的贡献，并将之列为伴随规范。因此种能力已经具备，隐含的技能极易开发，潜藏的知识可随时调取，边际成本极低，极具利用价值。

2. 系统分析：大事化小

任何组织、单位都是一个相对独立的系统。在岗位研究中，应从系统论出发，将每个岗位放在组织系统中，从总体上和相互联系上进行系统性分析研究。每个系统都可以成为一个更大规模系统中的子系统。整个规范化管理体系是一个大的系统，从发展战略、组织设计、职能分解、岗位设置一直到工作分析与岗位研究，都要服从整体系统的分析结果，都要根据战略进行组织结构设计，根据组织结构设计进行职能分解，根据职能分解进行岗位设置，根据岗位设置来推进工作分析和岗位研究。组织目标系统分解可以有效地消除职责盲区，避免“过载”“失位”和“模糊”现象的出现，确保创新的职能定位不会失偏。

3. 事故分析，防患于未然

工作分析之前先将任务依重要程度或创新性等级进行划分，以一级指标或二级指标所对应的职位设岗。对于惯常性工作，应充分发挥人力，将其分摊于上级指标岗位之内而不再单独设岗；对于工作量确属偏大的低级指标任务，可以考虑将其外包。

第二节 动态攻略

员工进入企业，企业遣散员工，使得员工在企业进进出出——动态效应极强。对于有离职意向的员工，企业如欲留之，则须想方设法挽留。这样，吸引、维持和遣散就构成了动态攻略。

一、吸引

招聘环节是员工进入企业的门外廊，在招聘伊始，企业即应向应聘人员表明本公司追求创新的立场，诱发其创新思维并暗示其将会面临的挑战。竞争上岗已司空见惯，就主要流程来讲，基本是相同的，关键是要适合本企业的实际。只有与企业特点、实际相吻合的，才是有效、公平与合理的。

（一）个人简历筛选

个人简历是应聘人员进入企业的敲门砖，它是企业对应聘人员进行初步遴选的依据。细致认真的书面准备暗示某员工可以承托事项，委以重任；平淡如水的简历则难以突显员工的创新思维，此时“平淡是真”更多地被理解为一种托词；当然，过于华丽的简历也需要企业去甄别，因为浮华意味着脱离实际的可能。有些求职者通过咨询机构包装之后制做出的简历水准甚高，这就需要企业“对号入座”，对其原创性加以鉴别。许多情况下这需要后续的工作来配合，企业应持有“宁愿多给应聘者一个机会，也不错失一个人才”的观点。

通常情况下，通过简历了解应聘者在过去的职业生涯中取得过哪些进展是很重要的，进步很快的人通常在工作中具有较好的能力与魄力。但企业不应仅仅迷恋于应聘者表面的业绩，还要判断他是否属于创新型人才，深入分析他之前的业绩与其个人努力方向是否吻合、是否是个人努力的结果。也就是说，要去判断应聘人员是否是一个敢于迎接挑战并善于迎接挑战的人。

其中的事业进展并不是指随时间推移而获得的例行升迁——它与个人努力关系不大，要着重去看应聘者总结性地介绍自己过去所取得的进步。例如，从应聘者的介绍中看出应聘者所受的教育与其工作经历间的关系，而其工作表现也证实了其所受到的教育确实为其工作提供了所需的技能。随着应聘者承担职责的不断扩大以及挑战性任务的加重，由此可以判断出其整个职业发展呈现出向上的走势。相反，如果应聘者做过多份工作，但是却没有迹象表明其所承担的责任呈正增长，企业即须谨慎，或许这是因其缺少魄力和雄心，不愿意承担更多、更重要的责任，担负更多的压力。当然，除非掌握十分确凿的证据，否则不要急于在这个阶段下任何结论。但有一点是企业应该铭记的，即笑对挑战的员工才是企业所需要的。

（二）面试问题设计

判断一个人是否愿意迎接挑战，从而推断其能否成为创新型人才，在此推荐一个很简单的方法。告知应聘人员本企业的薪资制度，即其可以选择固定基薪但无奖金的薪酬方式（方案 A），也可以选择低基薪、高奖金的薪酬方式（方案 B）。如应聘人员选择方案 A，企业对该职位新员工的薪酬为 5 000 元/月，而没有其他的薪资与奖金。如果其选择方案 B，则其基薪仅为 2 000 元/月，但其可以享有与业绩挂钩的 6% 的提成，如果做得好的话，月入可以远远超过 5 000 元。如果应聘人员选择方案 A，则说明可能他对自己将来的业绩信心不足，这可能源于几方面的原因：自认为能力欠佳；对方案 A 很满意，没有追加的意愿；就是准备来企业“养老”的。无论是哪种情况，都说明该应聘人员的进取心不是很强，不是企业所需要的，否则至少应该追问企业的业绩体系与指标考核的问题。如果其略做思考即接受方案 A，企业还是小心为妙。相应地，如果应聘人员爽快地选择了方案 B，并有意识地向招聘人员询问企业的产品信息、市场销售状况及有关管理数据，说明这是一位善于理性思考、乐于迎接挑战，并且有信心在工作中去实现目标的人——这岂不就是企业急需的创新型人才？

基于基薪与奖金的选择来判别应聘者创新取向的招聘方法很实用，可以满足企业对创新型人才的初步甄选需求。为了选准、选对创新型人才，企业还要设计更为完善的面试问题。① 以下问题有助于企业作进一步的甄别。

1. 你认为你适合干什么？

这个问题表面上是考察应聘人员的职业定位，实则考察其性格趋向。职业生涯选择一般是从理想与现实能力两方面考虑的，二者都得到满足的才是最佳选择，但现实中不可能都得到最大化的满足。许多人只从表面上了解工作性质，甚至对自身的了解也流于表面，认为善于交流就可以左右逢源并取得管理上的成功，沉稳的人只适合搞研究。但是，善于交流的人如果不能踏实工作，并且过于自傲、不善于察言观色，那也不适合成为管理者。另外，被认为只配埋首研究的人由于爱动脑筋反而更有创新的可能，只是他们的创新有着更多的自发性——组织管理并非没有涉及，只是与外向活泼的员工相比，他们在组织的创新导向方面所花费的精力少一些。

---

① 李祖齐. 科学设计面试问题［J］. 人事管理，2003（4）：40.

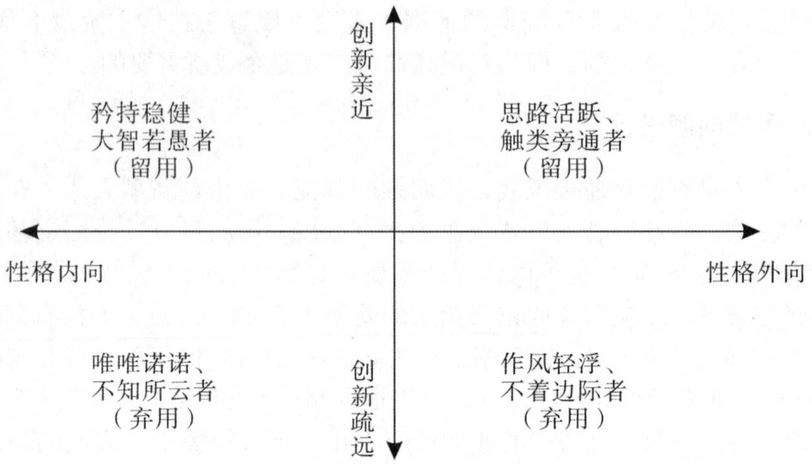

图 3－3 性格趋向与创新二维图

（来源：孙博整理，2007）

那么，组织在平衡不同类型员工的管理投入时，就要有所侧重。对性格外向与内向的甄别较为容易，但需要组织进一步把作风轻浮、不着边际的外向人员与思路活跃、触类旁通的外向人员区别开来；把唯唯诺诺、不知所云的内向人员与矜持稳健、大智若愚的内向人员区别开来。其做法与工作分析的面谈策略不同，在招聘面试时可以考虑问一些开放性问题，如问适合做哪一方面的工作，虽然这样做可能有些不着边际，因为求职人员应聘的是企业中的某一特定职位，但是类似问题的开放性能将其能力空间展现得更为宽广。通过观察求职人员如何回答这样的问题，面试官可以进一步了解求职人员的性格、谈吐，从而择思维活跃者留之。若求职人员表现得无尽谦卑，甚至唯唯诺诺、支支吾吾，则很难使其成为公司创新的助力。

2. 你能为我们公司带来什么呢？

考察其长处。可以有意识地给应聘人员设下一些陷阱，给予其“自夸”或自我展示的机会。这样就可以让夸夸其谈者脱颖而“出”，结合个人简历，能较为容易地过滤掉空泛论者。因面试官自身的心态极易受到应聘人员言语的影响，所以面试官要掌握好分寸，没有经过特殊训练的人力资源管理者很难准确地通过这个问题来筛选应聘人员。当然，这也是一个很好地发现人才的机会。对已经接受过 AUTO-CAD 和 3DMAX 的培训，并可以立刻上岗工作的人员而言，若留用的话，则可省下共计 6 000 元的培训费用！这可以作为取舍的参考标准——为了获得这个标准，要为应聘人员营造机会把它展示出来。因为在初试通过，复试成绩相差不大的情况下，对应聘人员的取舍确是一件难事。

做到人岗动态调配，发挥能人所长，是企业用人的目的。所以，在员工进入企业之初，企业就要掌握该员工的长处。即便当前无法加以利用，也可以作为日后轮岗、开发、再配置的依据。[①] 否则，员工的专长难以发挥。很多平凡人士在公司任职相当长的一段时间后，由于偶然的机会某一方面的才能得以展现，领导与同事最常说的一句话就是："你怎么不早说啊?" 可我们是否该检讨一下，为什么企业不能早问呢? 因为毕竟企业对创新的要求是更为迫切的。

3．你和其他求职者有什么不同?

考察求职人员的特点。差别即优势，找到它就意味着创新的可能性。多元化的员工意味着创新基座的提升，企业在市场中也是以变求胜。所以，不求员工是全才——所谓的全才可能就是庸才。有特色、有与众不同之处，就可以成为企业创新的原动力。

通过对这一问题的回答可以判断应聘人员是如何评价别人的，他是不是以自我为中心、自以为是或者团队精神较差。当然也可以借此走捷径，发现在应聘人员中，谁是最优秀的人才，谁不适合被录取。

4．你的目标及前途打算如何?

考察求职人员职业方面的规划与进展。企业创新不是一蹴而就的，要有长远的规划与打算，它当然要由员工的职业生涯发展来配合与支持。令企业生畏的应聘人员往往是把企业作为跳板。即使职业生涯丰富的人，也很难取得突破性进展，企业的可持续发展亦将受到破坏。面试官可就应聘人员进入企业之后，如何实现理想，如何接近其人生目标等问题，询问应聘人员对前景的规划，这也可以显示出单位对新人的期望与关心。

（三）内部招聘：全部卧倒法

企业的永续经营，需要不断地推陈出新以应对市场变化。基业长青的百年企业不可能自始至终由同一批人去打造与承托。人力资源方面正常的新陈代谢是企业创新活力的保证，新陈代谢也未必仅面向企业外部。换言之，企业内部人力资源的新陈代谢如果操作得当的话，创新活力同样可待。

1．库克曲线

库克认为：一个人在任职的初期是创造力发挥最充分的时期，这一时期大约为两年左右；接着进入稳定期，持续两年左右，随后开始下降。因此，一个人在任职后创造力发挥较好的时期前后共计四年时间。

管理对策：①改变其工作任务或工作内容；②晋升职务；③重新应聘，重新任命。

2．喀兹曲线

喀兹认为：一个群体的成员在一起的时间不足一年半或超过五年以上，其群体效率不高。在一年半至五年之间群体效率最佳。

管理对策：①改变群体的领导；②调整群体成员；③解散原组织，重新组合。

---

① 李燕萍，余泽忠，李锡元．人力资源管理［M］．武汉：武汉大学出版社，2002：46－84.

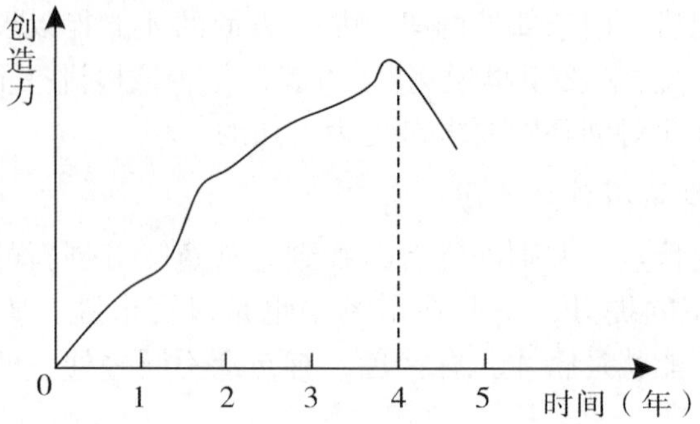

图3－4　库克曲线

（来源：窦胜功、卢纪华、戴春凤，2005）

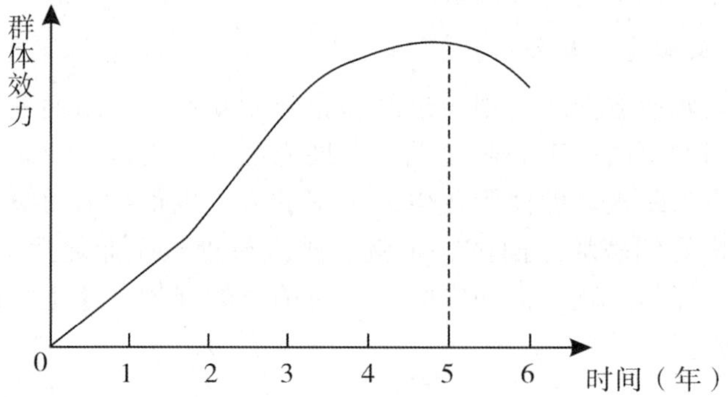

图3－5　喀兹曲线

（来源：窦胜功、卢纪华、戴春凤，2005）

3. 曲线启示

由库克曲线和喀兹曲线，尤其是通过各自管理对策的第三点，可以得出企业的内部招聘需在特定阶段进行重整的结论。彻底地整顿企业，全部卧倒法是革命性的尝试——把所有员工全部解聘，让他们意识到创新的必要性与紧迫性。① 企业生命周期理论提示，企业发展到了一定阶段，官僚主义占了上风，革新已不被重视。而掌控重要岗位的多为元老级人物，如何要求其创新？痛定思痛，与其杀一儆百，不如推倒重来。所有职位面向包括原有员工在内的社会各界公开招聘，能者即位，这样企业才有可能再次焕发生机。因为全部卧倒之后企业重组的结果仍然是多数职位由原有员工聘得，只是他们的岗位职责将发生较大的变化，所以在此还是把它归入内部招聘来探讨。

（四）外部招聘："新新"相吸法

对于志在创新的企业，要求员工创新，企业首先要起到示范作用，以令人耳目

① 窦胜功，卢纪华，戴春凤. 人力资源管理与开发［M］. 北京：清华大学出版社，2005：230－232.

一新的招聘手法吸引创新型人才集聚——“新新”相吸，打造欣欣向荣的创新局面。

市场上的招聘每天都在发生，资金雄厚的企业可以大幅版面地刊登招聘广告，而资金受限的企业则只能精打细算，但这不应该成为人力资源经理抱怨的内容——思路的创新与资金的充裕与否并不相对应。招兵买马是企业的百年大计，只有缜密策划，创新招聘，才有可能招来令企业眼前一亮的才俊，至少招聘的第一步——广告设计应该是这样的。某些企业买断整版的广告，却只刊登寥寥数语，这样做可以展示其雄厚的财力，然而由创新的角度来看，它未尝不是失败的。这不是说招聘广告的文字多就一定好——许多媒体的广告都是按照字数并参考版面收费的，在招聘广告上大谈总裁秘书的职务规范无疑是莫大的浪费。招聘广告一定要精心设计，最好是别出心裁的。比如可否考虑将“招聘”或“诚聘”的标题换成“人才寻访”“虚位以待”等另类的字眼？使之在纷纭的广告中有一定的区分性，以产生令人怦然心动的效果。有的企业已经采用了这样的方式，如在媒体上打出“寻千里马”之类的字样。但如此行事最忌跟风，大家都变成了“人才寻访”或“寻千里马”，最终也会令人索然无味。思路决定出路，快一步则可赢一路。其实这也是广告竞争的法则，只不过是在人力资源领域的再一次印证而已。①

（五）招聘注意事项

企业吸引人力资源，在招聘环节确须细做斟酌。

1. 招聘应公开、公正

企业聘用人员，需要参考员工的意见。因为新进职员，就是既有员工的上司、下属或同事，选择的过程中应该听取他们的意见。最简洁直接的方法就是进行开放式面试，这样既可以体现公开、公正的原则，又可以让员工充分地参与进来。如果在发问时适当地给予在场员工机会，更可提高实战性。信度自不必说，遴选的效度也将得以提高。现今政务公开、厂务公开、校务公开等成为热点，“招聘”这个关乎企业日后发展的环节，也有必要公开，这也是保证公开与公正的重要方式，如可以邀请权威测评专家担任主考官，面试环节安排观众旁听。竞聘者在面试时，不但要回答考官的提问，而且还要回答现场观众的问题。观众尖锐和直接的提问，有助于企业选出更适合的人才。员工往往对新进人员比较感兴趣，他们的积极参与，不但可以为人力资源部提供极大的支持，也可以对其工作进行监督。为保证公开、公正，应考虑竞聘全程录像，考官现场打分，工作人员当场汇总、统计并密封。另外，有必要公布监督部门的监督电话，员工若有发现违规问题，可随时举报，彻底改变基层人员对竞聘“走过场”“不公平”的看法。而如果应聘人员不能得到企业员工的认可，一旦录用，也会为其日后工作的开展埋下隐患。

2. 招聘广告要有新意

招聘广告设计的原则可以概括为注意、兴趣、愿望、行动四原则，即 AIDA

---

① 张志杰．广告设计中语言表现技巧的运用［J］．商业研究，2006（19）：192－193．

（Attention，Interest，Desire，Action）原则。第一个 A 代表广告要吸引人的注意。在报纸的分类广告中，由于广告密度很大，印刷得很紧凑的广告常常被忽略，如何让广告与众不同是要特别注意的问题。这也是上文提到的在标题上大做文章的原因之一。I 是要提高应聘者对职位的兴趣，这种兴趣既需要广告语生动活泼，也需要广告设计者对招聘的职位进行深度挖掘，如工作的挑战性、收入、办公环境等。招聘广告是企业进行自我推销的重要方式，推销得好，阅读者会在标题之后一字一句地把广告整体看个够；推销得不好，阅读者则只会扫视标题而已。D 是要激起求职者申请空缺职位的愿望，这需要与求职者的需求紧密联系在一起，如职位的满足感、发展的机会、合作的气氛等。从欣赏到热衷，需要一个过程。对企业来说，就是要把该职位从潜在应聘人员的“不关心领域”转移到“专注领域”，即拉近距离使得“普通朋友”变为“挚友”。在这一环节，企业的某种承诺就显得比较重要了。挚友甘愿赴汤蹈火，而朋友可能只是泛泛之交。把创新型人才当挚友来尊重，并给予责任上的信托，自然会引发对方心灵上的共鸣。最后一个 A 代表广告要有让人马上采取行动的力量，如“想要了解最新的职位空缺，欢迎点击 www. x company. com”的语言可以使对公司感兴趣的职位候选人有所行动，这可以说是一种比较纯粹的“造势”技术。如果说前三个步骤都是在追求“赏心悦目”，那么这最后一步则是实质性的敦促行动。敦促对方采取行动的技巧在这里得到了淋漓尽致的体现。如博弈理论提示我们设定某一个令对方足以信任的策略性行动，就可以让创新型人才在其专注领域“乖乖就范”，自觉主动地来企业应聘，释放其能量。所以为吸引人才，企业必须精心设计。为了创新的明天，还是要及早下手，在人力资源的储备上留出充分的空间。

通过传媒发布广告，需要设计出具有企业自身特色的招聘广告，它包括上述相关的文字信息。如果有一幅能迅速吸引应聘者的广告画，一句令人过目不忘、反复吟诵的广告语，则更会收到奇效。要注意突出本企业的品牌、文化与特色，使用鼓动性、激励性的语言，吸引更多高素质的人才。

3. 招聘文稿拟定要巧妙

招聘文稿既是为应聘者提供岗位信息，也是向应聘者展示企业形象和优势的媒介。传统观点认为，一份招聘文稿不但要包含本次拟招聘的岗位、人数，相关岗位的性质、要求，应聘者应具备的条件、薪酬待遇等信息，而且还应包含企业简介（包括企业成立时间、企业规模、主要经营项目、经营品种等），一方面可吸引更多的潜在应聘者，另一方面也可向公众展示企业的魅力。这种思路应该被革新，因为作为职场狩猎者，对方不缺乏这方面的信息，雷同的版面只会让企业广告消失在千篇一律之中。在招聘广告中摒弃此类词句的同时，人力资源部还应斟酌合适的措辞，并考虑何种宣传媒介与广告文本相适应。如在公司网站或招聘现场，完全可以列出详细的任职要求，但对一字千金的权威媒体版面，就应慎之又慎。招聘可以宣传企业，这是众所周知的，但是如何将其灵活地运用于招聘实践，是一门很大的学问。如果单纯地为了招聘而招聘，投入成本是单一线性的；如果能够巧妙地把招聘活动与企业其他事务（如研发、营销等）结合，则可收到事半功倍的效果。

4. 通过试用的方式深入考察

再严格的遴选程序，都难以做到百分之百的严密。在招聘过程中，企业有可能对应聘人员做出不恰当的评价。模糊决策理论提示我们，对于“边缘人员”不妨以试用的方式对其进行深入考察。在员工入职导训与试用期内多加观察，得出的结论会更为可靠一些。当然，谨慎的行为是对所有的拟录用人员都约定试用期，但在实务中往往没有这个必要。创新型人才可能多少会有些恃才自傲，企业在招聘阶段要注意分寸，慎重挑选的同时要注意不可伤害其自尊，否则创新型人才将负气离去。失去一个人才是损失，抹杀了企业形象是另一种损失，不仅得不偿失，而且损失惨重！

5. 企业“挖”人须谨慎

学界与市场对“挖”人的做法向来争议颇多。“挖”得人才者沾沾自喜，被“挖”者叫苦不迭。遇到好的人才，几乎每个企业都忍不住出手延揽——其自利属性此处尽现。能让企业一掷千金、“挖”之后快的人才，其优秀之处自不待言，但现实中也确实存在“挖”来之后水土不服者。如何解决这个问题，一直是困扰着决策者与研究者的头痛之事。一旦破坏了行业的规矩而又不能为己带来期望的利润的话，企业不仅将背负“挖人墙脚”的恶名，也将吞下暗亏的苦果。彼处成功未必代表此处成功，引进人才是否曾被认真考虑？管理哲学、业界伦理、行业规则等也在提示“挖”人是一项具有风险的行动。所以，“挖”人的举措还是应综合权衡、慎重考虑。双方都要保持冷静，且不可不计后果地“挖”来再说，否则悔之晚矣。

（六）招聘渠道创新

除人力资源市场、媒体广告等招聘的常规渠道外，一些创新渠道或者既有渠道的创新，或将发挥奇效。

1. 校园招聘创新

原有的校园招聘，可以改为举办校园创意大赛，以遴选创新意识强的优秀学生。邀请高校教师做评委，并针对大赛成果进行后期深加工，巧妙地借助高校的科研优势助推企业进步。类似的征文竞赛、课题招标，都可以为企业提供期望的创新人才。

2. 招聘会创新

招聘会主管人员如何应对蜂拥而至的求职者？在展台上可以放映公司的宣传片，吸引目标受众。公司的宣传品和登记表格摆放一旁，任由领取。如果有一些小的纪念品，将会更受应聘者的青睐，如制作印有公司标志和网址的笔、鼠标垫、钥匙扣等，或者将宣传资料放在制作精美的纸袋里面，这些都可以达到延伸招聘渠道的目的。在展位的一角设置较安静的区域，主管人员可以和持有填毕表格并有必要进行较为详细交谈的应聘者谈话。自动将应聘者分层，主管人员的工作量就不会超载，求职人员也会得到与其期望相仿的结果，创新人员“漏网”的可能性就会大大降低。①

---

① 胥克家，茅丽丽．谈校园招聘的人力资源管理模型［J］．沿海企业与科技，2006（2）：235－237．

3. 社会赞助

企业出资赞助协会、社团、俱乐部甚至广播电视的活动，既可宣传自身，又可借助专业群体寻找适合己用的人才。[①] 学校固然是一个人才聚集地，但是注册会计师公会、律师协会、建筑师学会等专业群体更可为企业提供极富针对性的服务。他们多是非营利性机构，一方面靠会费开展业务，一方面则需要社会赞助来扩大影响。企业可以通过冠名、赞助某个项目、某个部门或活动的方式加强与专业群体的沟通。在保证信息畅通的同时，企业可以吸纳相关人士为己所用，亦可以“外包”的形式展开合作。

4. 设立推荐选才奖

企业引进人才，有时也要走一些“非正规”渠道。星探式的选才推荐往往会有不错的效果。对于“伯乐”，就要制订相应的激励计划，否则“伯乐”在商品经济社会中也会欠缺动力与激情。

具体办法如下：①如员工推荐的候选人不符合空缺职位要求，推荐人不享受任何奖励。②如员工推荐的候选人符合空缺职位的要求，且已通过最终面试，但没有被公司录用，推荐人将获得通报表扬，并给予纪念品。③如果员工推荐的候选人被公司录用并顺利通过试用成为正式员工，推荐人可获得通报表扬和相应的奖金。推荐人如为被推荐人的直接、间接主管或人力资源部的工作人员，则不适用该奖励政策。

二、维持

“挖墙脚”对企业人力资源的重新分配和组合有积极作用，对提升企业经营管理水平也可能产生促进影响，但同时它又是大家手里握着的一对“矛”和“盾”，经常换着使用。今日用“矛”挖别人，明日可能要用“盾”防人挖。因此，企业要注意把“挖”与“被挖”给本企业其他员工带来的负面效应降至最低。

如果说招聘有“挖人”嫌疑，那么留人则是不折不扣的“防挖”。市场上的创新型人才毕竟还是少数，业内的知名人士也仅有几位。如果企业有幸留得其中一位甚至几位的话，企业创新指日可待。如何留住这些精英型员工，成为人力资源管理的重要课题。人力资源是企业的根本，是企业不竭运营的发动机，在如何留住优秀人力资源的各种措施方面，传统的激励体制已不能跟上人力资源发展的速度，唯有给他们一个更大的施展空间，才能让人力资源在更长的一段时间内为企业所用。

“反挖”有双重意味：一是“防护”，不让别人挖；二是“反攻”，不仅不让你挖，还要反过来挖你——这多少涉及一些职场的厚黑学，不利于事业的整体发展，也不值得提倡。[②] “留才”是一个多方博弈的过程，它不仅是企业与具体挽留对象的

---

① M ALTMAN. Economic theory and the challenge of innovative work practices [J]. Economic and industrial democracy, 2002 (2): pp. 271 - 290.

② 张凯丽. 留住你的优秀员工 [J]. 今日工程机械, 2004 (11): 4.

互动，而且对潜在人才、其他员工、企业外部都有着示范的作用。如果企业留才不慎，很可能给自己背上沉重的包袱，抑或冷落了多数员工，甚至造成不良的声誉。

为什么有些人加入公司时“高高兴兴上班来”，最后却“陆陆续续离职去”？当企业的非正常离职从“个体行为”发展为“一种现象”或“一股潮流”时，管理者应该反省：是雇主不仁还是员工不义？是招人策略还是用人机制出了问题？是经营思路产生了偏差还是企业文化发生了异变？企业要多从自身找原因，才可避免类似的尴尬事件发生。

（一）事业留人：人尽其才

提高员工离职门槛，为其提供足够的发展空间是预防“人财两空”的积极措施。事实上，往往是企业的成长落后于组织中个人的成长，而领导又没有那么开明，优秀的职业经理人深知自己经营的业务为公司创造着丰厚的利润，而这些利润却与己无关，以至于他们常生出独自创业的念头。在这样的背景下，企业内部创业体系应运而生。

事业的机会与发展的空间是很多企业在吸引人才、保留人才方面“低成本”却屡试不爽的底牌。公司需要建立技术加资本的孵化机制，以项目为标准，成熟一个孵化一个。一个年轻人来公司，两年后就可能担任项目经理，再过两年，项目成熟，独立出来成立一个子公司，他就有可能成为公司总经理。这样的孵化机制无疑可以给创新型人才一个快速发展的事业平台。

企业应尽力把埋没在公司里的有创新精神的优秀人力资源发掘出来，这样的人员不应该是一两个，而应是充足且大量的。这些优秀的人力资源带来的旋风式头脑风暴，会有力地撼动陈旧迂腐的企业风气，从而彻底扭转企业状况。而公司也可借此向员工传递一个信息：企业重在培育具有勇于向新生事物挑战的开拓型员工，并尽可能留下他们，让他们成为下一代敢于挑起事业重担的精英人物。

有人认为内部创业体制对于企业而言并不划算，只要薪酬令人满意，就能留住优秀员工。但事实是，一般企业对待优秀员工，大多都会给予高薪、高职以及高福利，但很多优秀员工最后还是离职了，这表明高薪、高职以及高福利并不能满足优秀员工。那么还要给他们什么东西呢？根据心理学家马斯洛的需求理论，员工希望获得的应是“成就感”。换言之，员工也想当老板。

企业内部可不可能出现两个或者多个老板？答案是可能的，这就是“内部创业”。从表面上看，好像是企业拿自己的资源成全了他人的事业，但实际上，内部创业不仅可以满足企业优秀员工想当老板的心愿，使企业运作趋于安定，更可以借由制度化的授权，减轻企业负责人的工作负担，是一种可以使两者获得双赢的管理制度。因此，通过内部创业中的分公司、子公司制度，将总部的优秀人才遣派到分支机构，建立各地分（子）公司，配备相关资源，给其更大的施展空间，优秀员工才会乐意留下来。

企业努力开拓市场，甚至直接进入产品销售的下游资源，都可以被视为前向一体化战略。而未来市场竞争将会聚焦在后向一体化战略上。建立内部创业体系是实现后向一体化战略的重要工具。解决之道就是内部创业机制，把非核心业务外包给内部创业公司，这样无论从工作连续性、成本控制，还是管理沟通上都可以省去诸多不便，解决企业的后顾之忧。

所以，建立企业内部创业体系，不仅满足了优秀员工更高层次的欲望，也满足了企业扩张的需求。企业能通过这些内部创业企业看到自身组织结构中的问题，经过不断的反思与调整，探索出切实可行的变革之路。只有在不断发现问题和不断调整修正战略的过程中，企业才会持续创造新的价值。

虽然建立内部创业体系有如节省成本、改进组织、扩大市场等诸多好处，但是其实施不会一帆风顺。首先我们要考虑优秀员工是否真正具备创业实力。这个实力不仅是指技术，更多的是指创业心态的调整。在日本有很多大企业，制定了内部创业制度，也有员工愿意尝试，但之后很多项目却不了了之。其原因就在于很多优秀的员工没有良好的创业心态和足够的承受力，一旦遇到挫折便失去了创业热情，企业也随之失去了扶持热情。其次是创业失败者的保护问题。创业者怀着一腔热情走上创业之路后，却因为各种原因不能顺利推进事业，那么原来的企业要如何去面对和保护这些创业失败者？最后是作为企业本身的学习能力问题。在知识经济时代，企业发展将越来越依赖于员工的主动创新能力，内部创业不但可以延续企业发展的生命周期，同时也是企业内最具有创新成效的一项经营活动。企业要如何从这些内部创业组织中吸取精华，并有选择地消化，这也是一个值得深思的问题。①

是的，所有的产品、服务和伟大的构思，不论多么富有远见、多么优秀，终究会过时。但是，拥有一个杰出的团队，能在现有产品生命周期结束后仍有能力对产品继续改变和演进，产品就不会过时。内部创业体系就是缔造一个优秀团队的利器。只要能善用这把利器，企业就将拥有不竭的创新能源！

（二）待遇留人：告别经济人

企业可以设置提高转换成本的人力资源管理措施，从物质和精神两方面增加员工的离职成本。物质方面，通常企业采取签订有高额赔偿金条款的合同来约束员工，下文将就此展开专题讨论。而精神方面，就是即将探讨的“感情留人”，亦将在下文阐述。

留人的大忌是动辄以金钱财物挽留，简单地套用经济人理论很可能弄巧成拙。这种做法的杀伤性强、时效性短，一旦形成习惯性刺激，很可能成为个别员工要挟企业的砝码。所以，企业如欲真心挽留人才，就应该在更为宽广的领域做文章。否则，留住了人留不住心，到头来，很可能人财两空。②

1. 股权的诱惑

给予员工股权，等于“铸住”了优秀员工，其离职的想法往往会因此消退。

---

① 薛涛．留住人才16招［J］．行政人事管理，2000（8）：40－41．

② 刘光春．高薪，为何留不住人才［J］．现代企业教育，2002（5）：14－15．

（1）原始股。

靠原始股留人。对于许多中小型企业来说，其股票或股份是不流通的，在市场上很难变现。如果员工离开企业，意味着原始股权利的丧失。所以，对创新型人才、精英型员工，股权激励是“锁”住他们的一种手段。即便是上市公司，也可以通过国家法律、证监会规章、部门规章及内部章程制度等文件来约束员工在离开企业之后的股权转让行为。这样，员工就会专注投身于企业的事务之中。

（2）优先购股权。

现在，越来越多的公司用向员工提供优先购股权的方式留住员工。这一方式的优点是把员工的利益更加紧密地同公司的利益捆绑在一起，员工将对公司更加“忠心”；缺点是受证券市场的影响大，而且还可能因为员工过于关注其股票而影响了工作。为寻求对策，公司应赋予经理权力，对部门业绩优异的管理者给予优先购股权。对这些核心员工来说，离开公司的困难要大得多——一旦选择离开，他从优先购股权上获得的尚未兑现的收益将尽失，这就可以使公司在挽留核心员工方面变得更为主动。优先购股权不仅可以稳固公司力量，而且是公司爱才惜才的表现。①

2. 职业年金计划

职业年金计划又称为企业补充养老保险计划，是由企业建立的只向内部员工提供退休津贴的养老保险计划。实行职业年金计划最大的优点在于它不像工资那样是定期支付的，而是必须要等到员工退休以后才可被领取。工龄越长获益越多，而服务年限较短的员工则无权领取这一养老金。同优先购股权相比，它要“真实”得多：因为这一项资金是独立于公司业务之外的——即使公司破产了，员工仍然可以领到养老金。② 所以，职业年金计划对留住员工具有不可替代的作用。

3. 赔偿条款合同探讨

有的企业采用签订高额赔偿金的合同对员工进行约束，不可否认这种做法确实有些效果，但是如是行之的公司正在变得越来越少，这主要由于以下几个原因：①高额赔偿金的实际效果不好，反而给腐败、规避责任滋生了温床。②给企业开除不合格的员工带来了一定的麻烦。这样的合同锁住了员工，也锁住了企业——如果员工的心态发生变化，因为有合同在手，他们会索性成为“撞钟型”员工。莫说其创新的贡献，恐怕连起码的士气都难以维存。③给吸引人才带来不利影响。这柄达摩克利斯之剑悬在头上，就像挥之不去的阴云，员工来时有顾虑，来了之后心头还是有阴影。这份合同就像一堵无形的墙，隔绝了员工与企业的交流，员工对于企业所做的创新贡献自然也会大打折扣。

（三）感情留人：四两拨千斤

上文提到提高员工离职门槛以留住核心员工，它也可以从精神方面入手增加员

---

① 赵明峰．怎样用“薪”留住心［EB/OL］．（2007-04-18）．http：//www.xinyuwen.com/cf/ShowArticle.asp？ArticleID=110078.

② 马向东．待遇留人研究［J］．开封教育学院学报，2003（4）：19-24.

工的转换成本。有的企业提出靠“感情留人”和“文化留人”的理念：注重对员工承诺的培养，实行人性化的管理模式；注重一种企业文化的培养，向员工灌输“如果企业成功了，每个人都是赢家”的意识。

无论是提升职位还是提高薪水，组织的资源总是有限的，而人的需求往往是无限的。所以企业认识到，留人之上上策是“感情留人，从心做起”。和企业有过同甘共苦经历、对企业产生感情的员工一般不会轻易离职。

最佳雇主为了对核心员工进行感情投资，往往不惜其资、不吝其力：人性化的办公环境、弹性的工作时间、为员工子女设立托儿所、提供好的福利等。像宝洁、德勤等公司，攻心战在大学阶段即已打响，如设立企业奖学金、为大学生提供实习项目等。

1. 造就好心情

职业心理研究告诉我们：工作能力 × 好心情 = 工作效能。在这个算式中有两个变量：“工作能力”和“好心情”。提高员工的工作能力和改变员工的心情，这二者哪个更容易操作呢？当然是后者。如何让员工在工作中、在企业中有“好心情”？要分析员工希望从工作中得到什么，不仅仅是金钱或职位，员工还追求在工作过程中是否被信任、被重视和被重用。信任、重视与重用，这三个因素已经成为员工在组织活动中的自我考查指标。

2. 增强归属感

现代的劳资关系，不仅表现在企业能够为员工提供直接或间接的货币报酬，还表现在企业为其提供的足够的职业安全感、归属感，和因企业对个人业绩与能力的认可而产生的自豪感、受尊重感，以及由于个人能力的发挥而带来的成就感和自我实现感等。当员工从组织中获得的这些感情越强烈，员工对组织的归属感就越强，跳槽动机就越弱。所以，当创新型人才对企业做出卓越的贡献，在予以褒奖的同时，企业也要对其进行充分的宣传。此举不但可以激发其他人员创新的动力，也可以在业界造就一种声势：某某企业追求创新并大有作为；某职员是该企业的创新骨干，其成绩令人艳羡……无论是专业技术人员，还是职业经理人，他们往往都非常珍视自己的名誉，尤其是在业界的声誉。如果他们被传在业内跳槽过于频繁，无疑对其再次就职很不利。企业如能“先声夺人”，创新型人才就不便考虑跳槽的问题。

3. 保持沟通

向企业管理者提供必要的管理技能培训，增加下属的支持度与直属上司的了解度。例如，对矩阵式组织来说，其技术员工一般分属于企业不同的项目组，项目经理负责管理本项目组中的员工。这些项目经理往往因为技术水平出众而被提拔，然而他们的管理能力不一定同样出色。有的项目经理或部门经理不善于处理和下属之间的关系，造成下属产生负面情绪，往往到某个职员离职时方才得知他的诸多不快。这一问题的解决方法是建立多级别的管理技能培训，为管理干部开设关于团队合作、沟通技巧、领导艺术等增加人际交往能力的课程。管理干部管理技能的提升，将增进员工对管理者的好感度，使创新型人才莫名出走的概率降低。这样，离职苗头稍有闪现的时候较为容易扑灭，不至于错过最佳的挽留时机。

（四）政策留人：可持续发展

政策在企业内对每一位员工都具有普适性。如果政策能够体现更多的黏合性，员工的向心力就会增强，离职意向就会减少。

1. 制度约束

对企业而言，最可怕的不是员工的流失，而是优秀员工辞职后投奔竞争对手。而如果这个（或这些）员工掌握公司的关键技术或者机密的话，那后果更是不堪设想。特别对于高科技企业而言，最有价值的就是知识，而最可怕的就是有人将这些知识带到了竞争对手那边。所以，要有明确的规章制度加以防范。比如规定从事关键性技术研究的员工在技术有效期内不得为同公司有利益冲突的企业服务，否则将予以处罚，并以合同对其进行约束。这是广为接受的一种做法，竞业禁止也是法律条文所明确规定的。它与高额赔偿金合同有所区别，毕竟“投敌”行为是更令企业敏感的事情。竞业禁止既是对有关员工的制约，也是公司在诉讼中获得赔偿的重要依据。①

2. 评价公允

管理界有句名言：如果试图改变组织运营的方式，那么最有效的方法，就是去改变组织成员的业绩评价方式。建立绩效和回报紧密挂钩的绩效评估体系，提高员工的分配公平性，是间接留住创新型人才的手段。员工希望其业绩能够得到公正的评价与承认，这一策略涉及员工的绩效管理，是人力资源管理中的一个难点。而平衡计分卡为管理者提供了选择指标的四个不同维度，是新兴的绩效管理方法。

平衡计分卡用客户、内部流程以及学习与成长三个维度的绩效评估指标对传统的财务指标进行了补充，从而能够始终将公司整体的战略目标作为核心目标。它突破了传统的以财务为核心的计量评价体系，把组织的战略目标与实现过程联系起来，把企业当前的业绩与未来的获利能力联系起来，通过评价体系使企业的组织行为与其战略目标保持一致，在业绩指针规划的时候将员工个人的努力方向同公司整体的战略目标紧密地结合在一起，让员工了解公司的目标与愿景，可见，它有着更强的战略导向功能。有关知识在后续将作为专题阐述。

3. 多重进阶

建立并完善多向的职业发展阶梯。这一策略针对的是职业成长度和晋升机会的结果。两者的共同点在于它们反映了员工追求自我的一种发展，设立多向的职业发展阶梯可以帮助员工满足这一需求。随着技术级别的提升，组织给予的回报和地位也逐级升高。有的企业希望员工只专注于一个比较窄的方面，却忽略了其对新技术、新技能的需求，而员工要追求进一步的发展，要么通过自我努力去学习新的知识和技能，要么就不得不选择离职跳槽。这一问题的解决方法是建立职业发展切换机制，

① 刘庆成．企业留人的五味术［J］．企业改革与管理，2005（9）：80－81．

活化内部用人，对在某一职位已失去创新动力的员工允许其转岗以重新构筑工作热情。总之，保持不同职业发展路径的衔接与互通是很关键的。

（五）挽留员工注意事项

挽留员工不应是救火行为，人力资源经理不应是救火队长。对核心员工的呵护、挽留应该贯穿始终。

1. 招聘时注意防范

退出倾向、工作参与度和积极情感属于员工的个体变量，在招聘时需要注意对其进行考察。传统招聘主要针对员工的 KSAO 进行考察，其中 K 指知识（Knowledge），S 指技能（Skill），A 指能力（Ability），O 指其他的方面（Others）。退出倾向、工作参与度和积极情感是员工的个性变量，属于 O。要甄别这些，采用笔试的方法难以成功，面试中直接询问可能也会收效甚微。对于退出倾向的考察，应特别注重应聘者过去的工作经历。如果应聘者的履历表体现出其频繁跳槽，或是其在某段时间长期无工作，则需要在面试中加以询问。对于工作参与度的考察，可以设计类似于"你的上一份工作什么地方使你最满意？什么地方使你最不满意？为什么？"的面试问题，让面试者以具体的实例来说明，从而判断其是否为高工作参与度的员工。对积极情感的判断可能主要靠面试官的主观判断，一般具有积极情感导向的应聘者会在自己的言谈举止上有所表现：他们可能表现得更加积极、热情，在遇到棘手的面试问题时不易被激怒或较少产生抵触的情绪。

2. 平时要有所打探

此处的打探并非赤裸裸地询问员工的离职意向，而是要对员工包括离职在内的负面情绪进行及时探测。现代信息技术为企业了解员工的思想状况提供了便利。某家公司采用了某种非常规手段（尽管本书并不提倡这样的行为，但它确能反映问题）——冒名一家很有威望的咨询公司向每位员工发送了电子邮件。邮件内容寥寥数语，只是要求收信人在回信中附上一份个人简历。之后，公司收到了若干员工的求职简历。这说明了什么呢？离职意向是客观存在的！而公司一旦发现某位员工有此倾向，就应该一方面帮助他转变思想、解决问题，另一方面加强有关防范工作。正确合理的做法可以是结合公司论坛（网络虚拟的与有形现实的）了解员工的心态变化，因为员工的失望、沮丧、不满等情绪或多或少都会有所体现、有所宣泄。只要网络沟通形成习惯，轻松自然的咖啡歇也可以是捕捉员工负面情绪的良好时机。

3. 留也不能独自霸占

企业在留人方面有一个误区，就是要求员工在本企业要排他地为之服务，不能朝秦暮楚。这种思想实际上是把人当作一种物化资源来看待，但人是活化的资源，不是物。个人能力总是多方面的，在一个企业内能力可能不会得到完全的发挥。作为社会的一分子，在有能力的情况下，应该允许有余力的员工和多面手型员工参与社会分工与合作。在工作时间之外，人们有更多的自由，只要遵守职业道德准则，就应该允许员工到更广阔的天地施展才华，毕竟作为有着自然属性的人力资源不归企业所独有。况且这些专家能手也可以作为企业的活广告而在社会场合出现——因为毕竟其主业还是在本公司。为他们印制不拘泥于本企业的名片，更可体现企业的气度。

4. 走也是在求新求变

如果优秀人才提出要离开公司，管理者应该明白，他之所以离开，是因为别处能满足其需求。若公司真的想留住这个人，应该重点了解他的需求是什么，可否满足，为什么满足不了。如果他是对公司有价值的人，更应设法留住他。优秀的人力资源突然离开公司，说明公司的管理出了问题，应好好反思、检查和改正，而不是单方面抱怨。在这个快速变革的时代里，员工想跳槽表明他有求变的心理，这种心理是值得鼓励的，往往有能力的人也是有想法的人。山因势而变，人因思而变。企业不应把员工想发展、求变化的心视为“朝三暮四”或“这山望着那山高”，而应使员工的求变心理可控。

员工追求职业生涯变化的主要表现就是跳槽，这很明显对企业是不利的。企业可以通过内部轮岗或者变换工作地点等来实现员工内部职业生涯的多元性。员工追求创业的刺激，企业可通过实施内部创业孵化机制或成立事业部来满足员工的创业欲望。对于绝大多数员工而言，他们希望自己所处的企业有一个良好的成长环境，要有适宜的成长空间和生存土壤。如同环境的恶化会造成水土流失一样，企业人力资源环境的恶化会造成员工流失。跳槽虽然看上去是个人行为，但实际上是对企业行为的折射。当企业发生员工主动离职的情况时，管理者不仅应挽留，还应评估企业的人力资源环境情况。

5. 走之前一定要谈谈

美国哈尼根公司的总裁曾经说过：“如果员工桌子上一台价值 2 000 美元的台式计算机不见了，公司一定会对此展开调查。但是如果一位掌握着各种客户关系，年薪 10 万美元的经理被竞争对手挖走了，就不会对此进行调查，员工们也不会被叫去问话。”有许多公司已经意识到他们正在失去那些优秀员工，但他们不知道离开的是哪些人，也不知道其离职原因，甚至连其去向也不清楚。许多公司一边在不断招人，另一边却面临大量人员不断流失的窘况却不知其因。事实上，他们很少会耐心地主动倾听离职员工对公司的看法。

员工的离职多来自于对企业的不满，因此企业的管理者应尽量与其进行面谈，了解其离职的真正原因。与在职人员相比，即将离职的员工在评价管理模式和工作环境时的顾虑要少得多，并且也能摆脱主观意识，站在第三者的立场上对其所熟知的情况发表评论。公司应根据实际情况对存在的不足加以改进，防止继续发生类似的问题。对离职员工进行面谈，体现了“以人为本”的管理思想，也表达了企业对其的尊重和关怀。俗话说“同行是冤家”，与离职员工好聚好散，可以尽量避免心怀不满的离职员工在日后的工作中为难甚至诋毁本公司。除了解离职的真正原因与收集管理建议外，离职谈话的另一个目的是告诉离职员工：本企业欢迎“吃回头草”的“好马”。人才的合理流动是正常的，员工回流同样也是正常的。特别是随着经济全球化的到来，人力资源不仅是工作人，也是社会人，更是世界人。

6. 留人在于留心

人力资源管理的真谛不是用“金手铐”锁住张三李四，也不是事后扑火、亡羊补牢，而是使企业成为一片沃土，让优秀的人力资源与创新型人才不断涌现。留人的根本在于留“心”。留人，并不是非要把员工留在本公司不可，成全和扶持员工到更合适的地方发展，也会将他的“心”留住。对企业而言，这未尝不是一种人力资源的长线投资。走得开心，留得有安全感，知道企业对员工爱护的初衷，员工就会更为安心、忠心。离开公司的员工，若企业一如既往地关心他、联络他，他也会对公司产生“反哺作用”。

关键岗位员工离职，是很多企业面临的一种“痛”。员工流动要控制在相对合理的范围内，但个别骨干员工或出国深造，或寻求更适合自己的环境时，企业应坦诚相待。某企业的做法很值得借鉴：该企业在送员工去读硕士研究生、博士时会开欢送会，保证其就读期间待遇与在职人员相同。待员工学成毕业之后，如果选择回归，企业开欢迎会迎接人才回归；如果员工选择外流，企业则会开一次更为隆重的欢送会为其饯行，这种坦荡的胸襟吸引了众多名校毕业生的青睐。

三、遣散

员工的遣散不是简单轻松的话题。若员工工作业绩较差、态度恶劣，技能、经验达不到公司要求时，公司就会考虑对其予以遣散。但公司可以考虑给员工一次改进的机会，让员工能把握机会，找出自己的不足，迅速调整自己，从而与公司同步发展。否则，公司将不得已实施解聘行动。杰克·韦尔奇称之为“诚实的残忍”(Honest Cruelty)。的确，在一个优秀的组织里遭到解聘是残忍的，如果在不知情、感觉良好的情况下遭到解聘更是不能接受的。

一种观点认为裁员的结果是立刻压低薪资成本，这是很多企业主都会预见到的。公司裁掉50个人，一个人平均薪水是4万元，总节约成本就是200万元，很多企业管理者在次月看到所谓的薪资成本支付少了200万元之后会沾沾自喜。但是应该考虑的是，这200万元省下来之后，会有怎样的副作用？至少有一个问题会产生——如果裁员并没有使组织得到实质性的改善，那么，这一举措就是消极的。举个例子，有六位员工，其中一位不幸被裁，他的工作该由谁来完成？是否该给同部门的其他同事做？如果剩下的五位员工工作量增加，那么结果将是：第一，很容易出错，因为工作量增加后，出错的概率也会相应增加；第二，工作量增加之后，效率、质量就开始下降。这是一般企业在裁员以后，会遇到的现象，更不用提因为有员工被裁掉后，员工的士气、情绪都会受到影响，因此整个企业的软硬件都有问题。所以，企业主如果单方面因人事成本减少200万元而暗自庆幸，那么日后他将遇到很多难以解决的问题。

（一）以激励取代解聘

若员工工作态度有问题，领导应面对面与之进行交谈并给其一定时间（如三个月）来改善业绩，旨在让其了解成败攸关时期的重要性。制订类似的“业绩改善计划”或“差距弥补计划”的目的是希望把边缘员工从离职轨道上拉回来。①

解聘不是最好的方式，允许不同的职业背景、价值观、个性人员的存在，并使其合力完成共同的工作目标，才是企业的期望。而唯有多元化的团队构成才能锻造出一个互补的优秀团体。当然，万不得已的时候，解聘也是必做之事——公司的创新需要一个良好的环境，如果创新基座被个别问题员工所侵蚀，其影响将是后患无穷的。

（二）裁员技巧

被裁人员的问题基本上可以归纳为两类：一类是业务问题，业务有问题应该进行辅导，这是上司尤其是直属上司的责任；第二类是态度问题，这个问题比较致命，需要与之沟通。如果沟通不成，或许只有解聘——因为再好的市场，让态度有问题的人去操作，将难言效果。解聘需要技巧，肯定会有人受伤。但是，企业必须明白，解聘是为了团队的利益、市场的利益与企业创新的发展。人力资源管理者要做的，是通过一些技巧，把“伤痛”以及对团队的负面影响降至最小。

吐故纳新是自然规律，有时又是残酷的现实。当然，无论经济环境怎样变，公司人员流动情况如何，每家公司都要继续向前发展。有一点应当铭记，今天解聘的人不会消失在黑暗中，他可能就是未来的客户或竞争对手，又或许日后会回到本公司任职。因此，以下是提醒企业在解聘员工时应注意的一些事项。

1. 时间选取

在一天或一周开始的时候公布裁员消息，最好避开假期，把通知解聘的会议时间缩短，突出公司的理由，还要谈及员工关心的问题。这样可以快刀斩乱麻地让公司尽快适应新的人员组成。

2. 阳光操作

说明理由，解释行动及原因，撰写文件以备案。员工也是公司的利益相关者，必须对他们做出遣散的解释。事先通知裁员也许会引起大家的焦虑，但却可以让员工做好精神上和心理上的准备。

千万不能独自做出决定。在计划裁员的过程中，有一点至关重要：让法律、人力资源、金融、经营和公关部门共同参与。比如，通过律师咨询可以帮助公司注意到员工年龄、性别和来源的构成，从而避免涉嫌歧视方面的诉讼。如果部门领导、个别管理者独断专行，擅自决策，是否科学暂且不论，极有可能引发员工强烈的抗议与过激的反应。②

---

① 俞雷．如何建设优秀的区域销售团队［J］．IT时代周刊，2004（1）：66－67.

② 孙博．企业裁员：技巧？艺术？骗术？［J］．现代经济信息，2004（11）：6.

3. 敦促与强硬

解聘是需要进行沟通的，实际上，态度有问题的人在大多数情况下也并非真的会十分留恋现在的公司。良好的解聘技巧，可促使员工更快地主动写辞职报告，去寻找新的职业道路。只要企业行事公平，被解聘者就不会对失去这份工作而感到不公。产生争议的往往是一些善后问题——如何赔偿，如何对被解聘者的以往工作进行评价。因为，被解聘者也希望受到尊重，所以，在可控范围内，应体面地给被解聘者一个主动辞职的机会。公司领导也应该尽可能地与人力资源部协商，为被解聘者多争取一些补偿，对于被解聘者的工作评价，也应该是以感谢为主。因为，做这些的同时，还在继续工作的其他职员都在关注事件的发展。

那么，假使被裁员工仍然不肯走怎么办呢？如果他确实是要被解聘的，公司就应该采取强硬的态度。在法律允许与公司规章的权限范围内，可以给他降级、减薪，缩小其工作职权，直至开除。这些强硬的做法，对还在工作的队伍而言，同样是一种警示！①

4. 扶上马，再送一程

对企业来说，由于技术的发展、产业结构的调整等，有些富余人员难免被裁掉。但合理的做法不是轻易裁向社会、裁给政府，而应在企业内部开辟新的上岗渠道，就地消化。必须流向社会的，也应当“先挖渠，后放水”，将职业培训作为一份“厚礼”，送给离职员工。

对被裁员工进行培训，主要从三方面展开：一是让员工明白公司的困境及终身就业体制必将被打破，具备就业实力十分重要；二是为员工提供自信心训练；三是为员工提供提高重新就业的能力和技能训练。柯达总裁费舍尔在实施令其痛苦的裁员计划时，始终坚持一件事，就是成立培训中心，让员工能够不断得到所需要的技能培训，以便能尽快获得重新就业的机会。

为员工提供现实的帮助计划。一是帮助员工寻找工作，进行职业的重新设计，如帮助员工分析自身及环境，积极向其他企业介绍、推荐，或与各职业介绍机构建立稳定的联系，帮助员工及早实现再就业。二是为被裁者提供劳动力市场信息，给他们提供心理咨询和资金支持。比如，有的企业成立内部失业帮助基金，对特殊困难员工及其家庭予以帮助，还有一些企业为员工创业提供低息贷款，或以参股的形式资助其创业。

5. 温和道别

虽然企业裁员只是企业发展、市场扩张的需要，但对员工来说，公司就如同他的另一个家。遭受裁员，必然一时难以接受。有些员工可能还会做出过激行为进行反抗。市场中多数企业在年终岁尾都会进行裁员，此时岗位变动的频率更是胜于平时。

公司的裁员流程与措施应该公开，越是隐蔽，越是容易引起误解。尽管这些措

① 沈建苗．企业如何“完美”解雇员工［J］．人才资源开发，2006（6）：33－34．

施让员工不舒服，但也要尽量透明化，让每个人有所了解。就像法律如果不公布就不能得到有效执行一样，不管是多么让人难以接受的措施，也都应该让员工充分了解，这样可以降低公司遭受员工报复以及公司声誉损害的概率。在公司与员工个人并不十分匹配的情况下，可以让员工在不给公司和个人带来伤害的情况下离开，甚至让其主动提出辞职。当然，在这一过程中要注意隐私的保护，因为裁员与开除有着本质的区别。离职谈话只能由直属经理和人力资源经理参加。要向员工保证不会将对其职业生涯发展不利的信息写入本人档案，忽略了这一点会让员工情绪变得敏感。公司甚至可以对一些离职员工进行奖励。这其中很多人都是有能力的，他们如能进入更优秀的公司发挥自己的才干，则能进一步增加公司在业界的知名度。同时，和这些员工保持良好的关系也对公司日后的发展有极大的帮助。

温和的“再见”使得企业重新聘请能力出众的前员工成为可能。就财务来说，招聘并培训一名员工的费用涉及企业内外各种有形无形的成本。如果公司聘用前员工，就不必通过人才中介，从而省去面试候选人、培训新员工等开支，使招聘成本骤降。这就是温和道别的优势。

（三）企业省思

对于某些绩效欠佳及由于各种原因而不适合在公司继续发展的员工，公司就应拿出妥善的遣散措施。如果不裁员，多出的人力资源该如何消化？公司的成员逐渐老化、同质化，公司内部逐渐丧失创新的动力，这些都会为公司带来新的问题，即所谓“不瘦身的代价”。

每位亲历过裁员的人士都会因当时的情景无尽感伤——包括表面坚强的人。“公司不是家”是众多被裁员工的心声，留守员工惊魂未定，即便是人力资源经理也会因被裁员工的失落而忐忑不安。其实裁员与招聘一样，都是企业再正常不过的行为。“天下没有不散的筵席”，在现代社会，职业发展“从一而终”的现象已经越来越少。适当的人员流动能够给组织带来生机，让死水泛起波澜。

经济不景气使得企业因成本太重而难以翻身，因此“缩编瘦身”成为惯常的诉求，短期效果也相当明显。但是人力资源是公司内部价值链的主要支持力量，其管理转型要择适而为。裁员并非企业存活的唯一筹码。纵使迫不得已采取裁员做法，亦不可挥刀即斩，引发“劣币驱逐良币”，得不偿失。裁员更应防止“旋转门效应”，因员工裁减而造成新员工不必要的增加，非但未解决问题，更徒添后顾之忧。

（四）员工省思

企业应将锻造核心能力与提高员工的离职门槛统一起来，用提高员工离职门槛的方式来挽留核心员工。可换个角度，员工也要提高自身的核心技能以免遭到被裁的厄运。实际上，这个过程是企业与员工的双向互动过程。“核心能力”可说是员工对公司的价值所在，从另一个角度而言，也就是衡量某员工的“不可替代性”——专业程度越高，被取代的概率就越小，如会计师、律师、医师等。如果员工从进公司开始，只单纯累积局部工作的单一经验，却未积极培养自己被公司倚重、依赖的其他能力，那么一旦遇到大裁员的风潮，就随时有被遣散的可能。

要在企业重组中屹立不倒，员工必须尽早培养自己全方位收集信息的习惯。因为，在同一个岗位待久了，对事情的处理程序往往会模式化。在日复一日的流水工作中，如果员工并没有开发自己解决问题的创意思维，其应变能力自然随之降低。试想，当公司在存亡关头，会留下一个只能处理套公式作业的机器人吗？答案是显而易见的。在延伸自己的视野广角之余，员工也应该拓展人脉、广泛交际。因为，不同的角色扮演会看到事物的不同层面，对不同领域的人、事、物保持高度的好奇心与学习力，可以让自己的思想随时都注入新的元素，启发新的视角。这种习惯性的累积，往往帮助员工提升对工作的"感觉"，甚至会有无心插柳柳成荫的斩获。另外一个值得推荐的要诀就是培养主动建议、积极挑战的习惯。任何企业或组织，都希望员工能对工作保持高昂的热诚与兴趣。我们可以看到，公司在聘用员工的同时，其背后的意义绝不仅是买下员工的上班时数，更重要的是在投资员工可能被激发出来的潜能与"战斗力"，进而创造有益于公司的共同财富。一个永远只会听命行事而没有主见的员工，也许在太平盛世很容易找到安身立命的角落，一旦遇到环境异变而必须随时做出灵活反应的关键时刻，这类从不动脑筋也提不出新点子的人，很可能就会被视为冗员而遭到无情的淘汰。道理很简单，因为在激烈的市场竞争中，不进则退，原地踏步就意味着落伍。①

俗话说，物竞天择，用进废退。严峻的环境挑战，正是检验自身工作能力的良好契机。毕竟市场竞争是现实的，公司只能留下可以营造竞争力的员工。所以，员工要时时吸收新知，不断培养自己的第二专长、第三专长，甚至是第四专长，只要有技艺与创意在身就不怕没有发挥之地。因此，员工应正视自己的优势与劣势，对过人之处予以保持，对不足的地方居安思危、勉力充实。这样一来，不论企业如何"瘦身减肥"，都能安然度过。

第三节　内部互动

员工跟企业的互动长期以来都有待强化。因为很多企业在劳资关系这一环节上仍有待改进，员工跟企业彼此之间还是有如隔纱，企业主与员工的互动总是存在隔阂。对员工的作业方式，该怎么样鼓励他执行组织的期望动作？在考评与激励员工时，该如何避免曲高和寡的单方行动？只有员工被充分调动、积极发动，企业创新才会如约而至。

---

① 刘家贵．员工核心能力及其识别［J］．安徽职业技术学院学报，2005（4）：38－40.

一、沟通

组织的健康运作，沟通必不可少。职场需要团队合作，靠个人力量难成大事，沟通无疑起着非常重要的作用。要保证信息的灵通、及时、准确、适当与充分，组织的正式与非正式沟通机制不可或缺。①

（一）正式沟通机制

学者往往把正式沟通机制和公司治理结构或企业的组织结构联系起来分析与研究。需要注意的是，机制本身的缺陷往往是沟通失衡的深层因素，信息不对称就是由此产生并被某些人操纵的。劳资对话是企业沟通中问题最为突显的，也是企业主与管理者无法回避的。它并不因社会制度的不同而在社会主义社会销声匿迹，反倒因为民营企业、外资企业的迅猛发展和国有股的减持而更显尖锐。三权分立在经典的公司理论中大放异彩，股东（大）会、董事会、监事会各司其职，且在监事会中引入员工代表，中国特色的公司治理结构有待优化。

1. 新老“三会”之争

构建各负其责、协调运转、有效制衡的公司治理结构是实行公司制的核心。然而在中国，如果对现存公司机制追溯其源的话，又不得不去面对复杂的历史问题及其遗留问题。其中，新“三会”与老“三会”的权力之争，即是代表性沟通机制凌乱的范例。

股东（大）会、董事会和监事会是公司制企业的权力机构、执行机构和监督机构，称为新“三会”。新“三会”本身不是创新，它只是经典公司理论在中国企业的实施运用而已。相反，老“三会”倒是中国企业管理中的一个创新。所谓老“三会”是指党委会、职代会、工会，它是在党委负责制及党委领导下的厂长经理负责制时期企业中发挥重要作用的领导部门。自从国企进行改革后，老“三会”的行政领导作用逐步向新“三会”转移。但是，老“三会”在体制转换中仍发挥着作用，在企业的政治方面、员工生活方面等依然扮演着不可或缺的角色。由于新老“三会”并存，造成机构重叠、多头领导、效率无常，也使公司在治理结构上难以规范，从而在沟通体系上更为错综，创新步伐屡遭拖延。

2. 党委会

曾几何时党委会是所有企业单位的核心领导机构。在国企改革之前，党委会担负着整个企业的领导、行政、运作，乃至员工的生活保障等。可以说，在当时国家的一切企业及单位团体中，党委会的领导作用遍及方方面面，是一个高度的中央集权机构，拥有着至高无上的决策权、领导权。但在市场经济中，该制度显得过于死板，主要表现在四个方面。

① 孙博，李燕萍．企业创新导向的沟通机制研究［J］．北华大学学报（社会科学版），2012（6）：135－138.

首先，其不能够根据市场的第一情况做出正确决策：需要国家收集足够的信息，做出调控，然后再由党委会部署到企业的各个方面。众所周知，市场本身就具有滞后性，而在这种体制下，滞后性就变得更为明显，带来的市场资源浪费问题也就更为突出。其次，党委会的权力涉及面很广：除了企业经营的方方面面外，还渗透到员工生活、社会生活等。权力涉及面过大不仅给党委会增加了人力财政方面的负担，分散了管理资源，使企业无法专注于解决经营问题，还会由此带来很多社会问题，难以有效调动员工的积极性。再次，党委负责制中还留存了很多计划经济时期的过时制度。譬如统一工资制、终身工资制等单一划分的工资制度等，严重打击了员工的积极性。最后，企业在市场经济中的运作如果仍然依靠政党的权力推行，不仅决策科学化有待商榷，对于多元化日益丰富的新时期发展也已经愈加不合时宜。正是这种不适应市场经济发展的体制，惰化了员工建功、进取、创新、改革、奉献的思想，也使他们不能认识到市场经济中优胜劣汰的原则，在开放市场后难以承受竞争的挑战。持不同政见的员工在反映意见时难免会有顾虑，而否定意见一旦经党委会采纳则意味着党委会与股东（大）会、董事会的博弈走向台前——对各方的形象都有损害。以上就是党委负责制本身所具有的严重问题。①

3. 职工代表大会

职工代表大会是企业实行民主管理的基本形式，是员工以主人翁身份参与民主管理的机构。员工作为企业的利益相关者，派出代表为企业重大行政决策发言。需要思考的是，职工代表大会是否有叫板股东（大）会与董事会的权力？

公司治理的功能是配置权、责、利。委托—代理合同须有效，关键是要对在出现合同未预期的情况时谁有权决策这一问题做出安排。一般来说，谁拥有资产，或者说，谁有资产所有权，谁就有剩余控制权，即有对法律或合同未作规定的资产使用方式做出决策的权力。公司治理的首要功能，就是配置这种控制权。这有两层意思：一层是，公司治理是在既定资产所有权前提下安排的，所有权形式不同（比如债权与股权、股权的集中与分散等）公司治理的形式也会不同；另一层是，所有权中的各种权力就是通过公司治理结构进行配置的。这两方面的含义体现了控制权配置和公司治理结构的密切关系：控制权是公司治理的基础，公司治理是控制权的实现方式。那么矛盾就在于，员工是否对公司具有所有权？并进而影响公司的控制进程？

由资金链关系来看，除实施员工持股计划的企业外，员工对企业是不具有所有权的，但是这并不等于他们就没有话语权，因为企业的生产经营确实与他们息息相关。我国在这方面的做法是使员工代表进入监事会，通过在监事会中的投票权行使参与、监督公司管理的职能。那么职工代表大会与监事会的关系又如何？我们知道，监事会是由股东（大）会选举出来的，那么这是否意味着职工代表大会选举出来的公司代表并不真正有效，它仍须由股东（大）会来批准与认同，而这又与职代会代言员工利益，避免企业由大股东操纵蚕食员工利益的初衷背道而驰。职工代表大会

① 孙博．新老“三会”问题研究［J］．西部探矿工程，2005（4）：228－229.

应该在哪里找到它的位置？职工代表大会与下文中提到的工会是企业内部重要的沟通媒体，是企业“全心全意依靠工人阶级”的主要形式，在对企业实行民主管理，对重大决策进行审议，对行政领导进行监督等方面，都发挥着不可替代的作用。但在中国，它仍然主要体现在国有企业方面。对于非公有制企业，职工代表大会路向何方？

4. 工会

市场经济中劳方与资方协调的效果决定着企业发展状况的好坏。既然企业的发展离不开劳资双方的相互协调，那么在企业中靠什么来维系劳资双方关系呢？理论上，答案应该是工会，因为工会有就工资、工时、工作条件集体谈判的权利。在公司的利益相关方中，工人是不应被忽视的一个群体。在公司治理中，工人应被赋予一定的话语权。然而实际上，工会很难行使这些权利。从计划到市场，工会在工资方面发言权微弱；工时，有《劳动法》规定，超过 8 小时，算加班补助，双方自愿，不违法，工会对此无话可说；工作条件，如果太恶劣的话，还有谈判的可能，只是鲜闻成功的个案。《工会法》尽管几经修改以维护、强化工人的合法权益，但由于执行缺位而一度被称为棉花法、豆腐法，工会治理依然尴尬。

沟通地位的失守使得工会沦落为发放福利、组织文艺活动的组织已是不争的事实。工会组织最重大的职责——维护员工利益之责仿佛退化得一干二净。有的工会甚至在重大利益面前站在决策者一方，维护决策者制定的侵犯员工利益的政策。最具讽刺意味的是某地曾经发生了这样一件事：一员工以个人合法权益受到侵害为由将单位告上法庭，代表单位应诉出庭的竟是工会主席！事件的背后，实质上深刻地昭示出工会在企业里的境地：没有独立地位和话语权，更像企业的一个工作部门，执行领导的决策并为其服务。如此行事，谈何沟通？何以沟通？党政机关、事业单位的工会尚且如此，至于各类企业中的工会，尤其是私营企业中的工会，其地位、作用更是可想而知。试想一下，一个从企业主处谋职、领薪的人，他对抗老板的力量和胆量从哪里来？从历史的经验来看，劳方对抗资方最有力的方式是罢工。现代西方社会的工会，力量之所以强大，原因就在于此。谈判不成可以罢工，甚至政府工作人员譬如警察也可以罢工。但是我们的工会从未行使哪怕是想过行使这项权利。所以相对于企业来说，工人是弱势群体，工会也仍是弱势群体！①

外企拒设工会是中国的特色，诸如沃尔玛、柯达、戴尔、三星、肯德基、麦当劳在内的一批在华外资企业，他们声称以其完善的人力资源管理体系可以排除工会存在的必要性，这本身就应该引起我们的思考。因为它是一个鲜活的新老“三会”碰撞的案例。工会是否有必要存在？如果存在，如何才能不当花瓶？

5. 孰能胜出

众所周知，在我国各级经济建设中，党或者党委的作用依然是主要驱动力。《中华人民共和国宪法》在第十六条规定了“国有公司依照宪法和有关法律的规定，

---

① 孙博. 农民工工会：候鸟的四季树［J］. 经营与管理，2005（10）：21－23.

通过职工代表大会和其他形式，实行民主管理”。《中华人民共和国劳动法》第一章第七条规定：“劳动者有权依法参加和组织工会。”这样，新老“三会”形成“依法打架”的错综局面，要厘清关系，就应从更高的法律层面上予以统一。

经典的公司理论告诉我们，公司的行政体制是董事会加经理，其中没有职工代表大会、工会这些项目，而从我国设职工代表大会的公司来看，其投资主体具有特殊身份——国家，而全民所有制企业的行政体制是厂长或经理。公司工会与董事会的关系，与企业工会与厂长或经理的关系有着本质上的区别。如《全民所有制工业企业法》规定，职工代表大会有权听取和审议厂长关于企业各种方案的报告。在公司体制中，职工代表大会是听取经理的报告，还是董事会的报告？如果是董事会报告，董事会是在什么情况下、什么场合报告？这些，我们都难以在现行法律中寻得答案——很遗憾的空白！所以，沟通无序！

在此并非建议取消党委等老“三会”，相反，笔者坚定地认为在国企改革当中，“党委、工会是一定要保留下来的企业机构”。但部门和机构的保留，不意味着原有重叠的职能继续混淆不清，应明确各机构的角色定位，尽快解决新旧制度的交叉，让沟通有序化、科学化。老“三会”与新“三会”的相近职能应逐步向新“三会”转移、并轨，在此基础上建立以新“三会”为核心的新型行政体系，着力发挥新“三会”的作用。特别要充分发挥董事会对公司重要问题的统一决策作用，即在一个企业中只能有一个决策中心，要建立规范的、可以追究董事责任的董事会议事规则，如积极吸收外部董事或独立董事参与决策，工会代表列席董事会议，以提高决策水平。董事会依法做出的决策，政府部门不应再行审批或干预。

（二）非正式沟通机制

如果说正式沟通机制解决的是组织沟通框架问题的话，那么非正式沟通机制则是组织沟通的润滑剂。因为非正式沟通几乎每时每刻都在发生，它的顺畅运作促成组织的无缝沟通。创新火花的产生具有不确定性，所以非正式沟通极有可能促成创新。但是难点在于，既然是非正式沟通，组织就难以像对待正式沟通一样从结构上予以规制。正式沟通之前，都有小道消息传出，或真或假、亦明亦幻，使得局中人一头雾水，操控者暗中窃笑，局外人嗤之以鼻。某些别有用心的人可能利用正式沟通的刚性需求而大做文章，搬弄是非、挑拨离间，使得组织人心惶惶。即便得以事后扑火，也已经士气受损、人心涣散、和气皆无。那么是否组织对非正式沟通就束手无策了呢？不应该是这样的。组织可以尝试以积极的态度去面对，进而去影响、引导非正式沟通的方向，从而使其与正式沟通趋于一致甚至与正式沟通相辅相成，使员工满意度最大化。

构建非正式沟通机制，应从非正式沟通的场景入手，即考察员工在正式沟通之外，其参与非正式沟通的场景有哪些？这些场景可否为公司所控制或影响？如果企业能够抓住其中的大部分场景并卓有成效地对其施加影响的话，非正式沟通就将进入组织期望的轨道从而良性运行。需要注意的是，组织千万不要矫枉过正，把非正式沟通机制建设理解为对员工实行严密监视，这样只会引起员工的反感与抵触，坚壁清野莫如无为而治。所以非正式沟通机制的构建一定要从人性化角度出发，想员工所想，迎合其对信息的需求与精神的满足。

员工的非正式沟通最有可能发生在休息的时候。这个时候可以是在工作时间内的短暂休息，更可以是统一的休息时间，还完全可以发生在工作时间之外。我们不妨以此为维度，将非正式沟通加以区分，并分别进行探讨。

需要明确一点，组织的正式结构依然可以产生非正式沟通，如上级对下级的现场临时指导、个别谈心与跨部门的不期合作等。学者所主张的“走动管理”可以借鉴，因为高高在上、居高临下的风格不会引起员工的共鸣，只会压抑其创新思想，机会是在运动中产生的。走动，不仅可以使问题在萌芽阶段即被解决，而且可以触发灵感思维，在表象刺激的情况下迅速产生互动，留取创新的痕迹，进而跟踪创新的成果。实践证明，走动管理确实可以捕捉创新火花，尤其是在创新素材方面，对于企业而言无疑是雪中送炭。

1．工作休息时间

员工是自然人，适当的休息安排可以使其重新焕发工作热情与创新激情。

（1）茶歇或咖啡歇。

在现代化都市，员工工作繁忙、生活紧凑，压力随之而来，如不适当减负，效率势必随之降低。提高工作效能，吸收新知，放松紧绷着的神经，成为员工期望的目标。在工作时间内插入一段“课间十分钟”式的休息有助于缓解员工紧张的情绪，毕竟其不可能持续高效地保持工作状态，“8 - 1 >8”说的正是这个道理。有条件的企业可以设计一个休息区或休息角，条件欠佳的企业则可以安排一个茶歇或咖啡歇。一段短暂的休息可以为员工交流信息提供方便，使得员工精神更为饱满，提高工作效率。茶或者咖啡，看似是企业给员工的一种休息待遇，但对于信息和思想交流所起的作用，却不是简单的一杯茶或是咖啡能代替得了的。

（2）吸烟区。

企业在工作区禁烟是受到提倡的，如果对所有员工一禁到底的话，似乎不妥。为营造并保持一个空气清新的工作环境，有必要把烟民请到吸烟区吞云吐雾。

（3）厕所文化。

卫生间是企业不应忽视的一个场所。有的酒店、会所已经注意到这点并精心点缀其卫生间——这可能是缘于其服务、娱乐性质，但完全值得企业借鉴。企业文化要走进厕所，拭去庸俗、淫秽的低级趣味，以格调高雅的轻松基调来调节员工的心绪。员工手册发下去可能也鲜有人关注，如果把它配合幽默笑话在卫生间贴示，定期更新，自然会进入员工的脑海，并进而影响其行为。

2．统一休息时间

在工作日，员工有统一的休息时间。

（1）董事午休轮值。

午休是员工在工作日内相互沟通最为频繁的时段。在此期间，跨部门的同事可以加深了解，非正式组织会逐渐建立并衍变。员工在工作中的辛劳怨言、成功喜悦、奇闻逸事等，也会在这个时候倾吐诉说。利用好这段时间，是组织在非正式沟通中的重头戏。

企业的重要管理安排都是由董事会拟订的，那么有限的董事会成员能否制定出符合公司利益、反应市场需求、顺应员工要求的决策性草案呢？公司基层的状况，董事会是否了解呢？假使董事会有五名成员，不妨在周一至周五（工作日）分别安排一名董事与员工共同午休，包括进餐、聊天、娱乐等。尽管董事会业务繁忙，但再忙也要用餐，与员工共同用餐可以为公司高层赢得声誉，并真正地深入基层，通过非正式沟通了解一线情况。

（2）食堂文化。

员工的多元化是企业之福，是发展趋势。企业对待多元化的态度须是积极而肯定的。

①素食。有些人天生素食，有些人后天斋戒，有些人注重保养故大鱼大肉非其所爱。随着社会生活质量的提升，素食的人越来越多。食堂在安排餐点时就要事先对员工有所了解，虽说众口难调，但也不能让员工饿着肚子上班。在赴酒店就餐时，主管人员或行政人员也要注意参与人员的不同口味，至少要做到使其饱餐。

②左撇子。人类出现左撇子的概率大约为 10%，人们起初认为左撇子不正常，后来又有一种论调认为左撇子较之常用右手的人更为聪明。[①] 无论正常与否，聪明多少，这 10% 是基本不变的。左撇子感觉到最大的不便恐怕是同他人一起用餐，而与其邻座的人也会倍感不适，那么就应该由企业方面来做出调整。当然，这种调整类似座位安排，要做到有默契、有预设，否则会给人造成不便。

③民族习惯。每个民族都有自己特色鲜明的饮食习惯，也有一些饮食禁忌，企业一定要予以尊重——“大锅饭”与“一刀切”是要不得的。此外，企业还要号召其他员工对此予以尊重，无论是内部合作还是外部沟通，这都将为企业带来极大的方便。

④其他不同的饮食习惯。花有百样红，人各有不同，其他的饮食习惯不一而足，企业一定要有多手准备，才可应付始料未及的情况发生。

如上所述，不仅在食堂要加以注意，在聚会、娱乐活动中更要权衡考虑，使员工休息得更为舒适、心情更为舒畅。

3. 业余时间

知识工作者的创新火花，往往源于八小时之外，体现于八小时之内。

（1）顺水推舟。

左撇子的不便并非仅限于就餐，在电脑操作、工具使用等方面，他们也有自己的呼声。有的地方甚至成立了左撇子协会、左撇子俱乐部，企业内如果云集了足够的左撇子人士的话，也不妨一试。但这仅是一个侧面，其他诸如棋牌爱好、球类运动、音乐外语等，能够把不同员工吸引到一起的原因还有很多。志趣相投的员工如果得到企业的支持，其工作满意度定会提高。提供工具设施及组织上的帮助，都是

---

① 白宇哲．为什么有少数人是左撇子［J］．科学画报，2005（7）：53.

企业低成本顺应民意的思路。

（2）引人入胜。

为诱发兴趣小组的形成与进步，可以定期对解决了企业关心的技术问题的部门进行奖赏。初期可以将难度与复杂度设置得低一些，以培育员工切磋交流的气氛与习惯。如策划娱乐竞赛，主动培育健康向上的娱乐项目，而非麻将、酒局等劳体伤神的庸俗项目，借此引导非正式组织的发展。在旅游的时候适当安插团队小组之间的竞赛，不仅可加深交流，而且可以凝聚组织士气。事实上，每个人都有好胜心，如果组织能够很好地利用员工的这种心理，并将其延展到工作中，可有利于创新火花的点燃，效率将大大提高。

（三）冲突

组织内的冲突往往是由沟通不畅所致，冲突一旦形成，本身就具有传染性和侵略性。若对冲突不加管理，轻则影响组织凝聚力的形成，使得人心涣散，重则导致更为直接、恶劣的后果。冲突双方都想战胜对方，表现出很强的侵略性，希望取得压倒性的优势；同时，冲突又可以使人情绪亢奋，如果因势利导，它完全可以成为创新之源。

1. 从原因上解析

要对冲突做深入分析，判别其性质。只有了解问题才能解决问题，从原因到可能产生的结果都要详细进行分析，避免有直接利益关系的人员介入，从而保证分析的客观与处理的公正。

对于冲突原因，首先要考虑到机制问题。很可能冲突双方仅是制度的牺牲品，而他们本无根本矛盾。对机制引起的冲突，要改善机制。解决方案主要就是扫描工作分析，重新制定权责，避免权责不明造成的冲突，并且重新界定两者关系以合理分配权责。对人际关系引起的冲突，首先要调和，调和不成则重新配置。企业内的矛盾、冲突是不可避免的，这种矛盾和冲突如果积累下去就会由缓和变为激烈，由一般形式发展到极端形式。如果任其发展，轻则干扰组织目标的实现，重则会使其崩溃、瓦解。所以，管理者要通过协调人际关系，使员工之间能够相互协作、良好配合。对不足以公司惩罚的情形，可以考虑内部仲裁——借助工会来完成，以公司规章制度为判据。对组织间的冲突，要求同存异，强调文化建设。企业内部不同团队之间可能因资源有限、目标重叠、工作摩擦等而产生冲突。此种冲突的传染性更强，很有可能发展成群体对立的“内耗”局面。打压其中任何一方都会引起员工的消极情绪，使矛盾激化。企业的处理要以不影响日后合作为前提，所以对于此类冲突，对两个部门都要做出处罚——因为毕竟一个巴掌拍不响，同时重罚肇事部门负责人及直接责任人，以儆效尤。注意推进企业文化建设，部门间的冲突就会少很多。对技术引起的冲突，可以开展组织会诊或寻求外部帮助。技术引起的冲突是纯粹的“内部矛盾”，由技术途径来解决，是最具有说服力的。组织在这点上含糊不得，因为科学不容亵渎，求是才能进步。如果某些技术冲突企业实在无法解决，可以考虑引入外部专家意见。在解决此种冲突时，一定要本着实事求是的精神，切不可将其引申为技术范畴之外的人身攻击从而全面否定。①

2. 用沟通来处理

冲突一旦发生，作为管理者，要承认它的存在。有的管理者出于各种目的，对权限范围内的冲突置之不理，尽管这也是一种策略，但如果没有跟进措施的话，会使得双方罅隙更深。因此，管理者要从实质上提高冲突双方的认识水平与能力，使其认识到在冲突中双方均会耗损，不分输赢。共同的组织目标才是双方发展的终极目标，移除阻碍因素是各方更为实际的选择，将其作为出发点，双方就更容易接受解决方案，不伤和气。

当冲突无关紧要，或当冲突双方情绪极为激动，需要时间恢复平静时，可采用回避策略；当必须对重大事件或紧急事件进行迅速处理时，可采用强制策略，先用行政命令的方式牺牲某一方利益，再慢慢对其做安抚工作；当冲突双方势均力敌、争执不下需采取权宜之计时，管理者可敦促双方做出让步，实现妥协；当事件重大，无法妥协时，要经过开诚布公的谈判，走向对双方均有利的合作。

3. 在冲突中创新

事件管理揭示冲突可以成为激发与促进企业创新的良好契机。在冲突中成长、成熟是所有组织的必经之路，有些冲突直接影响了组织声誉和组织目标，如果能正确处理，能够唤起并激发组织及其成员的荣誉感，引发和强化集体意识，经过讨论、学习，找出分歧并消除，从而使成员在感情上更加接近，向心力将更为强大。

沟通协调的目的不是掩盖、抹杀问题，也不是“和稀泥”，而是通过沟通的表面现象去发现问题、解决问题。因此，要注意挖掘冲突产生的深层因素，这样才可标本兼治。要让双方多问自己几个为什么：为什么产生冲突？换位的话是否会有所改变？是否有内在或外扰因素作祟？……这样就会使沟通既有心得，又有“新”得，使部门之间、个体之间更好地分工合作，每个人都能满腔热忱、信心十足地去工作，从而提高组织效率。

（四）沟通注意事项

无缝沟通让员工满意；沟通不畅，将直接影响员工心情。如下几点需要企业加以注意。

1. 充分利用会议

为利于创新的达成，沟通需要开放与共享，会议成为首选。不开会的话，可能人们就不会认真思考问题，只有经过会议的群体效应，思路才会逐渐被打开。当然，会议应该以精简、高效为原则，要杜绝“文山会海”“神仙会议”，可采用研讨会的形式，圆桌会议可以杜绝“一言堂”的问题。为增强会议的目的性，提高其效率，充分共享其成果，要做好事先准备、书面记录与事后整理。实际上，电话会议、视频会议可以进一步压缩成本，提高效率。

---

① 聂高辉．现代企业如何加强冲突管理［J］．江苏商论，2006（3）：123－124.

2. 搭车信息技术

传统的企业内部信息交流集中为自上而下或自下而上的上下级之间的交流，主要的正式信息交流方式通常是垂直并分层次进行的。信息技术的革命将彻底改变这种传统沟通模式。以计算机技术和信息高速公路构成的信息网络交流方式，将允许更多的正式信息横向交流或越级进行。它不仅可以迅速、准确地沟通不同岗位间大量的协作信息，而且其所实现的信息共享还可以避免来自“正常交流渠道”的障碍，减少对信息的篡改和过滤。企业可以联合通信运营商，订制特色服务，如集团电话、短信群发、微信平台等，让沟通更为廉价、高效。结合现代信息技术的沟通创新不仅可以降低成本，提供便利，而且可以让员工有效掌握企业运作进展，增进参与感，营造自豪感，凝聚向心力。

3. 语言的力量

消除沟通障碍，需要语言的力量，这就要听、说、读、写四方面平衡发展。语言乏味、生涩会严重影响沟通效果——尤其是在非正式沟通中。要学会聆听、发问的技巧，切实了解对方真意，充分表达自我，并选择合适的场合、时机、对象与技术。在沟通过程中，信息一定要明确，模棱两可、含沙射影的表达只会以讹传讹，惹火烧身时恐怕还不明所以，待到利益受损时方知是自酿苦果。

（1）听：专注与尊重。

沟通时，不要轻易打断别人的话，否则只会挑起或激化矛盾。有些人在沟通时显得耐心不足，听了半句话就情绪激动，断章取义；或是心不在焉，这种没有认真聆听导致沟通失败的例子已不鲜见。

（2）说：对事不对人。

在沟通的时候严格地就事论事，才是专业沟通的表现。如果确实涉及人，一定不要在背后的非正式沟通中表达否定的意见。

（3）写：理性发送。

在沟通时，有些问题可能感觉很难启齿，这时不妨尝试一下书面沟通。把思路系统地梳理、正确地表达出来才是理性的做法。如果结合信息技术的话，效果将会更好。

4. 文字外的功夫

除语言文字之外，沟通还可以通过动作、表情、多媒体技术等渠道，向对方准确地传达信息。同一句话、同一件事，如果在表达的时候合理运用肢体语言，所获得的表达效果要比单纯语言表达的效果好得多。统计证明，人们在交谈的时候，通过肢体语言所传达的信息占65%，而口头语言所传达的信息只占35%。①

在与不同的人、针对不同主题进行沟通时，需要采用不同的沟通渠道，同时还要注意对方的接受能力、文化背景和彼此的文化差异。此外，在职场中要尊重他人的隐私，少打听或发布小道消息，这对员工个人有很大影响。

---

① 张瑞夫，王明东．管理学：知识与技能［M］．上海：同济大学出版社，2006：263－275.

5. 主动启动互动

管理者必须谨慎地考虑其沟通方式的激励效果，只有管理者主动沟通才能启动员工的积极回应，员工更乐于为锐意进取、关心他们并且不辞辛苦地培养、训练和辅导他们的企业贡献力量。企业如果对员工寄予厚望，希望看到他们完美的工作表现，并且花时间来发掘和培养他们的才能，员工将得到极大的激励，将在工作、学习、创新方面更为积极主动。

企业管理者要发挥示范作用，做自信、果断、坦率和真诚的沟通模范。比如，在正式和非正式的场合与员工进行一对一的互动交流，包括工作过程中的简短交流；对汇报工作的员工表示关心，如询问其个人情况、兴趣、梦想，而非一味谈论工作；认真听取并理解下属的烦恼和问题，但又不因此放松对他们工作上的要求；真诚地赞美、感谢和夸奖员工；询问员工对业务问题和决策的反馈意见，采纳他们的知识、经验和创造力；真正聆听他们的意见，包括深藏在内心的想法和感觉；允许员工在公开场合或者在会议上发表反对意见，而不是针锋相对地给予反击或者变得蛮横粗暴；言语上尊重他人，避免用赏脸施恩、居高临下、盛气凌人或者官腔十足的口吻和员工说话。

二、考评

考评是人力资源管理不可或缺的，它是激励制度的依据。恰当、准确的绩效考评会指出人员与部门的优势与缺陷，从而为业绩提升、创新发展予以方向性的指引。①

（一）传统考评模式

传统考评模式在沿用的过程中，已经体现出诸多不适之处。

1. 重复计算

传统上对于员工的评价内容无非是“德、能、勤、绩”，有的学者主张把“体”也加进来。管理者对分项指标赋值可以得到各项的分数，一般求代数和，按照分数高低排列，然后择优予以奖励和晋升。这种做法貌似公平，其实是不科学的，因为“绩”是“德、能、勤”（还有“体”）的综合作用结果，“勤”又是“德”与“体”的反映，取代数和就重复计算了。有的人“能、勤、绩”（“体”）的分数很高，只是“德”的分数低，总分可能偏高，但这样的人员“有才无德”，于企业的创新无益。也有人主张将员工的各项指标加权计算，就连时下颇为流行的平衡计分卡也未能脱离这个模式，这样做随意性强、主观性大，难以保证考核的信度与效度。

2. 效率损失

企业在低绩效水平上追求考评的最优与公平，意义不大，其结果必然要以牺牲

---

① 孙博，李燕萍．创新导向的考评［J］．长春大学学报，2012（5）：510－513.

效率或效益为代价。绩效考评实践看似很简单，但这简单的一步很重要——如果它是有效的。企业是营利性组织，其内部的任何管理举措都应聚焦到实用这点上。

3. 驱动欠缺

传统考评模式是事后的结果鉴定，给人一种“秋后算账”的印象，如普遍流行的项目提成制度。一个标的为100万元的项目在完成之后项目团队按一定比例（如1%~10%不等）提成，但该项目是一个月完成还是半年完成，在成本上是截然不同的。如此考评的致命缺点在于只考核了结果，而没有考核过程成本——时间成本，使得员工认为项目提成是一种既定的福利，而不是激励，导致它与绩效考评脱节。例如，一个80 000元的项目，现原定由4名月薪为5 000元的员工在两个月内完成。如果延期一个月，加上其他成本费用，本来有利可图的项目，企业反而入不敷出。理想中的驱动因素客观上没有存在，考评就失去了价值。

（二）创新考评展望

绩效考评的优化方向，须同时考虑绩效提升与科学完善的双重指标。

1. 维度多向

创新的做法是建立多维坐标体系，对员工考评进行矢量分析，提高用人准确性。矢量分析可以较为清晰地反映员工的强项与弱项，无论对员工的配置或后续开发都有着很大的价值。在研发人员配备时，如果能够对团队人员进行性别、专业、年龄等背景的综合矢量评价，创新产生的可能性就更大些。

很难有适当的量表对各种产业做普适、客观的绩效衡量。就业绩而言，磋商式地确定目标，以经济学中“公司内不对称信息理论”参数调整的方法来确定工作与目标的关系再据以考核，是比较科学的做法，但这仅限于目标可视性强、易于观察的情况，如在销售额、回款额、产成品件数等已知的情况下。对于较为模糊的工作成果，如员工士气、教学质量等，就需要将目标继续分解，化为较易衡量的分指标。前者可分解为如员工满意度、离职率、缺勤率、迟到率等；后者可分解为如学生问卷、课程档案完备情况等。

2. 创造绩效

支撑企业绩效管理创新的重要一步就是：变“考评绩效”为“创造绩效”。诚然，绩效首先是做出来的，而不是考出来的。但单纯地为考评而考评将徒增成本，只有加入导向功能，考评工作才会更有意义。

考评要真正对公司业绩有利，引导创新行为，就要让员工针对考评模式去完善业绩，让考评模式超前地牵引员工行为，即确立一种“春种秋收”的超前理念。[①] 可能该考评模式不尽完善，但它确实可以摆脱消极的鉴定功能，从而积极地影响员工行为，进而改善员工与组织业绩。

---

① 张锦喜. 变“考评绩效”为“创造绩效”[EB/OL]. (2007-05-12). http://www.chinahrd.net/hr_jlr/grzy/gr_jt.asp?id=10360&PageID=1836.

3. 暗箱操作

针对创新的特性，采用“黑匣子”绩效考评体系，即不问过程、手段或途径，仅规定关键目标参数。对研发人员或团队，导入柔性工作体系后，工勤等考评指标已失去意义。与其用这些条框去限制创新型人才，倒不如让其放开拳脚，大展身手。

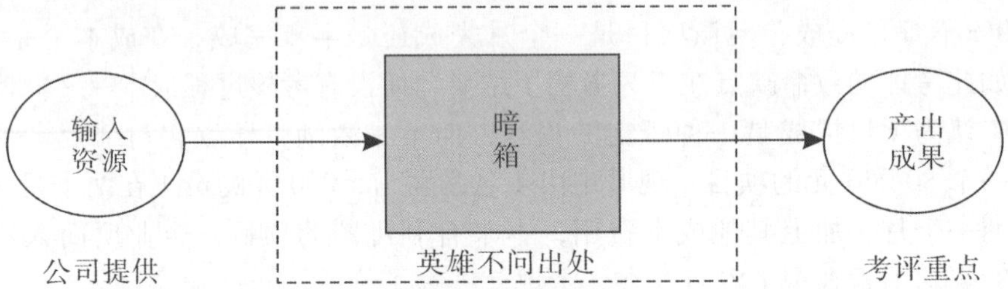

图3-6 暗箱操作

（来源：孙博整理，2007）

这与关键绩效指标（Key Performance Indicators，KPI）有着相似之处，但也有不同。采用KPI多节点，在技术或工艺上进行限制，可基本上控制员工的技术途径。而“暗箱操作”仅考核最终成果，这就为员工打开了更为广阔的创新空间。公司提供输入资源，产出成果由公司限定，对于中间过程“英雄不问出处”，原有的固定思维模式随时可能被突破，而这正是企业所期望的。

4. 团队单位

个体的力量在市场中往往微不足道，要在激烈的竞争中有所作为，就必须要集结若干个体，改变散兵游勇的作业方式，以团队互补，在团队的互动中激发创新。相应地，考评方式也要做出适应性的变化。以团队为单位考评，需要更多地关注团队的动态信息。笔者认为，团队与个体之间最大的不同在于其成员的共同目标。而此目标较之企业目标，具体、有形得多，在现实中它往往表现为一个个不同的项目，那么项目考评就成为团队考评的重要模式。

团队的动态属性使其不局限于部门层级的划分，此点在矩阵式、柔性化组织中得到了充分体现。如果静态地看待团队，考评仍将归于“德、能、勤、绩、体”的简单叠加。所以要以团队目标为轴心设计考评体系，而这个目标无疑是企业更为关心的。①

（三）考评药方

考评工作在实务中表现出若干负面效应。解决症结，需要考评工作自身的改善。

1. 恐惧效应与解开心结法

绩效考评使员工痛苦、灰心、失望，甚至沮丧，在考评后，结果欠佳的员工往

① DACKERT I, LOOV L A, MARTENSSONM. Leadership and climate for innovation in teams [J]. Economic and industrial democracy, 2004 (2): pp. 301-315.

往几周内不能适应正常工作，因为他们无法理解自己为什么做得比别人差。这是不公平的，因为考评将责任归咎于与其存在许多差别的个人，而这种差别很可能是由工作系统所造成的。

害怕考评是员工不成熟的表现，要么是技能不成熟，要么是心理不成熟，无论哪种，企业都需要打开他的心结。对于前者，通过考评使其真正紧张起来是企业的目的，但这并非终极目的。考评结果不理想也大可不必灰心丧气，企业会结合培训发展助其进步。对于后者，要克服其畏惧心理，就需要把考评日常化。因为考评周期较长，频率较低，偶尔为之，员工会产生畏惧心理，把考评当作考试，而没有正确地认识到这只是对其在特定阶段表现的综合评定。考评数据源于平时表现，企业要让员工相信，只要在日常工作中积极配合，在考评中就不会陷于尴尬，就不会恐惧。

2. 趋中效应与强制分布法

根据正态分布原理，优秀员工和不合格员工的比例应该基本相同，大部分员工的工作表现一般。所以，在考评分布中，可以强制性地规定优秀人员和不合格人员的人数。海尔动态转换的“三工”并存模式值得借鉴，“三工”即优秀员工、合格员工、试用员工。其用工改革的思路是，干得好可以成为优秀员工，干得不好，可随时转为合格员工或试用员工。因为一般情况下，员工的表现不可能整齐划一，利用这种将员工绩效强制分布的做法可以有效解决“铁饭碗”的问题，在考评时可避免趋中效应，使企业不断激发出新的活力——真正地创造卓越、奖励优秀。

强制分布法所遭受的非议是其对被降级或被淘汰的员工的打击是否合理。在方法本身适当的情况下，这需要考评机制深入人心和企业与员工的进一步互动来解决。

3. 晕轮效应与序列比较法

当员工某一优点显著时，人们会误以为他在其他方面同样优秀，这就是晕轮效应。考评中这种现象也经常出现。譬如，受评人工作非常积极主动，考评人可能会误以为他的业绩也非常优秀，从而给受评人较高的评价。

序列比较法是让对特定受评人的看法回归现实的一个思路。在考评之前，首先确定考评的模块。在考评时，对所有考评人按模块同时进行考评，进行比较，而不是以人为单位进行考评，这样就可以有效地防止晕轮效应。

4. 刻板效应与报告法

传统的由上而下的考评方法往往会受经理人主观因素的影响，考评人员的一些思维定式可能会将受评人对号入座。刻板效应也可能会使结果与事实产生出入，未能发掘受评人的优势而使结果落入俗套。此时，若受评人不提出异议，则人事部门便将错就错，所采取的措施也会失去效果，久之不利于公司的人才挖掘。若受评人对自己或他人的评价提出异议，双方各执其理，也会为考评带来困扰。让受评人主动对其表现加以反省、评估，对自己做出评价，有助于拓宽考评人的视野，使结果更为全面。

报告法在发掘创新型人才方面有着独到之处。有思想的人很有可能在报告中展现他的创新观点，而该方法可赋予其充分展示的机会。当然，在知识经济背景下，无法写好自评报告的人也不一定不是创新型人才，但相比在报告法中表现出色的员工，其成为创新型人才的概率势必要低得多。所以，这种看似最原始的方法极具区分力。令人眼前一亮的报告是考评人所期待的，在使用该方法时，要注意把思路创新与表面文章甚至阿谀奉承做严格的区分。有效的方法是与其他考评方法结合使用。公司要特别防备那些只会说而不会做的人，也要奖励实干和负责的人。

5. 偏见/集权效应与360°考评法

考评人喜欢或不喜欢（熟悉或不熟悉）受评人，都会对受评人的考评结果产生影响。考评人往往会给自己喜欢（或熟悉）的人较高评价，而对自己不喜欢（或不熟悉）的人给予较低评价，这就是个人偏见。采取小组评价或员工互评的方法可以有效防止个人偏见。

而对于主管人员独揽考评大权的情形，只有释其兵权，以言之有理的360°考评法来消除集权效应。

6. 压力效应与欧德伟法

当考评人了解到考评结果会与受评人的薪酬或职务变更有直接关系，或者惧怕在考评沟通中遭到受评人的责难时，迫于压力，考评人可能会做出偏高的考评。解决压力误差，可以考虑将最终的考评结果与分期的考评得分挂钩，弱化最终结果。

分阶段（如按月）进行评分，表扬加一分，批评减一分，年底两者相抵，达到负三分的就淘汰，即欧德伟法。这样不仅可以减轻考评者的压力，而且可以消除“小错不断”的现象。

7. 第一印象（首因）效应与关键事件清单法

关键事件清单法可以开发一个与员工绩效相联系的关键行为清单来对员工进行绩效考评。这种考评方法对每一项工作设定若干个关键项目，考评人只简单地检查员工在某一项目上是否表现出众。出色的员工将得到很多检查记点，表明他们考核期表现很好，一般员工只得到很少的检查记点，因为他们仅在很少的某些情况下表现出众。

关键事件清单法常常给不同的项目以不同的权重，以表示某些项目比其他项目重要。将员工关键事件清单上的检查记点汇总以后，就可以得到这些员工数据型的评价结果。因此方法是阶段性的考评，可减少受评人通过“第一印象”最先输入的信息对考评人的认知产生的影响。由于这种方法产生的结果是员工绩效的数字型总分，因此必须为组织内每一不同岗位制定一个考核清单，如此，费时且费用较高。员工在某个关键环节上被记点可能是偶然，但是偶然多了就会形成统计的误差。经关键事件清单法考评出色的人员，即可委以重任。

8. 宽厚/严厉效应与强制分布法

强制分布法其实也是一种淘汰机制，实行定额淘汰或末位淘汰，即每年必须有一定数量的人员被淘汰，以保持企业的活力。充分发挥每个人的潜在能力，让每个人每天都能感到来自企业内部和市场的竞争压力，又能够将压力转换成竞争的动力，以竞争性薪酬回报高素质、高绩效的工作人员。这是企业持续发展的秘诀。

9. 刻板效应与评价中心法

员工可能认为众多的绩效评价体系多是在刻板评价过往业绩，而难以对其真正实力或发展潜力做出评价。此种情况确实可以理解，毕竟在某确定阶段，企业需要员工展示的可能只是其部分技能。做晋升、开发决策时，企业需要借助评价中心来进行测评。

评价中心要求员工完成那些类似于他们在实际工作中可能遇到的任务，可见它有着较强的实践性。因为评价中心法所提供的信息具有更强的可靠性和有效性，所以它有利于识别那些具备较高技能潜力的员工，即创新型人才。

需要说明的是，很少有企业使用单独一种考评方法来实施绩效考评工作。将各类绩效考评的方法进行综合运用，辅以人力资源管理的其他手段，以提高绩效考评结果的客观性和可信度，是实际工作中更为可信与可靠的做法。①

（四）平衡计分卡

平衡计分卡（Balanced Score Card，BSC）的指标系统由四部分（四项指标）组成，包括财务、客户、内部流程及学习和创新指标，是源起于20世纪末，并在21世纪初流行起来的一种新型考评方法。

1. BSC的创新导向

平衡计分卡作为战略绩效管理及评价工具，强调从财务、客户、内部流程及学习和创新四个不同的视角来衡量一个企业。财务指标是企业最终追求的目标，也是企业存在的根本依据。要提升企业的盈利水平，必须以客户为中心，满足客户需求，提高其满意度。这要求企业必须强化自身能力，提升在运营流程、客户关系、创新流程和管制与环境等方面的运作效率。提升企业内部效率的前提是企业及员工必须能够持续地学习与成长。BSC的四大指标有赖于企业与员工的创新能力来支持与实现。由此可见，这四个方面并不是相互独立的，而是一条因果链，展示了业绩和业绩动因之间的关系。为提高经营成效，必须使产品或服务赢得顾客的信赖；要使顾客信赖，必须改进内部生产过程，从而提供令顾客满意的产品，为此改进内部生产过程；改进内部生产过程，必须对员工进行培训，开发新的信息系统。可以说，平衡计分卡四项指标的驱动关系有效地保证了组织战略的实现。②

企业创新与学习能力的提升直接关系到企业价值。为达到盈利目标，企业需要在创新与学习能力上夯实基础，并一步步地反映在内部流程优化与客户满意度上，最终水到渠成地提升自身价值，创造最大财富。由此可见，平衡计分卡对企业的绩效评估是兼顾因果的，有着很强的创新导向。

2. BSC的使用限制

平衡积分卡产生于西方市场经济环境下，缺乏对中国企业目前普遍面临的公司

---

① 李燕萍，余泽忠，李锡元．人力资源管理［M］．武汉：武汉大学出版社，2002：242－277.

② 孙博．绩效考评与平衡计分卡［J］．十堰职业技术学院学报，2011（6）：33－35.

治理、关联交易等影响企业绩效问题的关注，加之人们不同的理解程度，所以在实施中受到一定的限制。基于BSC的考核指标，在监督业绩和调整企业计划方面无疑可以起到重要作用，但当它们被作为企业目标时却总是使企业发展误入歧途，给人以“只见树木、不见森林”的混沌之感，由此在不少公司的内部上上下下招致抱怨和怀疑。实施者不知道把“工作态度”之类的指标放在哪个维度，只好借用其他公司的做法，使得BSC失去了原汁原味，企业则步入迷局。“学习创新”“培训效果”之类的指标即使被制定出来，也难以量化。又如客户满意度的数据从何而来？实践的做法往往是让市场部人员凭印象估计，而这样做又难免归于主观。

平衡计分卡与其他绩效考核系统相比，确有其特色。但是由于各企业对它的理解和运用不一，或者说不到位，一些原有绩效考评中存在的问题仍未解决，所以效果不尽如人意。使企业感到越来越痛苦的还有考核数据的收集和整理，它们使工作人员的负担越来越重——其实这已不只是信息不对称的问题，客观事实是考评本身都成为难以按期完成的工作。①

3. BSC的应用思路

企业实施BSC最好分两步走。首先是在组织或战略层面实施，即创建企业战略管理模式，包括企业战略制定、实施与评估系统，这一系统包括企业整体层面与分公司/部门的BSC。在积累了一定的经验之后，再考虑在员工层面实施，建立员工绩效管理系统或战略性人力资源管理系统是比较稳妥的做法。在对考核指标的把握上要注意分清主次，抓大放小：贵精而不多，十个以内为宜；贵敏感而不迟钝，须有效量化；贵明确而不模糊，缺什么考核什么；贵关键而不空泛，要抓住关键绩效指标。

（1）财务。

平衡计分卡的设计不是否认财务数据的重要性，而是在财务指标的基础上，对传统企业管理过度重视财务而导致的失衡状况进行相应的修正，使财务成为四项主要指标之一。财务指标林林总总，统统纳入并非明智之举，要关注收入增长、成本减少、生产率提高及资产利用与投资战略的指标。根据企业不同发展时期的不同要求，相应地选择财务绩效指标。例如，当企业处于增长期时，由于企业在提供产品和劳务收入方面有着较大的增长潜力，投资规模较大和投资报酬率较低，其财务目标主要是不断提高收入的增长率及目标市场、客户群和区域的销售额，因此，对处于这一时期的企业应主要采用销售增长率、目标市场收入增长率、成本率等财务绩效指标来加以评价。

（2）客户。

客户指标方面应该关注市场份额、客户保留、客户获取、客户满意与客户利润贡献等。企业要注意，客户开发不应停留于对客户数量和客户新增收入的追求上，并不是所有的客户都应成为企业开发和争取的对象，就像安然之于安达信、银广夏之于中天勤，这些客户不是上帝，而是企业的噩梦。因此，在以平衡记分卡考察客

---

① 金序能，龚杨达，王沁．另眼看平衡计分卡［J］．经济论坛，2006（1）：90-91.

户层面时，“优质客户”的开发值得奖励，而非来者不拒。理想的控制措施是通过客户细分，确定目标市场，并规定哪些级别的人员才可以从事客户开发，建立客户风险评价机制、客户贡献度评价机制。将“客户风险”和“客户收益”的理念贯彻到客户层面中，将客户开发从原始粗放型转向精细管理型，可以在降低风险的同时提高效益。

(3) 内部流程。

内部业务流程方面要注重运作创新、经营绩效和售后服务等。业务流程的开发要以维护和满足顾客与利益相关者的要求及期望为准则。无论是按时向客户交货还是为客户创利，都是以企业的内部业务为依托，将促进财务成功和顾客满足的事项固化为作业程序。企业甄选出那些对客户满意度有重大影响的业务程序（包括影响时间、质量、服务和生产率的各种因素），明确自身的核心竞争能力，并把它们转化成具体的测评指标。

(4) 学习和创新。

学习和创新的目的在于加速财务、顾客和内部程序的改进，这方面要注重考评员工能力、企业信息能力和激励、授权与协作的指标。为达到卓越，学习和成长必须在已识别出需要突破的指标时，做出能力与素质上的支持，发展战略能力，提供战略信息，并将其与个人目标匹配。为了促进产品与服务创新及业务改进，有必要为员工创造一种充满激励气氛的环境。可使用员工态度调查和员工建议数量的统计指标，来衡量是否创造出了这样一种氛围。此外，人均收益可用来衡量员工努力和培训计划所产生的效果。如上文所述，指标增多会使模型凌乱，可以使用压缩指标数量、增加指标层级等系统的方法。

(5) 边际思想的引入。

将边际思想与平衡计分卡相结合，是本书的建议，姑且将其称为边际平衡计分卡（Marginal Balanced Score Card，MBSC)。这一方法是以增量的思想来考查各项指标的变动情况，并在计算增量时引入机会成本的概念。这使得 BSC 能更准确地衡量股东创造的价值。MBSC 是一个流量指标，便于后续行动的跟进与评价，导向性更强。通过对 MBSC 指标的分解和敏感性分析，可以找出影响较大的指标（关键价值驱动因素）、活跃指标（增效明显因素）和懈怠指标（增效为负的因素），从而将其他关键的财务指标和非财务指标与 MBSC 这一衡量标准紧密地联系在一起，形成一条贯穿于企业各个方面及层次的逻辑因果链与时间维度链，从而构成一种新型的“平衡计分卡”。该评价方法增加了时间维度，包括下一个预算年度（两到三年或三至五年），因此，可将 MBSC 作为衡量的标准与行动的改进方向。

4. BSC 的发展趋势

(1) 个性化。

企业在咨询顾问的帮助下将掌握如何设计个性化的 BSC，以便对症下药。平衡计分卡的过人之处在于它的思想，仅仅拷贝模具不会解决企业所面临的问题。在四个维度框架下如何做好特定企业价值的文章，是实务工作者要在实践中予以发挥的题材。

（2）个体化。

平衡计分卡所提出的方法模型主要针对战略业务单位或者说是经营实体，并不适用于个人。但是绩效考核既包括实体，又包括个体。在运用 BSC 时必须考虑如何发展该模型，使得我们能够实现实体考核到个体考核的衔接。

（3）复合型。

BSC 的理念将会渗透到战略业绩管理的各个层面。在形式上，BSC 将与其他的考核工具相互融合，衍生出更先进及更有效的考核工具。如本书所提出的 MBSC，它可能还不成熟，但应该是对 BSC 发展方向的一个尝试。再如已经有人提出的 KPI + BSC 理念。

BSC 实施中一个很重要的工作就是沟通，关起门来设计表格是容易的，但是要得到全体员工的参与和支持，必须与员工充分沟通，让员工理解企业的战略，让每一位参与者都从中享受到工作水平和能力提高的乐趣。

三、激励

一个组织要在激烈的市场竞争环境中立于不败之地，就应充分调动员工的积极性和创造性，强有力的手段就是激励。员工在特定地点和岗位上怀有特定的动机，会直接影响生产率。资料表明，正常人在未受到任何激励的情况下，仅能发挥出能力的20%～30%，而在激励之下则能发挥出60%～80%。[①] 这还未包括潜力的激励。“重赏之下，必有勇夫”说的即是这个道理。各类旨在挖掘员工潜能的激励措施不断受到企业的青睐。企业运用如物质激励与精神激励、长期激励与短期激励、外在激励与内在激励等各种激励手段来激发员工更有效地为实现组织目标而努力工作，在大多数情况下确实可以起到积极的效果。[②]

激发员工的主动性和创造性，要有完善的激励机制来支持。人力资源管理的一项重要任务就是丰富既有的激励手段，实现激励体系的多维化发展，以满足员工随生活质量提高而出现的多种需求，从而对症下药地激发其工作热情和创造力。知识型员工的需求层次是比较高的，他们更希望自身的工作和价值被尊重与实现。在激励体系中，所谓的成就感和精神上的满足就显得更为重要。

（一）激励的问题

在激励过程中有几个问题比较突出。

1. 奖励成为“不甜的蜜”

必要的奖励能调动起员工的积极性，使员工焕发工作热情，因此，有人称奖励为“神奇的一滴蜜”。然而现实中也有“不甜的蜜”。企业实务中就不乏奖励不当，反受其乱的事。有些员工平日看起来忙忙碌碌、工作时间很长，并因此而受奖。事

---

① 高山行，江旭．激励的迟延效应及其分析［J］．中国软科学，2002（1）：70－73.

② 孙博，李燕萍．创新导向的激励［J］．内蒙古社会科学，2011（2）：112－117.

实上，其一天的工作量，别人可能用两个小时就可以完成，而且质量更胜一筹。若奖励他们就会伤及对企业忠诚、安心于岗位者的心，他们可能会说："该奖的不奖，不该奖的重奖！"①

过度激励造就贪。效用理论与边际理论提示激励要有一个限度，否则过犹不及。回顾为数不少的停产、亏损企业，为什么一些员工甘心冒着下岗的风险磨洋工而不去提高劳动生产率？为什么拼设备、拼资源、拼员工体力的短期行为一而再，再而三地出现？其中一个不可忽视的原因，就是奖励制度不够完善，挫伤了一些人的积极性。所以，激励手段不能简单实施，需要周密考虑。如果仅凭表象实施奖励，很有可能适得其反。

2. *激励≠奖励*

在管理科学中，激励不等于奖励。管理激励，从完整的意义上说，应包括激发和约束两层含义。奖励和惩罚是两种最基本的激励措施，是对立统一的。企业需要激励，但不能过度，也不能单一，否则将会导致短期行为和机会主义的泛滥。

企业的一项奖励措施可能会引发员工的各种行为，而其中的部分行为并不是企业所期望的。因此必须辅以惩罚措施，将员工行为向特定方向上引导。强化就是加强期望行为的一种刺激，表现为对工作绩效显著的人予以表扬、晋职、提薪等。相反，对某些行为予以批评、处分、谴责等就是负强化。为使强化的效果更好，正强化和负强化宜配合使用，以正强化为主，以负强化为辅。

实际上，对于进取心强的人来说，失败乃成功之母。许多公司的优秀职员之所以成功并不是他们没犯过错误，而是他们为了创新而甘愿犯错。他们犯错误的次数越多，所积累的经验就越丰富，创新的可能性就越大。而那些只满足达到低水平目标的、屡犯错误的、消极疲沓的员工必须撤换职务。适度的惩罚是必需的，但不应该是"一棒子打死"的彻底否定，而应该是对员工工作中的失误、不足予以警戒。②

3. *"一刀切"的激励*

在管理实践中，对个体实施有效的激励，均要以对人的认识为基础。凡是能够促进或调动工作积极性的因素，都可以称为激励因素。随着社会生产力水平的提高和人类自身的发展，激励因素也在不断地变化。在不同的组织结构中，在不同的文化背景下，包括在每个人的不同发展阶段，激励的因素都会有所不同。

奖金均分会失去激励的意义，长此以往，会退化成保健因素。形式主义的公平，会消磨员工的雄心与期许，因为他知道即使多做，回报也只得均分。所以激励一定要有所侧重，适当拉开档次，才会产生期望的效果。

4. *有制度就有效果*

一套科学有效的激励机制不是孤立的，应当与企业的一系列相关体制配合才能发挥作用。激励机制的存在并不一定能提高效率。其中，评估体系是激励的基础。

---

① 钟河．别让奖励成为"不甜的蜜"［J］．企业家信息，2004（2）：47．
② 佚名．激励员工十六妙法［J］．经理人内参，2005（14）：37．

有了准确的评估才能有针对性地进行激励。在激励实施过程中，一定要注意公平原则，让每个人都感到自己受到了公平对待。

激励机制必须传导至员工层面，受到其理解，得到其支持，方有可能产生期望的效果。莱宾斯坦提出的X效率理论认为，组织内部的效率取决于全体员工的努力水平。因此，企业需要创造一个能使员工感到是在为自己工作的环境，并使其认识到与其他人员合作的必要性，如此才能提高员工的努力水平，进而提高组织的效率。

（二）动机诱导

动机是一种激发、维持人们的某种行为，并将行为导向某一目标的内在心理活动过程。动机从本质上讲是一种内驱力，其产生的原因有两个方面：一为需要，二为刺激。

1. 培育需要

人的需求是积极性产生的心理基础。美国心理学家马斯洛（A. H. Maslow）的“需要层次理论”将需要排成了一个阶梯，笔者将其整理为表3－5。

表3－5 “需要层次理论”：理解与内容

需要层次	层次理解	需要内容
自我实现需要	职业发展、能力提升、新的责任、有意思的工作、晋升的前景	工作挑战性、创造性、晋升成就感、自主权、决策权
尊重需要	职位、被赏识、责任感、权利和成就	授权、奖励、责任、荣誉、上司和同事的认可
社交需要	工作中结交到朋友、被团队接受、在公司里的归属感	上司的关怀、友善的同事、和谐的团队、和睦的家庭
安全需要	同事间的信任带来精神上的安全和对未来的信心	福利、保险、工作保障
生理需要	良好的工作氛围带来的舒适、快乐和自信	薪金、住房、食堂、工作时间、工作环境

（来源：孙博整理，2007）

从员工层面看，随着员工生活水平的不断提高，其需求水平也不断提高，随之配套的激励水准亦需相应提高。比如，对应届毕业生最初的激励也许是帮助其解决温饱问题，有份不错的工作即能发挥此类员工的积极性，但当工作稳定后，员工需要的是培训、提高和发展。再如，对重视物质方面需求的员工，可以在物质方面给予更多的奖励；对物质条件充裕的员工，可以在精神上给予奖励；对事业心强的员工，可以给予其工作上更强力的支持。企业要在与员工一起成长的同时，了解其需要，并培育其需要的不断升级。

个人经历、家庭、性格及对未来期望不同，需求也会不一样，所以，提供激励不能“一刀切”。要了解员工心理活动的规律和过程，使采取的激励手段更具针对性，更富成效。有些需要可能永远不会满足，如荣誉、权利、自我发展等。工作本身可以间接满足员工需要，因为它可以带来心理和经济上的满足，而经济上的满足总是有限的。

激励要对症下药，要捕捉员工的真实需求；如何了解员工需要，是企业激励的前提。分析员工的工作动机，是最为基础的方法，但它往往更为抽象。可以采用问题清单法或问卷法加以探测，前者是客观探询，后者是主观探询。也可以采用变通的方法，如举行专门议题的会议，譬如员工抱怨会，让大家一吐工作中的不快，通过对抱怨的分析，同样能够探测到员工的隐性需要。了解到这些需要后，就可以有的放矢地进一步加以培育。

2. 提供刺激

如果说需要更多地取决于员工，那么刺激的主动权则由企业所掌控。譬如，为员工提供一份具有挑战性的工作就是很好的刺激。按部就班的工作或将消磨其斗志，期望员工有振奋表现，须使其工作富于挑战性。企业要指导员工在工作中成长，为他们提供学习新技能的机会。

成功的喜悦是企业乐于看到的刺激。不可忽视的是，挫折同样是功不可没的刺激。及时消除挫折带来的影响，并设置更为高远的目标，可以把员工从颓丧中解救出来，甚至可激发其更大的潜力。实践告诉我们，任何人采取行动的过程，难免要受到这样或那样的挫折。贝弗里奇曾说过，人们最出色的工作往往是处于逆境情况下做出的。挫折里面往往包含着强大的激励作用，对待挫折时树立正确的态度，在挫折面前采取正确行为，改变错误行为，企业就可以借员工的“冲冠一怒”把经营水平推向更高的层次。

个体行为取决于内部需要与环境的相互作用，员工的行为动力是内部力场和情境力场相互作用的结果。在群体内部，驱动力与遏制力往往同时存在。当二者相等时，便达到了一种均衡，它往往代表当时的生产水平。人们常说的“人心齐，泰山移”，体现的就是群体的这种互动作用。个体在凝聚力强的群体中会比单独行动时有更强的动机并被激发起更多的智慧。在凝聚力强的群体中，组织士气趋于高涨，这样的群体气氛对于从事高度的纪律性和合作精神的工作，能起到明显的增力作用。

（三）主体探究

本书从所有制形式切入，将激励主体粗略划分为国有企业（国企）、民营企业（民企）和外资企业（外企）。

1. 国企

作为经济社会的几朝重臣，国有企业在同民营企业、外资企业的竞争中已呈退让之势。固有机制往往成为创新的羁绊，相比其他所有制形式的企业抛出的重金引进、高薪聘任、柔性福利包等，国企对人才的激励显得力不从心。国企要行之有效地激发人才，就要走出自身的特色，单纯地比拼某一项资源，对任何一方都是不明智的。国企要对员工有吸引力，恐怕还要从其所谓的劣势入手，即其与国家、政府资源的一脉相承，因为这是其区别于其他所有制形式企业的标志性资源。只要从中发掘题材并精耕细作，国企依然可以魅力十足、独领风骚。

八一男子篮球队在中国篮球联赛（CBA）2006—2007 赛季的总决赛中发挥了团结协作的团队精神与顽强拼搏的战斗精神，最终以弱胜强，击败了明星云集的广东队，成功问鼎总冠军。这些冠军队员拿着其他球队队员几分之一的工资，却毫无怨言，在赛场上仍然爆发出惊人的战斗力——公平理论对他们几乎不起作用。八一篮球队 300 万元的夺冠奖金也远不及广东队的 600 万元，可是队员无怨无悔。虽然八一队在经济利益方面一向比不过地方俱乐部，但是在精神层面，他们获得的奖励则是其他俱乐部所不能比拟的。八一男篮时隔三年重夺 CBA 总冠军，解放军总政治部为其记集体一等功一次，中央军委也迅速跟进收集材料，在全军范围内掀起向八一男篮学习的热潮。

由这个例子再回到国企激励上来，思路就明晰多了：一方面，要以企业文化塑造员工的认同意识，即提高其精神层次；另一方面，要以得天独厚的背景优势，争取国家项目，以“国家队”的形象活跃于市场，突显“正规军”色彩，让员工感受到在国企工作是一件体面的事情。管理腐败现象在国企管理中居多，如能根除这个大毒瘤，许多员工还是愿意留在国企的。有学者认为管理层收购（MBO）是一种解决方式，但国企是一个庞大的标的，管理层的收购资金从何而来？难道要把国企“馈赠”给管理层吗？所以 MBO 至少还不能说是种很好的激励手段。国企虽不灵活但其稳定的福利机制给人以安全感，如果在此基础上向柔性化、市场化调整，则可望拴住更多人的心。

2. 民企

“激励”一词的迅速升温，与民营企业的迅猛发展不无关系。相对于国企，民营企业可以自由转让股份，天生拥有打造“金手铐”的充足资源。民营企业自身的优势，让很多激励模式都可以为其带来较大的推动。

在创业之初，民营企业很难有较多的现金奖励给激励对象，股份自然成为企业主的第一选择。通过这种方式，激励对象既是员工又是主人，企业和个人的利益被牢牢地捆绑在一起。如果是与独当一面的好手共同创业，可以个人出资的方式入股，这样不仅能使企业有更多的资金用于发展，也能使激励对象和企业实现风险共担、利益共享的双赢局面。而对企业发展非常重要的技术型人才，则按其贡献大小以技术持有人的方式入股。激励对象无偿得到股份，才能一心留在企业，并为增加股份价值付出更多的努力。

股权激励使激励对象拥有投资人与员工的双重身份，因此，它必然存在一定问题。一方面，刚创立的企业资产较少，激励对象往往能够获得较多股份，有了这些股份，激励对象在企业决策上自然要有发言权，这就会产生一个个体利益与企业利益博弈外显的问题。另一方面，在民企创业初期实施激励，约束机制较少，随着企业扩张，早期激励可能会妨碍企业的发展。鉴于这些问题，企业主需要把握好实施激励计划的时间段，确定激励对象的入股比例，明确激励的实施细则。①

3．外企

正所谓“靠山吃山，靠水吃水”，外企激励也应该以其自身的资金结构、来源背景为重点。诸如国外旅游、海外深造、英文培训等项目，外企可以信手拈来，着实令国企与民企汗颜，外企先进的科学技术、成熟的管理经验，令求职人员向往不已。

毋庸置疑，在外企工作的压力是很大的，这多源于外企的制度空间比国企和民企更为绵密，其对市场的感知与视域更宽广。由于管理思路不同，外企期望职员多些个性，不拘小节，有点野性，以及直言不讳，他们把这种人视作创新的化身。外企之所以表现出这样的差异是基于它有充分的“授权”理念，而这正是对员工的一种莫大的激励。国企员工处处不敢拍板，因为遇事都要请示、研究，文件中没有规定的事情就绝不敢越雷池半步。民企员工要强一些，但也常常电话追着老板以寻找行动的方向。外企的管理者则希望员工能够在自己的领域做出决定，而不是等待领导来做。只有做决策的时候，领导才能比技术人员起到更大的作用。这种“赋权”的激励方式造就了外企职员更为成熟的特征。

就用人来看，外企重潜力，民企重能力，国企则重资历。外企招人是为了明天而用。民企招人是为了今天而用，尤为看重员工当前的工作技能。② 国企可能招了人也不用，因此造成国企冗员畸多，包袱沉重。这也是有能力的人能够在外企迅速晋升的原因之一。这又透露出一个信息：外企对员工的职业生涯更为关心。这点无疑是受到员工欢迎的。这项持续性的激励，是值得其他企业借鉴与学习的。

（四）客体探究

本书将激励客体进行粗略划分，依员工工作性质分为销售类、管理类与技术类，并分别阐述。

1．销售类员工

销售类员工是顾客与企业的接触点，直接影响顾客对企业的认识。顾客很可能会把销售类员工视为一线员工，或者直白一点，就是所谓的“走卒”。这会让员工觉得很没面子，所以，应该赋予他们更多的权力，或至少授予其与尊贵的客户相称的职位以满足他们社交的需要。一定程度地放开职权不仅可以方便销售类员工的工作，而且可以增强顾客对其的信赖，这也利于销售类员工从公司利益最大化的角度来采取行动。

销售类员工的考评、薪酬往往和销售量联系在一起，这使得他们有时会为了自己的业绩而采取一些不利于企业发展的行为，这不但会损害公司利益，而且也不利于员工自身的职业生涯发展。因此，要注重提高销售类员工的素质和修养，在潜移

---

① 杨洋．民企的四种激励模式［EB/OL］．（2007-05-12）．http：//www.bizmap.cn/manage/salary/36649.html.

② 佚名．看外企怎样用人[J]．印制电路资讯，2005（3）：63.

默化中中向其灌输维护企业形象、一切从公司长远利益出发的理念。正确的职业理念会长期影响、激励员工行为，促使员工的职业生涯向健康积极的方向发展。

销售类员工一般长期奔波在外，不能很好地照顾家庭。为解决他们的后顾之忧，西方很多企业采取了为销售人员提供家庭服务的措施：为其家庭配备专门的工作服务人员，进行定期跟踪服务；设置专门的热线电话，以供员工的家庭成员发生困难时拨打。后顾之忧得以解除，员工自然会努力工作。

2. 管理类员工

管理类员工职权较大，在公司内有一定的自由空间，但是他们又迫切希望自己的努力和创新能够得到公司的认可。因此，公司应该为管理类员工提供股票期权，这不仅可以有效防止管理类员工的短视行为，而且还能激发其创新和冒险精神。

管理类员工的专业知识可能会有欠缺，需注重增加其相关领域的专业知识，并熟悉公司的内外关系和内外环境，以减少“外行管理内行”现象的发生，提高管理的认同度。再者，要强化向其输入企业文化，以其扩散的张力传承企业精神。

管理类员工接触面较广，所以更为在意自身形象，企业不妨多考虑为他们提供一些高层次的培训机会，内容可以不受管理类知识的限制。这不但能让员工因为自身形象的提升而受打动，而且会为企业管理的可持续发展带来潜在收益。

3. 技术类员工

技术类员工最希望得到的是公司技术上的支持，因为对于他们来说，最有成就感的事情莫过于成功地开发出新的项目或技术。因此，公司应该为技术部门提供一定的资金进行研究开发，尽可能提供有利的发展平台，并且当研发成功时及时兑现物质和精神的双重奖励。

技术类员工如果只是埋头钻研本专业，而不理会外界的变化，不仅可能钝化创新的触觉，而且会渐渐步入停滞期。因此，要尽量提供一些机会使他们能够与其他专业人员进行沟通和协调，培养他们及时了解市场需求的能力，借此进行研制与开发工作。

技术类员工往往是完美主义者，对工作非常认真，并会不断为自己制定新的挑战目标。因此，企业不应该再继续激发他们的工作斗志，相反，应该想方设法为其“减负”。例如，当技术部门成功完成一项程序设计时，企业可以给他们安排假期，提供充足的奖金让他们休息或旅游。这样不仅有利于技术类员工放松身心以便有充沛的精力再次投入工作，而且也可博得其亲友的好感与支持。①

（五）物质之外的激励

物质激励的内容包括工资奖金和各种福利。它是最基本的激励手段，因为获得更多的物质利益是普通员工的共同愿望，它满足员工的基本需要。同时，员工生活条件的改善，也影响着其社会地位、社会交往，甚至学习、文化娱乐等精神需要的

① 秦奋．核心员工差异性激励［EB/OL］．（2007－05－12）．http：//www.chinahrd.net/zhi_sk/jt_page.asp？articleID＝120029.

满足情况。有关林林总总的物质激励，相关文献已有大量阐述。物质之外，还有许多其他的激励途径。根据性质，可以将其分为成就激励、能力激励与环境激励。

1. 成就激励

随着社会的发展，人民生活水平的提高，越来越多的人在选择工作时已经不仅仅关注工资的多少。特别是对知识型员工而言，工作更多是为了获得一种成就感。成就激励是员工激励中一类非常重要的内容。根据作用不同，可以把成就激励分为六个方面。

（1）组织激励。

在组织制度中为员工参与管理提供方便，更容易激励员工提高工作的主动性。要明确详细的岗位职责和权力，让员工参与到制定工作目标的决策中来。哪怕是赋予其签字权，也可以卓显其职位的重要性，达到激励的目的。

（2）榜样激励。

群体中的每位成员都会吸收、学习他人的成功经验。优秀榜样的示范效应可以改善群体的工作风气。如设立明星员工奖——奖励创星级生产与服务标兵，可以体现劳有所得的成就感，对获奖员工本人和其他员工也是一种促进。

（3）荣誉激励。

为工作成绩突出的员工颁发荣誉称号，表示单位对其工作的认可，让员工知道自己是出类拔萃的，更能激发他们的工作热情。如用员工的名字命名其技术项目，就是对其的一种极大的肯定。

（4）绩效激励。

及时了解自己的绩效考评结果，有利于员工清醒地认识到自身的优势与不足。如果员工清楚管理者对其工作的评价，就会对他产生明确的激励作用。

（5）目标激励。

为员工设定一个具有挑战性的目标，可以激发员工的斗志，促使他们更为努力，进而出色地完成任务。这种工作目标挑战如果能结合一些物质激励，效果会更好。

（6）理想激励。

每位员工都有自己的理想，如果他发现自己的工作是在为理想而奋斗，就会焕发出无限的热情。管理者应该了解员工的理想，并努力将单位的目标与员工的理想结合起来，实现二者的共同发展。

2. 能力激励

每个人都有发展自己能力的需求，所以可以通过培训开发激励和工作内容激励来满足员工的需求。

（1）培训开发激励。

培训开发激励对青年人尤为有效。通过培训开发，可以提高员工实现目标的能力，为员工承担更大责任、更富挑战性的工作及晋升到更重要的岗位创造条件。把驾驶技术、脱产进修、出国考察等作为对优秀人才的奖励，可以架设起员工个人目标与组织目标的桥梁；把员工个人的职业发展纳入组织规划的轨道，会赢得员工不遗余力的贡献。

（2）工作内容激励。

这一方面是员工配置的问题，另一方面又是工作分析的问题。如果能让员工从事自己喜欢的工作，发挥其特长，就会产生激励效果。双向选择是令人满意的做法，自主选择是理想的做法。如果配置解决不了的话，拓展工作内容也会提高其满意度和工作效率。

3. 环境激励

员工到公司来上班，置身于企业环境长达八小时，优化工作环境是创新的基本保证。

（1）政策环境激励。

良好的规章制度往往被认为是对员工的约束，但如果严格执行的话，也会产生激励的作用。奖罚分明可以保证公平，而公平是员工的重要需求。如果员工认为其在平等、公平的单位工作，就会减少由于不公而产生的怨气，从而提高其工作效率。

（2）实体环境激励。

组织的实体环境，如社区位置、办公环境、办公设备等都可以影响员工的工作情绪。舒心惬意的实体环境，不仅可以提高办公效率，而且可以提升员工的工作生活质量，使其在工作中体验到一种幸福感与自豪感。①

（3）文化环境激励。

企业的文化环境，诸如企业追求财富及物质享受的态度和改变与冒险的观念、团队的合作精神、管理者的创新意识、领导与部下的沟通风格、企业对顾客的一贯价值体现、办公室文化甚至休闲娱乐文化，都在通过潜移默化之力使员工的心境发生改变。一个消极的文化环境，可以让员工逐渐沉沦；一个积极进取的文化环境，则可以让员工容光焕发、精神饱满地投入创新工作。

（六）激励六步走

激励员工，是项系统工程，需要环环相扣的连续动作的配合。

1. 点亮心扉

要让员工有创新行动，就要让其先有想法。员工对野心勃勃但空洞无物的战略感到厌倦：他们可能会对战略言论嗤之以鼻，把经理们初步的、模糊的构想和目标看作遥不可及的空中楼阁；他们也可能会对最新的战略调整报以冷笑。尽管可能并不甘于平凡，但无疑他们更喜欢熟悉的做事方式，而不愿意听一些夸夸其谈、宏伟壮观的计划。所以，激发其动力，行动心，就要从看得见、摸得着的地方开始。

只有通过把总体的目标分解成切实可行的步骤和任务，才会使员工的期许更为强烈。因此，清晰地传达目标和有效地分配任务是关键。管理者必须教会员工把自己平凡的工作和整个公司的发展方向及宏伟蓝图联系起来，把员工的日常工作和更

① 黄新宇．试论知识型员工的激励策略［J］．上海企业，2006（8）：57－59.

高的目标联系起来。每个人都有清晰的愿景才能把公司的整体目标变成现实。

2. 擦燃热情

只有想法并不够，把它变成行动还需要有热情加温。某职员可能无心工作，但一谈起摇滚乐却滔滔不绝。每个人都有自己真心喜爱的兴趣、嗜好、人、运动和活动，对其倾注的热情、精力甚至令本人都感到惊讶。管理者的任务就是发掘并释放员工潜藏的精力和热情。当员工在描述自己不寻常的成就以及各种兴趣爱好时（比如，到充满异国情调的地方旅游、训练年轻的运动员、在合唱团里唱歌、苦练某项绝技、成为某项运动高手、做义工、为自己的梦想而努力奋斗等），浑身上下都散发出无限的自信、狂热、激情。这时公司已经获得了足够多的信息——其热情是可以被激发的！如果管理者能够发现并按下这些人的热情之键，使这种精力集中在工作目标上，会怎么样呢？公司和员工将会得到丰厚的回报！

鼓励员工努力工作的一个秘诀是，通过制定和传达有价值的目标来创造一个共同理想，使员工体会到日常工作的内在意义、目的和乐趣。如果能够把工作目标和员工的个人特质“挂钩”，所得到的将是员工的热情。管理者必须饱含热情并令人信服地传达共同目标的信息。在传达信息时，他必须将员工的想象力与其目标相联系，如此驱动，“挂钩”才算成功。烦冗沉闷的规章、制度和程序难以使之驱动，风趣生动的语言可擦燃他们的热情。马丁·路德·金没有说他有一个战略，而是说：“我有一个梦想！”

3. 内挤外压

有了想法，有了热情，也就有了动力。然而员工方面的动力仍须由企业方面的适度压力来保证，从而实现完全意义上的互动。给员工以动力和压力，大的压力一定要与大的动力相配合。没有压力，企业无法发展，企业就是靠员工的压力产生绩效来发展的；但没有动力，员工也不会去承受压力。要注意的是，被激活的员工要有必要的规章制度来约束。所谓必要，就是在条件不成熟的时候，可以先不去设置。

激发员工，要动力，也要有压力，并且要有一定的规范。管理可谓一种残忍的艺术……一方面施加压力，另一方面要以组织文化来缓解。这是企业的目标使然，收放之间，组织目标达到了，员工也得到了锻炼与成长。

4. 示范效应

管理者的外在形象以及言行，都会给员工传达示范的信息。管理者的每一个动作、每一句话甚至每一次情绪的波动，都会被下属密切关注。更为严重的是，其被员工看作是公司里可以接受的行为和沟通方式的榜样。个别管理者的不良举止会因此变成其他人仿效的对象，从而对公司文化造成侵蚀。

21 世纪成功的领导力需要更多地依靠人际能力和高超的情商。管理者如果能够做到正直、坦率、勇敢、细心、热情、乐于挑战并且不墨守成规，组织与他本人都将受益无穷。因为这样的管理者魅力非凡，能循循善诱，吸引、鼓舞、引导、熏陶、激励员工达到成就的新高峰。

5. 释放权力

形形色色的激励手段，都是力图对员工在工作中的付出予以补偿。如果能够在工作中加入员工可控因素，即可收到事半功倍的效果。将权力让渡给员工甚至是顾客，就是一个解决思路。

成功的激励机制会从组织目标着手，实行分权管理，以促使组织效率提升。权力在手的员工可以应对市场变动而快速反应，满足顾客的同时可以收获工作中的成就与乐趣。放权会使一些领导者感到不快，类似顾客“拒付费”系统的做法就可以很好地解决这一问题。将权力交给顾客，使主管面临来自市场的压力而放权，公司就可以实现更长远的目标，并为了客户和公司的利益，不断地追求进步。

6. 持续保鲜

管理需要不断完善，人才需要持续激励。只有持续激励才能不断地调动员工的积极性与创造性，使企业充满活力与激情。有时，鼓舞员工很容易，但是要使他们的精力长久地集中在工作上却很困难。有些管理者善于激发热情和团队精神，有时却不懂得规划实现目标的具体步骤或者鼓励员工再接再厉。

诚然，提高工资和待遇是较为有效的激励方式。但如果使用不当，或配套措施不力，就会成为“短效”的激励方式。对企业而言，提高工资不仅会增加企业的人工成本，同时又可能助长部分员工“小富即安”的心理，成为企业助长惰性、扼杀创新的温床。在实践工作中，大家都有类似的体会，在待遇刚刚提高的较短时间内，员工的工作积极性高涨，但如果没有其他的配套激励措施，激励效果最长半年后便不再显现。① 因此，企业只有持续地开发员工的新需求，并实施持续激励的手段，才能使员工的工作激情鲜活长新，使企业充满生气。

（七）激励注意事项

激励员工，有六点仍须加以注意。

1. 提高工资待遇

薪酬是员工衡量自我价值的尺度，高出市场平均水平的薪酬，哪怕只有一点点，也会让员工感到企业对他们的器重，促其改善业务，以创新求发展。有些企业主往往把人工成本压得很低，其代价就是造成了更低的劳动产出率、更高的管理成本和更多的预算外赤字。再者，薪酬的及时发放是企业务必做到的，否则将直接影响员工士气，从而阻碍企业的创新进程。

2. 重视绩效回报

建立业绩导向的薪酬体系，重视奖效。以业绩决定薪酬水准和升迁奖罚，鼓励员工积极创造价值，并建立与公司分享价值创造、利润回报的氛围，对优秀人才实施倾斜激励政策。加大对人才的激励力度，就要提供与工作成绩和生产率挂钩的报

---

① NICKI KAVANAGH. 沟通：以激励促绩效［EB/OL］.（2005－06－01）. http：//ceconline. com/import_export－trading/ma/8800038835/02.

酬，如可以在原有的资金分红、带薪休假、职位升迁等方式中增加股票期权、知识股份，让员工的利益与企业命运更紧密地联系在一起。修改之后的《中华人民共和国公司法》将货币出资金额定为“不得低于公司注册资本的30%”，即包括智力资本在内的其他资本可以在公司股本中最高占到70%。这就为知识参与分配创造了广阔的空间，风险共担、利益共享的期股期权真正有了用武之地。

3. 保护知识产权

企业要注意保护包括内部知识产权在内的载体——人对其控制、转让和收益权的主张。目前，中国中小企业比较普遍的现象是，企业主总是倾向于把蛋糕先做大，然后再切分，殊不知分配不均将贻害无穷。要把利益机制、保护机制等游戏规则制定出来并切实执行，以保护知识资本投资的高收益，才能鼓励更多的创新与发明，发挥创新型员工对企业发展的推动作用。

4. 严格奖惩机制

奖励勇于创新、工作有成果，能提出和解决具体问题的员工，而非一味墨守成规、工作忙碌成效差、就事论事者。核实员工的绩效并具体化为其乐于接受的收益，对不能实现企业给定目标的员工，要适当施压，如逐期折减薪酬，促使其产生创新的动力。须注意到一点，企业这么做，不会影响创新型员工的权益。所谓的惩罚是对其即期表现做出的措施，其先前的创新贡献已固化为收益，如期权与股票分红。只有赏罚分明，才能真正做到奖勤罚懒，让企业时时都有进步，每刻都有创新。赛马场不分黑马、白马，市场面前企业与员工均是如此，否则，就会被无情的市场所淘汰!

5. 谨防管理洁癖

管理洁癖指对任何事情都插手干涉，纠正不符合主观完美标准的毛病。管理者热衷于对员工失误的指正，而不是花时间传授知识、技术和经验，让其高效地完成任务。员工由此可能会对工作质量毫不关心，因为他相信管理者事后会把它处理好。管理者往往说他已经掌握了激励和鼓舞员工的艺术，却每每发现员工仍然不能独立工作，原因可能就是管理洁癖。管理者都做了些什么呢？他们卷起袖子，为下属解决难题，结果管理者不仅尽了自己的责任，还把别人的工作也揽下了，成为救火队员与流动医生，接下了员工不愿意承担的分内责任。办公室里发生争执时，管理者经常被叫去做裁判，事后还要把肩膀给哭泣的人依靠。

消除管理洁癖，管理者要尝试改变自己的处事风格——员工在讨论问题时，不要过于匆忙地提供建议和解决方案，要帮助他们确定目标，为他们提供解决问题的方式方法，培养他们的信心；改变个体决定团队或部门所有事情的管理方式——不要任何事情都按管理者的想法来做，要给下属的工作留有空间。下属决定好的事情，不要频繁地做出修正，这样不仅会打击他们的自信心，而且会使他们索性把问题都留给管理者去处理。

6. 注重员工发展

知识经济时代，技术更新的速度不断加快。不创新，就会落后；有创新，但创新得慢，仍会落后！为抢夺创新制高点，企业之间人才的竞争趋于白热化，员工的自我发展意识、自我需要意识不断提高。吸引人才和留住人才，除了报酬激励外，更重要的是要给员工提供学习、培训与深造的机会，使其技能不断提高。企业的愿景再好再美，如果不能让员工看到希望，那也是失败的。

尽管员工的成功标准各有不同，但追求成功确是每一位员工的终极目标。因此，培训不仅是员工追逐的个人目标，是员工梦寐以求的福利享受，也是企业义不容辞的责任，更是当今企业激励员工颇为有效的手段。给员工成长的空间和发展的机会，是企业挖掘员工潜力，满足员工需求的重要表现。持续的培训也将持续地激励员工，并为企业创造更大价值。

第四节　外部利用

外部的变革、合作与竞争给予企业诸多机会，本书将其纳入“外部利用”。“外部利用”单独列出的原因，一方面是受到有关学者对企业管理内外划分的启示，另一方面也是拟突破人力资源管理的既有研究视域，以企业之外的无穷来激发企业自身的创新。

一、变革

变革可以提供创造新颖且与众不同的机会。变革在工作生活中俯拾皆是，可以说，许多成功的创新都是利用变革而达成的，一些重要的技术创新，如莱特兄弟发明的飞机等就是例证。也有相当多创新，看似平凡，但它们只不过是利用了变革而已。换个角度，变革因为受到扫描与利用，才使创新得以产生。[①]

（一）变革与创新

变革与创新是相伴而生的一对，创新从本质上说就是一种变革。市场本身就是变动着的，企业要借改革东风，从而推进企业创新。组织如果能巧妙地把握住稍纵即逝的变革机会，就可以成功地登上创新的阶梯。如果不能“升级”，企业就会被“换代”。为了不断壮大发展企业，就应定期给企业检查一下“身体”，换掉已经穿不下了的“衣服”“鞋子”。不变革，就死亡——企业管理亦应与时俱进。安于现状的结果只能是既不会赢得现在，又将输掉未来。销售理念百年的发展告诉我们，多么先进的技术也会有落后、被淘汰的一天，那种一劳永逸的期望与现实定然是格格不入的。需要注意的另一个问题就是要防止某些别有用心的人借变革之名，行私己之实——变革一定要基于企业利益，不应是肃清余党、重新瓜分的过程。新瓶装旧酒不是被期望与需要的变革。

---

① 孙博，李燕萍．创新导向的变革［J］．商业研究，2011（3）：92－97.

企业要有敏锐的嗅觉，去适应变革、迎接变革与推动变革。企业要密切监视外部市场变化，以获取创新动向；同时建立内部运营自稳机制，以适时推行改革举措。当然，这种变革不应是心血来潮的突发奇想——战略弹性本身应赋予变革的空间，这点是在制定战略时就要予以注意的。危险和恐惧往往使决策者举棋不定，难以下定变革的决心。甚至是在那些很注重分析和定量测量的组织中，成功的变革也多是由情感因素主导，而非思想因素。要使变革顺利进行，就要注意三点内容。

1. 打破旧框架

每个人都有自己的观点，而且已经形成的思想框架是很难打破的。当某件事情不符合固有的思想框架，人们就会排斥它。追求创新，就要打破员工的思想框架，促使他们接受变革，从公司的层面塑造对变革强烈的感性诉求是打破框架的一条可行之路。

2. 长短痛之恋

小范围、逐步的变革，并不会带来很大的效益，但它会使变革运行平稳。另一方面，平稳又可能意味着平庸，从而使变革失效。相反，大规模的、激进的变革能带来巨大的利益。当员工明显感受到益处的时候，他们就会强烈地呼吁彻底变革，而这样的风险无疑将更大。尽管长痛不如短痛，但是管理层与员工对变革的态度往往相左。要从战略方向上找原因，如果组织对激进变革没有预警、没有探测的话，就会引起微观层面的对峙，从而使变革进退维谷。

要传达某个概念或观念最有效的方式，莫过于让人们亲眼看到它实际运作的情形。在进行急剧性变革的情况下，让员工实地参观，亲眼看到不同的运作过程是较为有效的做法。

3. 全方位支持

既然要变革，就要给予支持。由高层领导发动的变革尤其要注意，如果变革没有得到员工方面的足够支持，就很难继续进行，从而招致反对。而由员工发动的变革则一定要说服高层领导，这样才会有足够的资源保证。企业选择变革时要顺势而为，无论是对外部变动的监测遴选，还是内部的推动执行。要把变革的愿景作为支持的原动力，而这个愿景要像战略目标体系一样能够涵盖企业各部门与层级，这样才会获得最大程度的支持。

（二）变革的理论模型

组织变革既是杀伤性比较强的一种变革模态，也是较具代表性的变革形式。它是一个复杂、动态的过程，管理心理学对此提出了行之有效的理论模型，适合不同类型的变革任务。其中影响最大的有：Lewin 变革模型、系统变革模型和 Kotter 变革模型等。

1. Lewin 变革模型

Lewin（1951）提出一个包含解冻、变革、再冻结三个步骤，有计划、有组织的变革模型，用以解释和指导如何发动、管理和稳定变革过程。

（1）解冻。这一步骤的焦点在于创设变革的动机。鼓励员工改变原有的行为模式和工作态度，采取新的适应组织战略发展的行为与态度。为了做到这点，一方面，需要对旧的行为与态度加以否定；另一方面，要使管理者与员工认识到变革的紧迫性。可以采用比较评估的办法，把本单位的总体情况、经营指标和业绩水平与其他优秀单位或竞争对手一一加以比较，找出差距和解冻的依据，帮助管理者与员工“解冻”现有态度和行为，使其迫切要求变革，愿意接受新的工作模式。此外，应注意营造一种开放的氛围和心理上的安全感，减少变革的心理障碍，提高变革成功的信心。

（2）变革。变革是一个学习过程，需要给管理者与员工提供新信息、新的行为模式和新的视角，指明变革方向，实施变革，进而形成新的行为和态度。这一步骤中，应该注意为新的工作态度和行为树立榜样，采用角色模范、导师指导、专家演讲、群体培训等多种途径。Lewin 认为，变革是认知的过程，获得新的概念和信息使变革得以完成。

（3）再冻结。在再冻结阶段，利用必要的强化手段使新的态度与行为固定下来，使组织变革处于稳定状态。为了确保组织变革的稳定性，需要注意使干部员工有机会尝试和检验新的态度与行为，并及时给予正面的强化。同时，加强群体变革行为的稳定性，促使其形成稳定持久的群体行为规范。

Lewin 变革模型是有关变革的经典理论，其“解冻、变革、再冻结”的观点对学界有着深远的影响。但是在技术更迭显现加速趋势的信息时代，变革有方向多维与周期趋短的发展态势，这不免令管理者在使用四平八稳的 Lewin 变革模型处理知识经济变革时有些力不从心。

2．系统变革模型

系统变革模型是在更大的范围里解释组织变革过程中各种变量之间的相互联系和相互影响。这个模型包括输入、变革元素和输出三个部分。

（1）输入。输入部分包括内部的强点和弱项及外部的机会和威胁，其基本构架则是组织的使命、愿景和相应的战略规划。企业组织用使命表示其存在的理由；愿景是描述组织追求的长远目标；战略规划则是为实现长远目标而制订的有计划变革的行动方案。

（2）变革元素。变革元素包括目标、人员、社会、方法和组织体制等元素。这些元素相互制约、相互影响，组织需要根据战略规划组合相应的变革元素，实现变革目标。

（3）输出。输出部分包括变革的结果。根据组织战略规划，从组织、部门群体、个体三个层面，增强组织整体效能。

系统变革模型把变革视作对组织的加工，其目标为提高组织的整体效能。由于引入了系统的观点，该理论显得更为严谨，对变革要件，即要素之间的关联，更为注重战略层面的统合。

3．Kotter 变革模型

领导研究与变革管理专家 Kotter 认为，组织变革失败往往是由于高层管理部门犯了以下错误：没有建立变革需求的紧迫感；没有创设负责变革过程管理的有力指导小组；没有确立指导变革过程的愿景，并开展有效的沟通；没有系统的计划，以获取短期利益；没有对组织文化变革加以明确定位等。Kotter 为此提出了指导组织变革规范发展的八个步骤：建立紧迫感；创设指导联盟；开发愿景与战略；沟通变革愿景；实施授权行动；巩固短期得益；推动组织变革；定位文化途径。

Kotter 的研究表明，成功的组织变革有 70% ~90% 是由于变革领导而具有成效，还有 10% ~30% 是由于管理部门的努力。由此可见，对变革的推动，无论来自于哪一方，只要它是单方面的，就难以贯彻始终。所以，该理论给我们的启示是：对变革的支持须是全方位的。

4. Bass 的观点和 Bennis 的模型

管理心理学家 Bass 认为，按传统方式以生产率或利润等指标来评价组织是不够的，组织效能必须反映组织对于成员的价值和组织对于社会的价值。他认为评价一个组织应该有三方面要求：①生产效益、所获利润和自我维持的程度；②对于组织成员有价值的程度；③组织及其成员对社会有价值的程度。

Bennis 则提出，有关组织效能判断的标准，应该是组织对变革的适应能力。当今组织面临的主要挑战，是能否对变化中的环境条件做出迅速反应和积极适应外界的竞争压力。组织成功的关键是能在变革环境中生存和适应，而要做到这一点，必须有一种科学的精神和态度。适应能力、问题分析能力和实践检验能力是反映组织效能的主要内容。在此基础上，Bennis 提出有效与健康组织的标准：①环境适应能力：解决问题和灵活应付环境变化的能力；②自我识别能力：组织真正了解自身的能力，包括组织性质、组织目标、组织成员对目标理解和拥护的程度、目标程序等；③现实检验能力：准确觉察和解释现实环境的能力，尤其是敏锐而正确地掌握与组织功能密切相关因素的能力；④协调整合能力：协调组织内各部门工作和解决部门冲突的能力，以及整合组织目标与个人需求的能力。

基于 Bass 的观点和 Bennis 的模型，适应能力的存在与否成为人员或组织能否正常发展的瓶颈问题，这理应是人力资源管理人员所关心的问题，它也恰恰是当前人力资源管理的盲区。

5. Kast 的组织变革过程模型

Kast 提出了组织变革过程的六个步骤：①审视状态：对组织内外环境现状进行回顾、反省、评价、研究；②觉察问题：识别组织中存在的问题，确定组织变革需要；③辨明差距：找出现状与所希望状态之间的差距，分析存在的问题；④设计方法：提出和评定多种备择方案，经过讨论和绩效测量，做出选择；⑤实行变革：根据所选方法及行动方案，实施变革行动；⑥反馈效果：评价效果，实行反馈。若有问题，再次循环此过程。

6. Schein 的适应循环模型

Schein 认为组织变革是一个适应循环的过程，一般分为六个步骤：①洞察内部环境及外部环境中产生的变化；②向组织中有关部门提供有关变革的确切信息；

③根据输入的情报数据改变组织内部的生产过程；④减少或控制因变革而产生的负面作用；⑤输出变革形成的新产品及新成果等；⑥经过反馈，进一步观察外部环境状态与内部环境的一致程度，评定变革的结果。上述步骤与方法和 Kast 主张的步骤和方法比较相似。所不同的是，Schein 比较重视管理信息的传递过程，并指出了解决每个过程出现困难的方法。①

与其说 Kast 和 Schein 提出了两个变革模型，不如说他们丰富了变革的运作技术——因为他们更多的是在操作层面探讨变革的实施。

（三）变革动力

组织变革的动力来自各方面，不仅来自组织外部，而且来自组织内部。

1. 外部动力

组织变革的外部环境动力包含政治、经济、文化、技术、市场等方面的各种因素和压力，其中与变革动力密切相关的有三个方面。

（1）社会政治。

政府的经济政策、企业改革、发展战略和创新思路等社会政治因素，对各类组织形成强大的变革推动力。国有企业转制、外资企业竞争、各种宏观管理体制改革、加入“世贸”和开发西部地区等，都成为组织变革的推动力。个人所得税的几度调整，《中华人民共和国劳动合同法》的全面实施，均使得企业闻风而动。知名企业员工辞职、轻生等事件喧嚣一时，且不问其效果如何，鼓动企业创新的正是法律层面的调整。

（2）技术发展。

机械化、自动化、信息化，特别是计算机技术对于组织管理产生的广泛影响，成为组织变革的推动力。随着高新技术的发展，计算机数控、计算机辅助设计、计算机集成制造以及网络技术等对组织的结构、体制、群体管理和社会心理系统等提出了变革的要求。尤其是，网络系统的应用明显缩短了管理的时间和距离，电子商务创造了新的商业机会，也迫使企业领导人重新思考组织的构架和对员工胜任力的要求，知识管理一跃成为管理的重点。电子政务的推行改变了企业与政府部门的接触方式，公共管理的变革与工商管理的创新互动伴生，进而拾级而上。E-learning 和 E-teaching 把企业的员工培训带入一个崭新的境界。

（3）市场竞争。

全球化经济加速形成新的伙伴关系、战略联盟和竞争格局，迫使企业改变原有的经营与竞争方式。国内市场竞争也日趋激烈，劳务市场正在发生深刻的变革，使得企业为提高竞争力而加快了重组步伐，辅以大量的裁员和并购。除技术人才之外，管理人才日益成为竞争的焦点。博弈举措的选择，往往取决于对竞争对手策略与竞争态势的综合权衡。这就使得企业的创新更趋动态性，同时也更显复杂。“以不变应万变”虽仍有一定的参考价值，但极有可能置企业于不利的境地。

---

① 王重鸣．管理心理学［M］．北京：人民教育出版社，2000：392－408.

2. 内部动力

组织变革的内部推动力包括组织结构、人员素质和经营决策等方面的因素。

（1）组织再造。

组织变革的重要内部推动力是组织结构。由于外部的动力带来组织的兼并与重组，或者因为资本层面的战略调整，要求对组织结构加以改造，也就是组织再造。这样往往还会影响到整个组织的管理程序和工作流程。具体一点，就体现为权力的再分配。这种调整，可能是机构、人员间的再分配，也可能是内部、外部与人机之间的再分配。随着信息技术的迅猛发展，虚拟团队管理对组织变革提出了更新的要求。

在变革过程中，人员要重新组合：有些人必须要转调部门，有些人可能要更换工作地点——这些都会影响到员工的心态，所以内部互动要先于外部利用，大家取得共识，明确未来的发展方向，使得企业对变革在战略上有所把握，在战术上与之应和，求得最佳的变革与创新效果。

（2）素质开发。

由于劳动人事制度改革不断深入，员工来源和技能背景构成更为多元化，企业组织需要更为有效的人力资源管理。求同存异无疑是组织面对多元化改革的明智举措。当然，除却求同，如何利用差异与多元为组织提供独特的竞争优势，也应是决策者求新、求变的原始素材。通过对组织成员进行多层次的培训、开发，对员工不断进行积极的挖潜，期望的创新即可通过此种变革达成。

有些学者做过相关的调查，结果显示，年龄在45岁以上的员工对计算机与信息的使用能力是缺乏的。45岁是所谓的中高年龄，这类年龄的人群也是常常要被企业资遣的对象。毋庸置疑，计算机信息化已经深入人心且是大势所趋，如果仍然抱残守缺、不去认真面对的话，员工的危机就可能产生。在对整个组织变革进行规划时，必须要在外部利用之前先实施内部互动，要求员工做一个调整，让其在心态上能接受，并乐于去改革。为落实企业变革，要让员工清楚地了解公司现时的情况。每一季度主管报告业绩，让大家探讨需要努力的方向。目的是要让员工知道外面环境变化如何，本行业现在究竟怎样。不要再醉生梦死，而要积极应对。在融入世界经济格局之后，有多少企业能够抵挡得了洋枪洋炮？未来人力资源管理对于这方面，必须要去了解与体会。随着各种不同产业的逐步对外开放，当洋枪洋炮进来之后，我们的抵抗力将会如何？所以人员素质的重要性必须得以重视。届时就是淘汰赛，适者生存，这是非常残酷的事情！

（3）管理铁律。

管理的惰性或惯性会阻碍、压制变革的发展，但它并不代表管理的全部。管理无疑应该成为组织变革的推动力。为了保证组织战略的实现，需要对企业组织的任务做出有效的预测、计划，组织成员齐心协力去接近愿景，并采取有效措施进行测控与纠偏。这些管理活动是组织变革的必要基础和条件。

从企业生命周期的角度来看，企业势必要跨越若干变革节点，历经不同的运营阶段。一成不变的模式对于企业自身来说，定然是难以接受的。正所谓“创业难，守业更难”，要延续企业的生命周期，提高企业生存质量，就要再创业，用变革去推动创新，用创新去赢得市场。

（4）思变意识。

各类企业组织日益注重团队建设和目标价值观的更新，这种精神层面的追求形成了组织变革的一种新的推动力。组织成员的士气、动机、态度、行为等的改变，尤其是危机意识的作用，都在潜移默化地推动着变革的进行。

人力资源管理从某种程度上讲就是变革的促进者，为什么是变革的促进者呢？因为现时与将来的环境是随时都在变化的，而且有加速的趋势。既然变化得那么快，在产生变化的过程中，人力资源管理部门扮演什么角色呢？答案应该是促进者，人事部门要负责润滑变革的过程，使其顺利发展，保证所有员工都接受训练并与变革一同成长。如果整个变革过程中没有任何所谓的训练、发展、成长，那么它很可能只是徒有其表的变革，结果只有失败，企业及其员工也难以从变革中受益。通过教育训练和互动学习，让企业主了解外面的世界，部门主管也知道外界的环境变动要如何去应对，让员工知道外面的世界已经让其不得不逼自己不断地成长。员工一旦缺乏思变的意识，或者说其成为公司“不动产”的时候，就非常危险了。所以企业要有意识地让员工感受到这种意识，要借助变革达到实现变革的目的。事实上，这个危机并非是虚拟的。“爱多生病了，秦池醉倒了，三株枯萎了，小霸王别姬了，巨人倒下了；飞龙变地龙，首富变首骗。”① 这是中国企业短命的悲哀。危机无处不在，如果没有变革意识，则只有悔之晚矣。

3. 变革阻力

组织变革作为战略发展的重要途径，总是伴随着不确定性和风险，并且会遇到各种抵制诱因。常见的组织变革阻力可以分为五类。

（1）管理惰性。

在组织变革中，管理惰性或惯性是形成变革阻力的主要因素。这是指随着组织年龄的增长，往往有保持其稳定性的倾向，这将促使其反对变革，在面临变革形势时表现得比较刻板、缺乏灵活性，难以适应环境的要求或者内部的变革需求。组织中的绝大多数人都是在昨天的组织中成长起来的，他们的期望、态度和价值观都是在早期形成的。他们一般倾向于把昨天的经验强加于现在，把组织以前所发生的事看作是常规，对任何一种不合常规的事都会持强烈的反对态度。组织中具有创新精神的管理者可能会被具有保守倾向的管理人员压制，使得组织失去创新型人才。这种变革阻力严重制约着组织变革。组织内部建立起来的制度化规则有增多的趋势，这些规则约束了组织对环境的反应，限制了组织变革。诸如内部体制不顺、决策程序不良、职能焦点狭窄、层峰结构和陈旧文化出现等，都会激化与放大管理惰性。②

（2）群体内聚。

组织变革的阻力还会来自群体方面，体现为群体规范或群体内聚力。群体规范

---

① 温元凯．中国企业怎样才可持续发展？[J]．北京经济瞭望，2000（2）：24－27.

② 郑美群．组织变革与发展［EB/OL］.（2006－04－18）．http：//hhh. nenu. edu. cn/upload/2006411223842609. doc.

具有层次性，边缘规范比较容易改变，而核心规范由于包含着群体的认同，难以变化。规范的存在孵化了群体的内聚力，内聚力高的群体往往不容易接受组织变革。Lewin 的研究表明，当推动群体变革的力和抑制群体变革的力之间的平衡被打破时，也就形成了组织变革。不平衡状况“解冻”了原有模式，群体在新的与以前不同的平衡水平上重新“冻结”。[①]

（3）利益维护。

人们往往由于担心组织变革后果而抵制变革，其中尤以既得利益者的反对为甚。变革会威胁到一些成员为取得现状所做的投资，这些人对现有体制所做的投资越多，他们反对变革的阻力就越大。因为他们担心失去现有的地位、收入、权力和个人便利等。在组织变革中，人们需要从熟悉、稳定和具有安全感的工作任务，转向不确定性较高的变革，其“职业认同”受到影响，产生对组织变革的抵制。既得利益者感到变革会影响他们在企业组织中的地位，或者担心变革会影响自己的收入。即便不是既得利益者，也会由于个性特征、职业保障、信任关系、职业习惯等方面的原因，产生对变革的抵制。

（4）避险思维。

组织变革将使已知的东西变得模糊不清并具有不确定性，导致变革风险。组织及组织中的人都有理性避险的倾向，趋利避险作为一种常态思维，可能会使组织变革受到抵触。在变革初期被引入时，几乎都要经历一个或长或短的“回避期”。不成功的变革在这个阶段就会遭到夭折。管理人员大多面临着同样的矛盾——在任期内要平衡短期效益与长期战略要求，即所谓的远视与短视。因为业绩欠佳而提前离职，是经理人员的“近忧”；公司经营状况的根本扭转与提升，则是经理人员的“远虑”。任期不定、股东对企业的积极关注、董事会对企业决策的参与增加，要求经理要么有业绩，要么离职。这样往往导致经理会产生不利于企业价值增长的短视与避险的想法。因为他们被期望于在双重环境下工作：一方面要领导企业、制定方向、做出重大决策；另一方面还要继续接受监察和表现审查，而求稳心态无疑是上任者或在任者所钟爱的。[②]

（5）缺乏保护。

组织变革本身是一种社会发明，尤其是那些解决组织管理中一般性问题的组织变革更是如此。这也更突显了它的致命伤，即它可以轻易被移植而无须像工业产权那样受到有效的保护。这就助长了多数企业的搭车心理：与其殚精竭虑谋求变革与创新，不如加强商业间谍与业界扫描，享受同业领袖企业率先变革所带来的免费“午餐”。组织变革从来没有像技术创新那样得到严格的保护，是一种没有专利权的社会发明。一项组织创新成果可以被其他组织无偿复制与使用，这就使组织失去了变革与创新的动力。这样发展的终极结果可能是，包括领袖企业在内的所有企业都对组织变革失去动力，而进一步阻碍变革的实现。

---

① 关培兰．组织行为学［M］．武汉：武汉大学出版社，2008：381－383.

② 徐建华．以系统思维推进集团的组织变革［J］．中国企业家，2005（22）：85.

4. 推进变革

要推进变革在组织内的实施，就要设计若干有效的途径，以克服对组织变革的抵制或阻力。

（1）参与和投入。

人们只有在觉得自己是局外人时，也就是未经同意将任务或责任强加于他们身上时，他们才会抗拒变革。因为管理层的单方面启动而突然制造对立的气氛，促使组织变革成为必须强迫员工接受的做法。管理层习惯于关起门来做决策，不征求将受其影响的员工的意见，却强制员工必须改变行为。如此势必激发矛盾、延缓变革。人们对某事的参与程度越大，就越会承担工作责任，支持工作的进程。因此，当有关人员能够参与有关变革的设计讨论时，他们会认为此变革将由他们自己促成，抵制变革的情况就会明显减少。让参与变革者能参与共同的组织诊断，以使他们同意变革的基本内容，并感受其重要性。吸收持反对意见者参与决策可以使变革决策更为科学并能减小后期执行的阻力。参与和投入方法在管理人员所得信息不充分或者岗位权力较弱时使用比较有效，但是这种方法常常较为费时，在变革计划不充分时，有一定风险。

（2）教育和沟通。

加强教育和沟通，是减缓组织变革阻力的有效途径。通过教育和沟通，使变革计划所依据的价值观念和理性准则为参与变革者所熟悉和理解。利益的维护与对传统的偏好固然可以被理解，但是若仅建立在有限瓜分的基础上，则于企业无益。情报数据的分享不仅带来相同的认识，增进企业成员的宏观理念，而且可使群体成员形成一定的责任感。在组织变革中加强培训和信息交流，既有利于及时实施变革的各个步骤，也有利于决策者及时发现实施中产生的新问题、新情况，获得有效的反馈。这样才能随时排除变革过程中遇到的抵制和障碍。使变革的赞成者与反对者增进交流，了解反对的正当理由，并设法削减不必要的恐惧。企业在推行变革时要认识并考虑到创新可能被误解，所以要做好变革计划的信息反馈与宣传解释工作。与员工沟通，使其了解变革的缘由。通过个别会谈、备忘录、小组讨论或报告会等形式教育员工。组织可以考虑以某种对价来换取阻力的减少，这种策略适合在变革阻力来源于不良沟通或误解时使用，在阻力来自少数有影响力的人物时它更是首选。

（3）时间和进程。

即使不存在对变革的抵制，也需要时间来完成变革。管理者与员工需要时间去适应新的制度，排除障碍。如果领导觉得不耐烦，加快速度推行变革，对下级会产生一种压迫感，使其自动生发抵触情绪。因此，管理部门和领导者需要清楚地懂得人际关系影响着变革的速度。即便是最激进的变革也不可能一蹴而就，企望变革的一步到位只会是一厢情愿。无论是“冻结”还是“解冻”，都需要时间。变革推动者如果认为它像“换挡”“断电”一样简单，就很有可能会使其滋生一些额外的阻力。所以，注重变革的时间和进程，事实上是在避免阻力与抵触，使变革管理的运作更加有序。在实施中一定要注意不要退化成四平八稳的程式变革，因为它不是实质上的变革。

（4）促进和支持。

群体内聚可以阻碍变革，运用变革的“群体动力学”，同样可以推动变革。这里包括创造强烈的群体归属感，设置群体共同目标，“解铃还须系铃人”——在群体规范的层面上培育变革的土壤，建立关键成员威信，改变成员态度、价值观和行为等。变革方案必须得到高层管理者的全力支持。员工方面，要提供一系列支持性措施，如员工心理咨询和治疗、新技能培训以及短期的付薪休假等。这种方法需要时间，花费也较大，在员工由于心理调整不良而产生抵触情绪时使用比较有效。①

（5）兴趣和利益。

变革计划所提供的新经验会引起变革参与者的兴趣，明确变革愿景使参与者认为此变革将减少而不是增加他们的负担。变革计划要尽量照顾到善后工作，使员工感觉到他们的自主权与安全没有受到威胁。变革并非是要剥夺某些人的利益，而是要将集体的利益最大化。这样，有了利益基石做保证，变革的阻力就会减小。但这种方法如被错误地使用，会加大成本，因为未得利益者如果转化为既得利益者，他们可能会对变革本身不再关心。所以，组织在切分利益时，不可做无条件的保证，必须将其建立在变革成功的基石之上。

（6）维护和保密。

管理变革难以获得工业产权方面的保障是不争的事实，因为迄今为止，尚未有一国法律赋予其此项权利。对变革成果的呵护应是企业行为，适当的保密、加密是必要的。但是期望将企业庞杂的事务与外界隔离，是万万不能也是不可能做到的。那么，对于变革成果的维护就应突破保密的思维。一方面，要加强成果管理工作，将变革成果以适当形式固化并加以维护。如将成果整理撰写为学术论文，再以相应的版权作为载体，如此，既可达到企业宣传的目的，又可在一定程度上维护企业的利益。对于此种变革，企业大可不必深究“泄密”与否，能够成为业界的标杆，已是一种至高的荣誉。另一方面，为营造独特的竞争优势，企业在创新设计与实施时，一定要注重特色创新。这样的成果就会是他人学不去、带不走的财产，企业也就无“泄密”之忧了。

二、合作

市场经济是竞争经济，也是合作经济。没有竞争就没有合作，没有合作就没有活力。但没有合作，竞争也将无从谈起。企业创新能力的提升是一种积累过程，其中，学习活动是获得能力的主要途径。这种学习可以来自企业与相关方的合作。企业不仅在自身的实践过程中进行学习，还可向用户以及供应商学习，甚至向竞争对手学习。企业的合作伙伴也可从不同角度加以划分，从而明确合作与学习方略。而企业之间的相互合作与学习无疑将有利于提高各方的创新能力。当产业价值链上的

---

① 佚名．组织变革与组织发展［EB/OL］．（2008－12－02）．http：//www.hezhici.com/sort/xinlizhishi/2008－12/2/11554339_12.html.

每个环节都可能成为创新的源泉时，企业之间的密切合作必然会促进创新绩效的提高。

传统的企业竞争方式和竞争观念是以邻为壑的，处处可见地方保护、市场分割。而在交战中击垮对手其实并非理想的结局，“双赢”的协同效应才是竞争的最高境界。所谓“自古知兵非好战”，在市场角逐中不仅要学会竞争，更要学会合作。随着市场竞争程度的不断加剧，每个企业必须建立核心竞争力。新经济时代的竞争法则是以合作方式共享资源，而不是以竞争方式掠夺资源。任何一个企业都无法在其所涉及的技术领域持续保持领先水平，即便是那些大型的跨国公司。迅速增长的战略联盟就是一个例证。为了保持竞争力，企业必须寻求越来越多的合作，通过将参与合作企业的能力加以整合，以达到加快创新的目的。① 为了生存，企业必须首先学会合作和彼此信赖，为竞争而合作，靠合作来竞争，树立合作与竞争的长远思想和新观念。

（一）与强势企业合作：战略联盟

战略联盟，是指两个或两个以上的企业为了实现自己在某个时期的战略目标，通过合作协议的方式结成松散的联合体，从而实现资源互补、风险共担、利益共享。组建战略联盟的基本出发点是弥补单个企业战略资源的有限性。任何企业，无论是大企业还是小企业，总会在一定的时间或一定的区域受到自身资源有限的束缚，而组建战略联盟可以拓展企业可配置资源的范围，实现优势互补，产生更大的综合优势。因而战略联盟是众多企业提高竞争力的有效选择。由于小企业自身的劣势，战略联盟就更为必要。除却国内大企业，更要重视与国外跨国公司的战略联盟，参与国际分工体系，学习跨国公司的先进技术和管理知识，从而提高自己的国际竞争力。

与强势企业相比，普通企业虽然可能更富创新性，但在创新能力方面处于明显的劣势地位。由于规模较小，绝大多数普通企业无法像强势企业那样雇用高素质的研究开发人员，企业内通常也缺乏专门的信息收集、分析机构。② 随着技术进步的速度加快，除高新技术中的小企业外，传统产业中的普通企业依靠自身的力量越来越难以跟上技术发展的步伐。在此推荐两种国外做法，供企业参考。

1. 人才使用委托制

有时，公司无法采取有效的措施留住某位或某类员工，这时公司可以考虑换一种思路，同样可以达到用人的目的。比如，目前极为紧缺的是信息技术人员，企业往往很难留住这类重要人才。对此，有些企业决定委托其他企业完成信息技术工作任务，而不是尽力留住本企业的有关人员。如美国摩根公司（J. P. Morgan）与几个信息技术公司建立顶峰联盟（Pinnacle Alliance），由联合公司管理摩根的信息技术业务活动。摩根公司发现，解决棘手的人才紧缺问题最好的方法是委托其他企业完

① 梁志文．和合管理新探［J］．中国公共卫生管理，2004（5）：431－432.

② 郭金林．论网络经济时代的企业战略创新对组织结构变革的影响［J］．长沙理工大学学报（社会科学版），2005（3）：62－64.

成本企业很难做好的工作。

2. 跨行业间的人才使用

美国密歇根州瀑布工程公司是一个塑料配件制造公司。该公司与当地的汉堡大王快餐馆合作招聘员工。如果求职人员缺乏瀑布工程公司生产工作必需的技能，却符合汉堡大王快餐馆的招聘标准，就由瀑布工程公司推荐这类员工，汉堡大王快餐馆的员工也有调入瀑布工程公司的机会。这样做，即使汉堡大王快餐馆更能吸引求职人员，也为瀑布工程公司提供了可靠的潜在员工。此外，他们也为员工创造了跨行业发展的机会。①

（二）与弱势企业合作：游戏规则

一流企业做标准，二流企业做产品，三流企业才做市场。对弱势企业肃清其市场份额的做法并非上策。领先企业如果能在技术或标准上对市场进行影响，就会欣慰地面对弱势企业的茁壮成长。尽管游戏规则多是一些法则和惯例，但其中的某些部分依然可以做合理的改变。游戏规则可以揭示通往新机遇的道路，因而能激发创造性。它强调改变游戏，促使企业向前看。它想方设法把馅饼做得更大，使企业更有利可图，也更可获得满足感。它挑战现状，指出一切都可以采取不同的方式，从而做得更好。

有了游戏规则在其中穿针引线，才会把“蛋糕”做得更大。需要注意的就是要严格、细化流程技术指标，集中精力于标准的制定与工艺的完善。把对员工的考核方案应用于合作企业，对协作厂家实行绩效评估体系与筛选更新机制。当市场发生变化，对产品和服务提出新的要求时，可以迅速吸纳新的协作企业，调整原有的协作伙伴。

这种外部考核类似于对内部一个部门的考核，只不过所谓的“德”与“能”等指标在这里失去了意义，业绩成了考核的核心指标。当然，对合作单位的技术咨询或指导也是本企业的责任，但是其焦点还是侧重于对绩效的考核。而对特许经营这种特殊形式的合作，就特别强调对合作单位人员的培训，把本企业的经验技术原汁原味地传授给特许经营人，同时注意核心技术的保密。

（三）与芳邻合作：产业集群

当企业在地缘上聚集后，可以沿着生产链进行深度分工，其结果是每个企业都有可能获得单独生产无法获得的规模经济。企业还可以通过合作，联合投资建设公共基础设施，以解决单独投资时面临的经济问题。此外，产业集群的形成将能够吸引大量的供应商和用户，并且形成专业人才市场。产业集群的形成，为政府对企业的政策援助提出更加明确的要求，有助于政策部门针对特定产业发展的需要制订专门的计划，创造适宜于产业发展所需要的环境和条件。从企业和大学、培训机构之间的关系来看，产业集群的发展必然会诱导与产业集群相关的研究开发活动和专门

① 何显威．虚拟企业合作伙伴的管理［J］．中国经济评论，2006（3）：62－63.

人才培养的扩大，从而为集群的进一步发展提供外部知识资源。①

产业集群化发展在选址时即应加以注意。因为它主要体现为地域集群。所谓地域集群，是指以地域为中心（可以是都市、城镇），大量同行业企业有机集中而形成的集合。地域集群，不仅是企业的简单聚合，而且可以形成大量相互联系的企业有机体，通过地域集中扩大企业的专业能力，弥补单个企业规模小的劣势。为了能够先人一步，在企业组建设立之际就要对选址有所考虑。

产业集群并非仅仅是大量企业的简单聚集，更重要的是在这些企业之间形成密切合作的关系。通过建立长期合作关系，将进一步促进企业之间深度的专业化分工。分工与合作互为条件，最终实现提高整个区域竞争力的目标。从根本上讲，发展产业集群可以提升区域的整体竞争力。虽然集群内部的企业在单个意义上而言并非有较大的市场影响力。但若所有的企业都按专业化原则构建核心竞争力，将这些核心竞争力进行整合后，就将获得整体大于局部之和的协同效应。

（四）与上下游产业链合作：外包

现代企业的竞争已经很少是单个产品性价比的竞争，也不再是纯粹的企业之间的个别比拼，而往往是企业群组织能力的竞争。因此，衡量现代企业综合竞争力最具说服力的指标之一，是一家企业拥有的第三方上下游产业链合作伙伴的数量和竞争力。传统企业强调内部的优化管理，而流程管理平台绝非仅是搭建企业内部平台，而是建立所有利益相关体的共同平台。企业不仅要管理好自身，还要管理好其利益相关群体。在全球化的背景下，一个企业的所有利益共同体，就是“一个全球化的社区”。企业不能仅满足于独善其身，还要谋求领袖群伦之道。譬如和中间批发商一起制订合作营销方案，共同设计出对双方都有促销作用的系列营销活动，广泛采纳意见，使得经销商按顾客需要设计广告，互利互惠，共存共荣。这种合作双赢战略把目标对准终端消费者，使得产品适销对路；在增加市场销售的同时，使得销售渠道起到良好的中介与润滑作用，同时可反馈大量的市场信息。

在此着重介绍外包。外包即资源外取，就是企业从事自己最精熟的业务（扬己之长），把其他工作外包给能做好这些事情的专业组织去做（避己之短）。

1．外包

所谓“术业有专攻”，企业在市场中的运作不可能贯穿整个价值链从而实现“大包大揽”，通常的情况是仅在其中一个或几个环节中“精雕细琢”。这时，外包就成为企业不错的选择——面面俱到的话创新难度势必增加。保留技术性、创新性强的业务，把创新人才用在刀刃上，在狭窄领域内精耕细作，创新就更有可能实现。将辅助业务或管理部门推向市场，寻求外部的支持，一方面，可以把风险外部化，另一方面，有助于企业集中精力于关键业务，取得创新成果。同时也可以保证企业与市场的互动，监视行业趋势与技术发展等。一旦消化相关业务或企业资源膨胀，即可考虑将其内部化，使企业做得更大一点。

---

① 贾后明．整合：企业技术创新的着力点［J］．江苏企业管理，2003（7）：22－23．

在人力资源管理方面，外包从最初的单项培训活动、福利管理活动外包，发展到当下的人员招聘、工资发放、薪酬方案设计、国际外派人员服务、人才租赁、保险福利管理、员工培训与开发、员工援助计划等更多方面的人力资源管理活动外包，其形式趋于多样化。人力资源管理外包的市场需求看好，越来越多的服务商也应运而生，而且大多数服务商都能以合理的价格来提供相应的服务。面对广泛的选择，企业常常感到难以判断和抉择。很少企业内部有人力资源管理外包方面的专家，而这种专家对于有效处理外包项目又是必需的。企业再一次向外部寻求帮助，利用具有特定职能外包专业知识的外部专家来进行外包项目的分析、谈判和决策，以及部分外包过程的管理，可谓外包之外包。可见，外包的概念仍可被赋予新的含义。

“人才租赁”作为外包的一种变体越来越受到中小企业的青睐，实行人力资源租赁管理，可以实现高级人才的资源共享。人才中心或猎头公司与符合企业应聘要求的人才签订协议，负责工资发放、人员管理和档案保管等。企业把人力资源管理事务中的一部分工作外包给人才公司去做。人才不属于用人企业，而属于猎头公司。用人企业只要与猎头公司签订合同，就可以租赁这些人才去工作，猎头公司扮演着企业人力资源管理的角色。

2. 接受外包

企业内部有轮岗、工作扩大化、工作丰富化等，如果把这种思路应用到企业之外，就是接受外包。将闲置或暂时闲置的人力资源充分利用，外包出去，既可避免“人浮于事”现象的出现，又可与市场互通有无，提高人员技术含量。把员工放到市场中或另一个迥然不同的环境中工作一段时间，当他再次回到本岗位时就会带回外部最新信息，思考问题的方式可能也会有所变化，有利于增加创新的可能性。“知识闲置是会贬值的”，人力资源经理最怕的就是人力资源的浪费。在企业存有冗员的情况下，接受外包无疑是一举两得的事情。

通过不断创新积累起来的经验是企业的宝贵财富，丰富的技术和管理经验是市场中可凭借的优势之一。如果用它再来直接造福于社会，而非通过本企业产品的有形销售来实现，则于企业、于社会都是一件幸事。在资本密集型行业，传统的观念更重视资本的作用，而社会的发展却是知识密集型行业抢滩潮头，资本密集型行业步步退让。一些对员工知识和管理水平有较高要求的副业，其利润已经占据很大的比重。在同等的管理条件下，可能主营业务的成本要比兼营业务成本高得多。也就是说作为外包管理人要比作为产成品提供方经济效益好，而这些利润的直接创造者就是公司的相关管理部门。本企业的人力资源部也可以为企业外部提供招聘、测评等服务。

3. 实现外包

外包的有效实现，依赖于企业内部的市场化运作。与其称外包部门为管理部门，还不如称其为管理公司。企业内部实行市场或准市场化运作：人力资源部作为特殊资产（人力）供方，公司拟定人力成本为部门收入，相关的一切支出形成部门成本；直线部门为资产（人力）需方，消耗公司的技术成本（人力），实现确定的技术指标与利润率。公司按市场的平均租金率核定直线部门的净收入指标，部门自有职员核算相应日租金标准，这样，管理部门和管理人员都与市场对接。这种创新的人力资源管理模式可望为企业创造新价值提供优势，因为它使管理发展更为精干、高效。

4. 外脑与外包

许多情况下，企业想要独自完成创新，确实是不太可能，那么就需要借助“外脑”来达成。重视并且大量运用外脑，活用外包，是企业多快好省地实现创新的捷径之一。

（1）咨询公司。咨询业近年发展迅速，这一趋势在以后相当长的时间内将持续走强。企业应该正视咨询公司的价值，宜委托一个长期的咨询公司进行市场调查、管理诊断等。聘请专家学者担任顾问或独立董事，用“知识大款”的头脑武装自身。可以想见，聘请外脑输入知识在信息时代将会越来越普遍。

（2）外部人才，尤其是国有企业过剩的人才。国有企业人才过剩，与其他尤其是中小企业人才短缺形成强烈反差。把国有企业的强项和民营企业的强项结合起来，利用民营企业的机制优势，借助国有企业的技术能力与技术人才，强强联手将是双赢的结局。

（3）高校和科研机构。现如今，在中国，不但国有企业要逐步改制，而且科研院所、高等院校也开始走上艰难的改革之路。他们缺的是资金和应用市场，而中小企业缺的正是他们所提供和可能提供的知识。可以柔性引进专家人才，不求所有、但求所用，“借脑生财”，从而实现人才、智力资源的共享。

（4）国际竞争与合作。国际化竞争是加速企业实施知识管理的动力。随着国有企业在诸多领域的退出，民营中小企业必将成为国际合作与竞争的弄潮儿。国际上有相当多的企业已经进入知识管理的成熟阶段，同这些公司的竞争与合作可以直接提升本国民营中小企业的管理水平，这实际上也是间接地利用外脑——只不过这个“外”是名副其实的“外国”。①

（五）与竞争对手合作：化敌为友

“同行是冤家”这话一直被用来形容企业间的竞争。“与竞争对手合作”，乍听起来难以理解，但竞争对手之间如果画地为牢、消极敌对，只可能把共同的市场越做越小，如果能够在合作中展开竞争，多赢的局面才会产生。由于业务性质相似或相同，竞争对手之间的“接触”或“对话”不可避免地频繁发生，相互诋毁不是明智的做法。诋毁对手的同时就已经在顾客面前给本企业宣判了“极刑”——如此攻击不是一流企业应有的风范。而应在竞争中共同提升，达成行业的共同愿景，因为“化敌为友”确实可以把“蛋糕”做大。

竞争对手之间的商业秘密是各方慎言的禁区，但是它不应影响到适当的信息分享，进而扩展到其他资源，包括人力资源在内的共享。在激烈的人才竞争中，要招

① 蒋定国．知识联盟二十一世纪的企业合作趋势［J］．现代工商，2001（15）：12－13.

聘并留住优秀的员工，企业可与其他企业，甚至与竞争对手企业建立合作关系。美国AT & T公司等三十个大型企业组织人才联盟，加盟企业可相互推荐即将下岗的熟练员工。人才联盟还采用标准化人才评估方法，为加盟企业选聘适当的员工。20世纪50年代，美国各个大型飞机制造厂为争夺美国政府合同展开了激烈的竞争，赢得政府合同的飞机制造厂必须迅速招聘大批熟练的工人，而其他飞机制造厂却可能出现员工过剩问题。因此，赢得合同的飞机制造厂会向其他飞机制造厂“租借”熟练的工人。员工过剩的飞机制造厂不仅可留住熟练的工人，还保持了自己的竞争优势，而且还丰富“出租”员工的工作经验。

“不温不火的合作”似乎还可以被市场个体接受，“为竞争对手服务上门”就极有可能会招致一片反对与质疑之声。确实，“不温不火的合作”仅仅起到“化敌”的作用，而“为竞争对手服务上门”却是不折不扣的“为友”举措。那么后者的回报就将是友好的回报，然而这势必需要勇气。美国梅瑞公司为协调自己与其他同行的关系，缓和彼此的矛盾，别出心裁地开设了一间“咨询服务亭”。此亭的宗旨是：顾客如在本公司没有买到称心如意的商品，将负责指引顾客到有此类商品的公司去购买，即把顾客推向自己的竞争对手。“咨询服务亭”的开设不仅没有把顾客逐走，反而引来更多的顾客，而且公司与同行的关系大为好转，也因此得到更多同行的信息帮助，实现了公司的进步发展。①

（六）与顾客合作：致人而不致于人

企业在制定发展战略、构建核心能力时，往往把针对竞争对手的对策放在首位，而不是积极去争夺属于自己的目标顾客，这样怎么能在竞争中取胜呢？企业在社会存续的主旨，无非是向顾客提供适销对路的产品。究竟何为“适销对路”？这不应是由企业主主观决定的！为了赢得市场，企业需要与顾客合作，产品的创新要求要随顾客的需求相机而动，所以企业创新切不可独舞于顾客之外。

市场是由顾客组成的，随着经济的发展与人民生活水平的不断提高，顾客需求越来越多样化，并因此产生了潜在需求。倾听客户的意见，了解他们的需求，借此开发出新产品，这是人们所共知的新产品开发步骤。但是，客户有时候并不明确他们的需求是什么，这种需求也就是所谓的“隐性需求”。客户需求调研往往可以指出创新方向，其中客户隐性需求的发现就需要企业更多的思量。建议思路就是，争取主动，“致人而不致于人”。怎样才能了解客户的隐性需求呢？要知道，这种需求就连客户自己也不是总能明明白白地说清楚。企业必须事先仔细调查分析，认真选择须尽力争取的和属于自己的目标顾客。集中注意力到其潜在需求上，“以顾客之心为心”，从顾客的需求出发，想得比顾客自己更细致，更超前。把顾客的潜在需求变成现实需求，使潜在的顾客成为现实的顾客，潜在的市场即可成为开拓的现实市场。企业要以市场为依托，走到顾客中去，把顾客潜在的希望、愿望、欲望作为向企业提出的课题，加以仔细琢磨，认真分析，催生新的思路，而这正是企业创新的灵感源泉。企业一旦具备

① 李秋容．中小企业虚拟合作成功因素分析［J］．武汉科技大学学报（社会科学版），2005（2）：47－51.

正确的核心能力（指关键技术和技术骨干），就能够快速推出新产品，使业务突飞猛进。只有这样才能“致人”，而不是“致于人”。

体现在人力资源方面，企业可以名正言顺地把顾客导向作为员工与部门考核的一个指标。顾客导向并非仅仅是营销部门或研发部门需要思考的。客户投诉是影响考核结果的一个重要负面指标，而更为重要的则是该投诉的责任部门与人员。代人受过可能会是一线部门与人员的风险，所以企业尤其要注意对客户投诉的细化分析，以落实真正的责任方，并由此挖掘经营缺陷与改进、创新的方向。要做到真正的“致人”，就要在企业内贯彻全员与顾客互动、倾听客户意见的惯性思维。

三、竞争

随着世界经济格局的变化，市场的国际化促使竞争国际化，企业的竞争对手已不局限于国内。企业必须分清谁是最具威胁力的主要竞争对手，深入了解和分析这些对象，才能“以己之长，攻彼之短”，取得竞争的主动权。要像对自己企业那样把对方的每一个环节都摸透，并与自己的企业进行对比，厘清双方的优势与劣势，针对竞争对手的实际状况，制定相应的策略。企业还要把同行所制订和达到的标准拿来衡量本企业，要看到自己的现状与已达到的最高标准差距在哪里，并把这个标准作为自己的战略目标去奋斗。①

（一）竞争对手确定

孙子在两千多年前就总结出胜负取决于客观条件，矛盾的双方可以互相影响、互相转化的辩证胜负观，至今仍有着十分重要的指导意义。《孙子兵法》告诉现代企业，“途有所不由，军有所不击，城有所不攻，地有所不争，君命有所不受”，在竞争中应做到“有所为有所不为”。虽然从长期来看，所有的竞争对手都可能对己方构成或大或小的威胁，但在许多特定的情况下，有些竞争对手非但不是敌人还是盟友，因为合适的竞争领域和竞争对手能够加强而不是削弱企业的竞争地位，所以企业在确定竞争对手时，要对其加以区分，避免恶性竞争。②

竞争对手有好有坏。好的竞争对手有助于企业实现战略目标，增强企业的持久竞争优势，改善所处行业的结构。与其展开的良性竞争应该是企业所允许与欢迎的。坏的竞争对手攻击性强，如果对本企业构成实际的威胁，就要考虑采取回应的举措；如果尚不能形成实质性威胁，企业没必要正面回应，蓄积自己的竞争“势”能，即可保持一定的压制作用。

企业的实力是有限的，如果不对竞争对手加以区分，把它们统统作为进攻对象，势必会感到力不从心，甚至会削弱自己的竞争优势。企业有选择地进行竞争，集中力量，等于增强自身实力，竞争“势”能积聚，获胜的可能性就越大。

---

① 孙博，李燕萍．论企业创新导向的竞争［J］．商业时代，2011（6）：84－86.

② 张永吉．试论孙子兵法与企业竞争［J］．中国教育研究与创新，2006（7）：119－121.

（二）竞争对手调查

管理本身，就是谋求竞争优势，而在竞争中，知己知彼，才能百战百胜。除了薪酬制度外，竞争对手员工的资历水平和为其提供的培训机会和职业生涯规划等信息都是需要调查的内容，而对手的成功关键因素更应该作为调查的重点。首先，应该对本企业在行业中所处的位置做成功关键因素分析，它将成为与竞争对手做对比时的常数。然后，用同样的方法将每个竞争对手的成功关键因素进行评价。成功关键因素指数是每个对手的分值除以本企业分值所得。该指数可以作为本企业与其他竞争对手实力对比分析时的参考值。要完成这项分数评定和指数判断，就要求参与者进行深入的分析，最好组成一个专门工作小组，而不要由某一个人来完成。

对竞争对手信息的采集分析应固化为企业的常规武器，要保证系统地搜集、记录和分析竞争对手的资料信息，并且保持其不断更新。企业须成立一个由高级经理层组成的专门小组，定期对此项信息进行分析研究。在制定发展战略时，除了进行必要的行业分析外，竞争对手信息将成为决策层制定战略的重要参照。利用它，决策者可以对竞争对手实际采取的竞争行为与预计其要采取的行为加以对比，并且提示决策层对竞争对手的哪些行动加以重点关注。不言而喻，这些信息应该是企业机密，绝对不能落入竞争对手的手中，否则将成为竞争对手施放虚假信息的目标。①

（三）激发员工的竞争雄心

竞争不应被当作一种目的来管理，而应当作为一种达成目的的手段。它并非只是一个过程——它还涉及人的因素。只有既重视过程又重视员工，才能带动有意义的创新，进而提高公司的经营绩效。企业要在竞争中赢取最大的效益，就必须超越单纯的信息交换，在重要员工与团体之间培养进行变革与创新的欲望、动机与献身精神。只有向着这一目标，才能把参与竞争变成带动创新的工具。

增加员工参与度，可以把阻力变成动力，从而带动组织士气。所谓员工参与，并非仅限于公司内部，还可以把它扩大到与同行的比较与竞争中去。如企业的外部交流，对优秀企业的参观等。这样还可以使员工意识到进行改善的急迫性。事实上，这种做法可以创造出动力，使得员工致力于工作改善。参观其他公司并与其交流，可以使员工产生荣耀感、竞争与妒忌心理，从而自愿接受调整。员工在参观领袖企业之后，经常会产生迫不及待进行调整的心理。他们会认为如果其他公司可以做到的话，本企业一定可以做到甚至能做得更好。

（四）竞争方略

企业竞争，须出奇制胜，营造势能，由心理层面根本地推动竞争力的增强。

1. 出奇制胜，防不胜防

《孙子兵法》强调："凡战者，以正合，以奇胜。故善出奇者，无穷如天地，不

---

① 何洋．企业战略决策中的竞争对手分析［J］．企业与市场，2005（11）：53－54．

竭如江海。”各企业的性质、产品、所处内外环境均有不同，照搬他人的成功模式并非良方，重要的是企业的经营思路不能墨守成规、故步自封，要有新的思路，发现新的机遇，这就是出奇。要想达到出奇制胜的效果，就要注意三个实战要点。

（1）避实就虚。面对凶猛的强敌，企业要尽量避免与其正面对抗，避免过度的竞争。为取得竞争的胜利，宜避其锋芒，采用分导引流的方法各个击破，力求有形胜于无形。

日本佳能公司在英国市场上与施乐公司竞争时，就运用了这一战术。他们避开施乐公司严密控制的伦敦市场，先集中兵力争夺苏格兰，后又进攻英国其他地区的市场，最后才以优势力量对伦敦市场发起攻击，并于20世纪80年代初把施乐公司挤出英国市场。

（2）兵不厌诈。商场如战场，为了做到出奇制胜，企业要极力隐藏自己的实力，让竞争对手看不清真实情况。企业应采取各种手段迷惑和“愚弄”竞争对手，使竞争对手麻痹大意，放松防备心理。此时再趁机出击，取得胜利的概率则大。

（3）另辟蹊径。当竞争对手在某一市场上具有强于自己的优势时，应想办法“引诱”其到有利于自己的市场上去竞争。当竞争对手的力量非常强时，要另辟蹊径，使其在某一方面弱于自己，以此取胜。

2. 竞争造势，不战而胜

“势者，因利而制权也。”流水、圆石本身没有什么了不起，但是当它们从高山流下、滚下时，“形势”就很宏大了。在现实的市场经济中，一些大企业凭借其雄厚的资金、充足的人力与领先的技术等资源，在市场上造势。别的企业害怕与之正面冲突，或知难而退或避让再三，因而大企业可以“不战而屈人之兵”，这就是“形势”所造就的“不战而胜”，它对竞争的进程与结果有很大的影响。

企业在市场的舞台上，通过各种方式宣传自己，以引起公众的注意，激发市场的潜在需求，提高其知名度，这就是“造势”。企业在竞争之前可以扬长避短地大力宣传其优势，或人才济济，或技术超群，或管理先进，在气势上压倒竞争对手。这样，就有可能使竞争对手“不战而退”，从而牢牢掌握市场竞争的主动权。如果企业实力有限，没有任何有竞争力的产品或服务，就无势可造。因此，在有了一定的基础和实力之后，企业需要扩大影响，提高知名度，这样才能广开销路。

某企业进入中原某城市市场的案例就很值得玩味。他们送给每位小学生一顶黄色帽子。黄帽子本用以提醒机动车司机与骑自行车人群注意来往行人安全，以此来保护孩子们的行路安全，这可谓顺势而为。印上该企业名字的帽子出现在街头，引起了广大市民的关注，自然受到好评。其产品即以该种亲善的形象顺利进入市场，这就是“造势”的经典案例。如果要造更大的“势”，或者考虑吸引高端消费群，不妨从帽子的设计开始就向社会招标，多重营销的目的即可借此达成。

3. 攻心为上，由内到外

在现代物质产品极大丰富、竞争白热化的社会里，人们的个性化需求日趋强烈。识别对方的利益点，采取切中肯綮的战略必将成为企业管理重要而独特的元素。古人云："攻城为下，攻心为上"，"感人心者，莫先乎情"。企业经营行为如能从"情"切入，寻求其管理诉求与对方情感中枢的绞合部分，使"情"的投射穿过受众的情感障碍，再赋予其包装、服务、公关、设计等精神层面的内涵和灵性，会使对方强烈地受到感染或冲击，激发其潜在的、朦胧的认同意识，达到"润物细无声""四两拨千斤"的巧妙作用。

基于人们对情感回归的渴望与精神愉悦的追求，个性管理的期望与日俱增。人们的需求更多地根据个人的好恶、审美、情感诉求来取舍，企业管理模式也须由"大批量定制生产"向满足个人情感诉求的"度身定做"转移。攻心战略则要表现在管理的情感包装上。"人靠衣装马靠鞍"，个性化、情感化的包装将成为企业竞争的名片。以有效的手段强化渲染企业及其品牌所特有的情感色彩，可把企业的特殊情感和反哺之义传递给员工、竞争对手、顾客与公众等，从而树立良好的形象，塑造企业及其品牌的亲和力，以迅速打开受众心扉，赢得对方的欢心，为确立市场优势地位打下坚实基础。通过攻心战略，协调好方方面面的感情关系和企业内部上下级之间的友谊关系，为顺利经营创造和谐、融洽的内外环境。

对待员工，要结合其个人发展，以增强个人竞争力为手段达到增强企业竞争力的目的。这种共赢的发展会培育员工对企业的忠诚与回报意识。针对竞争对手，要以瓦解竞争对手心理、打击竞争对手信心为目标。以此为准则，就可以把一些有针对性的手段和一些徒有其表的竞争手段区别开来，以求得最大的打击力度。将顾客请进企业，使其身临其境地感受生产环节与企业细致入微的关怀，这种体验营销的观点颇具借鉴价值。至于公众，企业可利用"八一"建军节，开展送货慰问解放军的活动；利用教师节开展支教、定向优惠活动；还可利用名人的诞辰纪念日、少数民族的各种节日等，将公众加以区分，并开展轰轰烈烈、富有新意、别开生面的联欢活动，来烘托企业的繁荣景象，扩大经营影响，以实现先声夺人的目的。

（五）标杆：竞争的瞄准器

舆论多在推崇核心竞争力，却往往忽略了：有核心竞争力，就有非核心竞争力！核心竞争力带来无法模仿、不可复制的竞争优势。非核心竞争力造成的竞争优势则是能够模仿、可以复制的。核心竞争力及其优势仅在核心范围内起作用，非核心竞争力及其优势可在广阔的范围内起作用。既然如此，企业的正确策略就应是：一方面，打造自己的核心竞争力，在核心领域让竞争对手无法模仿和复制；另一方面，尽可能模仿和复制别人的竞争优势，天马行空，在更加广阔的领域比竞争对手学得更快。

模仿、跟风、趋同、同质化的现象经常被笼统地加以蔑视，以致遮蔽了它们的正面含义：竞争优势是可以复制的！要使复制竞争优势更自觉、更有效、更快速，就要不断寻找和研究同行业中一流公司的最佳实践，以此为基准与本企业进行比较、分析、判断，使本企业得到不断改进，从而进入赶超一流、创造优秀的良性循环过程。其核心是向业内或业外的优秀企业学习。通过学习，重新思考和改进经营实践，创造最佳实践，这实际上就是"模仿—创新"的过程。将标杆法应用于竞争对手分析，目的不仅是复制对手的某些管理和操作程序，而且是将他人好的解决方案和经验借鉴到本企业的经营管理环节中来并加以改善，其最终目的是进一步加强本企业的竞争优势。通过学习标杆企业赶超竞争者，可以避免犯下严重的错误。

标杆瞄准是标杆法的关键，是指组织将行业内外的“最佳实践”设为标杆（学习与追赶的目标），通过资料收集、分析比较、跟踪模仿等活动，快速复制标杆的优势。

1. 瞄准内部：成功英雄

在各种标杆瞄准中，内部标杆瞄准因为不涉及安全或保密问题，成本低廉且能获取非常详尽的资料，还能从内部抽调有经验的人员来帮助和指导实践，因而成为各种标杆瞄准活动的起点。标杆瞄准要区别两类典型：非凡榜样与现实榜样。前者有超常的自我激励能力和耐心，卧薪尝胆，不达目的不罢休，事迹感人甚至有传奇色彩，他们可以作为组织的“精神榜样”，但标杆更需要“现实榜样”；后者是优秀的凡人，是务实又出色的英雄。树立现实榜样需要认真考虑两个问题：榜样是否有普遍意义，在组织中能否批量复制？榜样的回报是什么？对其他人是否起激励作用？

企业文化的形成非一日之功，其核心在价值观，价值观的人格化就是成功英雄。可以考虑先培养本企业的首席员工或明星员工。这样一来，很多人就会瞄准首席员工，看他如何展开工作，怎样与客户沟通。在内部树立明星偶像之后，对少数几个偶像进行修正，使之符合企业的文化，这样就可起到以点带面的作用。

2. 瞄准竞争对手：倒序制造

瞄准内部是以已取得的成就为标杆。然而，这一成就与真正的优秀有没有、有多少差距，不得而知。并且，没有任何一个企业敢于声称其在各方面都非常优秀。因而，寻找优秀标杆，向内看的同时更须向外看。因为能否复制对手的竞争优势，直接关系竞争双方地位的变化。复制对手优势最基本的方法是倒序制造，即对对手产品的仿制。你扩张，我扩张；你降价，我降价；你搞顾客座谈，我开体验营销；这是倒序制造的初级形式。它的基本功能是“搅局”——削弱对手的优势，让其不至于一枝独秀形成垄断。

严格的倒序制造要对对手的产品进行详细的拆装分析。实务中要先总结整理出竞争对手产品所有的卖点，再设计研发本企业的新卖点，添加进去。这是把工业品倒序制造的拆装分析活用到企业身上。

3. 瞄准行业内外：技术跃进

标杆瞄准，源于瞄准产品，后来逐步扩大范围。现在，“板凳的四条腿”——产品、服务、管理流程、物资设备，这四种不同类型的瞄准活动囊括了当前标杆瞄准的基本领域。对其中任何一种，不分行业内外，只要有类似的，就可以进行标杆瞄准。仅仅瞄准竞争对手是不够的——因为自身前进，对手也在前进：当企业汗流浃背地赶到目的地，才发现又被对手抛在了后面。再者，亦步亦趋照抄竞争对手，还会让企业丧失独立存在的价值与理由。因此，向外看，要在广阔视野中寻找标杆，瞄准行业内外的优秀者，集各家之长实现技术跃进。

各家之长为企业提供了各个领域“优秀是什么”的信息，拓展了各个方面可以“达到什么高度”的视野，从而推动企业瞄准他人成就，整合他人经验，获得技术的突破性改进。这种同行之间的学习，企业必须充分重视。从标杆瞄准的角度看，它就是日本企业在“二战”后大规模实施的“产业扫描”。其主要步骤为：通过各种文献与数据确定行业最佳；与最佳者联系参观；实地参观并收集数据；总结参观企业的经验教训，加以修改后运用到自身。然而，往往被忽略的是，集各家之长，完全可以跨越同行的界限。越是将似乎毫不相干的优势拿来杂交，越是可能实现技术的跃进。企业必须适应时代的嬗变：以前办机械时代、自动化时代的企业，现在变为办互联网时代的企业。根据网络的搜索功能和网上新闻的概括性，应强调更迅捷地动态扫描业界标杆。

4．瞄准规则

“蠢人常说他们是从自己的经验中进行学习，我却认为利用别人的经验更加好些。”德意志帝国首相俾斯麦如是说。标杆瞄准，只是把“利用别人的经验更加好些”集中并予以程序化，把“利用别人经验”的灵感转化为小步前进、规范操作、具有可预测性的现实成果。这个过程，要遵循一定的规范或者原则。

在企业内部、竞争对手、行业内外可以发现不少优秀者，但是，优秀不一定适合自身。一根合适的标杆，必须通过三重检验。一是受众价值分析。标杆满足某种受众看重的需要，符合或接近某种受众看重的价值，因为受众是可统计的群体。何为需要受众看重？那是由概率决定的，它有数量范围。数量服从大数法则，大多数受众看重的内容理应得到优先对待。二是企业能力分析。一家地级企业全面瞄准世界级企业不叫有雄心，而是没有自知之明。连标杆瞄准的先驱施乐公司后来也总结：“我们确定的一些目标过于宏伟，难以实现，反而为其所困。”企业应该选择有挑战性又力所能及，承受得起时间、精力和金钱的代价，并能带来业绩改善或成本节省者作为首选标杆。三是竞争位势分析。标杆瞄准即复制竞争优势，如果新增的努力和成本不能带来竞争优势，或是不能改善竞争位势，大可不必进行。三重检验下来，一根可立的标杆，至少要在一种检验中获得高分，其他两种检验也要合格。

强调严格与标杆对照，找出差距，制定措施，一步步缩小差距，固然可取。但企业总存在本土化、个性化的问题，不可能也没必要全盘模仿。如果能够做到创造性模仿，即模仿标杆，又带有创造性，最后的成果或许可超过标杆。实施创造性模仿必须以顾客为中心，从受众出发，通过顾客价值去剖析标杆，对仿效对象做加减法。具体有两种，一是加减元素，像前面所说的扩张卖点。二是加减规模，即战略性开发目标受众。比如，用免费来聚集人气是个老策略，眼球经济则是新思想。通过加减法的改造——加减元素与加减规模的混合则能生成若干新式样，量转化为质，模仿标杆即成为新创或创新。①

---

① 曲立，李长江．创新——标杆管理之灵魂［J］．商场现代化，2007（8）：80.

第五节　组织结构

在工作生活节奏不断加快的今天，人们对组织的忠诚度正在日渐降低，但如果恰如其分地做到“动态攻略”所提到的诸多方面，那么，吸引、留住公司想要的优秀人力资源是完全可以实现的。相反，另一个问题突显了：在公司员工流失率处于低水平时如何保持企业的活力？创新型人才就一定有创新成果吗？答案是不确定的。企业聘用某个员工，当然是看中他的能力，但更看重的则是他把能力发挥了多少。企业梦寐以求的创新成果，并不会因创新人才的到来而自动产生、一蹴而就，还需要在组织结构方面加以设计。

一、配置

孙子曰：“故善战者，求之于势，不责于人，故能择人而任势。”[①] 善于指挥的将帅，其主导思想应放在依靠、运用、把握和创造利于自己取胜的形势上，而不是去苛求手下的将士。如此他就能从全局态势的发展变化出发，选择适于担当重任的人才，从而使自己取得主动权。其中的技巧，就在于人力资源配置。

（一）结构优化

人员的组织安排，不应是简单相加。结构优化的目的是，创造大于全部个体绩效的代数和。

1. 串行排列

队列变长意味着人才库存扩大，变短则反之。怎样才能阻止队列变长，即压缩人力成本呢？

兵家给我们的启示是：把最薄弱的兵力放在最前面，把最强大的兵力放在队尾，即对于串行工序的职位（当然对于并行工序的职位，根本不存在这种情况）而言，要把负担最重的职员（主要指能力限制）放在第一道工序，根据能力过剩的情况依次排列。因为靠前的工序往往不会发生较大的差错，这样可以使新手能更快地适应角色，避免怠工现象的出现，而位于后部的职员一方面可以检查之前步骤的操作效果，另一方面可以把更多的精力用于产品的完善与创新。

2. 并行不悖

创新人力资源的配置如果不得法，则很难产生创新。比如，有些管理者嫉贤妒能，宁愿人力资源闲置也不愿让其发挥所长，这无论对组织还是个人，都会造成巨大的浪费。个别管理者对“关系户”的照顾，也会浇灭其他员工的热情。举贤不避

---

① 刘伶，吴绪彬．孙子兵法实用大典［M］．北京：中国国际广播出版社，1995：492.

亲与人才打压这两种方式，谨慎的管理者往往难以取舍，唯恐出差错。其实，人才的脱颖而出不应该是一时的，应该是在长久的历练之后水到渠成的结果。所以，让实践去检验、遴选，是帮助管理者取舍的明智方案。

海尔“赛马不相马”的模式，给了创新型人才脱颖而出的充分机会。改革用人机制，就需要变“伯乐相马”为“赛场选马”。搭建让员工充分展示自己才能的舞台，即一个奉献给事业的更大、更宽阔的平台，这样可以使员工放开手脚尽情施展，释放能量，实现自身价值。对于技术性职位，设立排道并行，不搞论资排辈，不以年功行赏。以业绩论英雄，孰上孰下，自然更有说服力。由于起点一致，员工的创新潜能会被充分激发。比学赶超之中，创新即可能产生。

3. 阵形组合

某足球强国有一种别出心裁的训练方法。教练把球员用绳子联结起来，为保持整体速度，使绳子稍有松弛，在此基础上进行战术演练。充分发挥球星的作用，将其嵌入最核心的位置；在能力欠佳者的旁边以核心球员补位、协助；因为最慢的球员决定整体推进速度，所以不将其放在边缘；为防止距离拉大，将最弱者置于边缘和核心之间。这样做可以保证配合的同时不会出现防守上的盲区。

对于团队（网络）型合作来说，这种方法很有参考价值。不要冒太大的风险把新手放在核心位置或外层，从而给组织外部和员工本人带来不利的影响。组织需要这股新鲜力量尽快的融入，所以边缘化不是好的选择。企业也希望新员工能最大限度地注入生气，所以将其置于核心层与边缘层之间的中间层，而将有一定经验又不足以充当核心的次中坚型员工置于边缘层。这样新手可以从两方面得到技术上的指导，而核心员工的经验技术也不会被浪费，同时新手的新意也会被顺利传达给核心员工从而成为创新导火索。

4. 用人所短

对企业而言，经典的观点是：个体往往在某一方面有突出的才干，最适于某项特定的工作，扬其所长，用其所能，可成人才；抑其所长，用其所短，则成庸才。对该观点的前半部分，笔者非常赞同。倘若埋没了一个人最有价值的长处，既是对人才的摧残，也是对事业的漠视。由此可见，善于识才、用才者本身就是大德大才者。但对前述观点的后半部分，笔者则持不同意见，事实真的是这样吗？在实际用人中，管理层常常因为在思维上存在盲点而不能量才使用、择人任势。创新意味着对循规蹈矩的挑战，意味着非常规打法的出其不意，所以一个人的短处也并非没有可能成为企业独特的竞争力。

当然，本书建议的是辩证的人才使用。笔者无意否定经典“用人所长”的价值。人各有所长也各有所短，以己之长补他人之短，从而使每个人的长处得以充分发挥，避免短处对工作的影响，整合优势，有利于实现组织目标。没有静止不变的长，也没有一成不变的短。在不同的情境和条件下，长与短都会向其对立面转化，长的可以变短，短的可以变长。这种长与短互换的规律，是长短辩证关系中最容易被忽视的一部分。譬如，让爱吹毛求疵的人去当产品质量管理员；让谨小慎微的人去当安全生产监督员；让斤斤计较的人从事财务管理；让爱道听途说的人去当信息员；让婆婆妈妈爱唠叨的人负责保障工作；让头脑呆板的人负责考勤；让争强好胜的人做“青年突击队队长”；让“墙头草”“有奶便是娘”者去讨债；让总是哭哭啼啼的人去对付讨债。[①] 用人的关键并不在于用这个人而不用那个人，而在于怎样使每个员工都能在最合适的位置上发挥最大的潜能。一个人的才能愈大，特长愈突出，显露的缺点往往也越多、越明显。长与短是辩证的，对它们的使用也是辩证的。金无足赤，人无完人。任何人有其长处，就必有其短处。长与短的存在是刚性的，而对它们的善用则应是柔性的。人的长处固然值得发扬，而从人的短处挖掘出长处，由善用人之长发展到善用人之短，这是用人与配置的最高境界。

5. 加大尺码

随着业务的高速扩张，企业势必要引进大量的人员。这些空降兵进来后怎么办？单独集结的话，他们等同于新兵连，且不利于沟通。

“空降兵”会带来很多其他问题：一是“空降兵”着陆后如何迅速转变为“地面部队”，二是怎么磨合“空降兵”与“元老”之间的矛盾。在组织架构上，预留空间是一个选择。对于成长型企业，它就像一个儿童，每天都在成长，衣服总是偏小，因此，企业的组织架构搭建得大一些，才能适应企业的迅速扩张。所以，在建设组织架构时，既要不断吸收新的精英，又要保持“空降兵”与“元老”积极互动，达成动态平衡，以给企业急剧扩张准备空间。[②] 事实上，很多知名“空降兵”的进入也确实为企业带来了相当多的创意与充足的发展空间。

（二）团队导向

创新型人才也有疲劳期，他们不会天生具有创新的本领，即便是最优秀的创新型人才，他的创新成果也不是即时生成的。需要组织在机制上予以诱导，通过组织、团队和个人的密切配合，当个体创新面临瓶颈时会有他方力量补入，维持势能的稳定，从而产生创新成果。[③] 员工要直接面对变化的环境，就需要得到组织的充分授权。当一个员工的知识不能应对时，团队组织就应运而生。但有些知识型员工拒绝交流，因为他们的竞争心理非常强，偏爱单打独斗。怎么办？员工的单干肯定不是企业所期望的，因而要团队作战，把他们组成团队来展开工作并以团队为单位来进行考评。用团队的优势去弥补个人的缺陷，用团队的思想去丰富个人的思想，创新的思想就会尽可能地在一定范围内被分享，成为企业实实在在的竞争优势。这一方面可以迎合他们的竞争心理，激发他们的热情。在竞赛中，为了获胜他们不得不协作，信息就会得到疏通，人际关系也会趋于好转。另一方面，团队导向的员工配置确实能够起到以点带面的作用，集合整体的力量发挥更大的效能，去完成个人所难

---

① 刘秋华．用人之短［J］．出版参考，2006（14）：27.

② 汪静赫．郭广昌智慧创造财富［J］．中国乡镇企业，2009（1）：73－75.

③ 潘连乡，章莉，邹兵．团队导向的人力资源管理与创新研究［J］．江西社会科学，2008（3）：205－212.

以完成的任务。[①]

知识的生产过程不仅需要创新还需要知识的综合，需要形成团队。团队合作的好处在于：从事创新工作的团队成员具有互补的知识技能；团队成员的共同目标不是具体的任务而是以获得特定的结果为导向；由于创新是非重复性活动，团队组织的领导者角色由监督者转换为指导者，对员工的管理不是依靠规章制度和岗位说明书，而是依靠专业规范和成员之间的相互信任，同时以团队成员相互评价取代上级评价，员工获得的奖励与团队成果相挂钩。组织要获取合作经济的好处，就需要把此前基于分工经济的职能型组织转变成团队型组织。以职能为主的组织主要是纵向管理，而团队组织以横向管理为主，是一种新型的企业组织。在顾客需求、生产技术、竞争者的情况都在迅速变化的环境中，不仅产品设计人员须关注创新，直面顾客的基层员工亦须如此。公司欲以高效快捷的服务让顾客满意，必须鼓励员工协作完善产品。实践中一些团队徒有其表，或内部充斥矛盾，或各自为政。所以，团队导向的员工配置须谨防四大误区。

1. 误区一：团队利益至上

团队首先是个集体。由“集体利益高于一切”这个被普遍认可的价值取向，自然而然可以衍生出“团队利益高于一切”的“论断”。但在团队里如果过分推崇和强调“团队利益高于一切”，可能会导致两方面的弊端：一方面是极易滋生小团体主义。团队利益对其成员而言是整体利益，而对整个企业来说，又是局部利益。过分强调团队利益，处处从维护团队自身利益的角度出发常常会打破企业内部固有的利益均衡，侵害其他团队乃至企业整体的利益，从而造成团队与团队、团队与企业之间的价值目标错位，最终影响企业战略目标的实现。另一方面，过分强调团队利益容易导致个体的应得利益被忽视和践踏。如果一味只强调团队利益，就会出现“假维护团队利益之名，行损害个体利益之实”的情况。作为团队的组成部分，如果个体的应得利益长期被漠视甚至侵害，那么其积极性和创造性无疑会遭受重创，从而影响到整个团队的竞争力和战斗力的发挥，团队的总体利益也会因此受损。

2. 误区二：内部禁止竞争

在团队内部引入竞争机制，有利于打破“大锅饭”的情况。如果一个团队内部没有竞争，在开始的时候，团队成员或许会凭着一股激情努力工作，但时间一长，他会发现无论是干多干少，干好干坏，结果同一，则其热情就会减退，在失望、消沉后最终也会选择有限参与甚至是消极参与。通过引入竞争机制，实行奖勤罚懒，赏优罚劣，打破这种看似平等实为压制的利益格局，团队成员的主动性、创造性才会得到激发，团队才能保持活力。

3. 误区三：友谊挑战制度

有的企业在团队建设过程中，过于追求团队的亲和力和人情味，认为“团队之内皆兄弟”，而严明的团队纪律是有碍团结的，这就直接导致了管理制度的劣化，或虽

---

① 汪静赫．郭广昌智慧创造财富［J］．中国乡镇企业，2009（1）：73－75.

有制度但执行不力，形同虚设。纪律是胜利的保证，只有做到令行禁止，团队才会战无不胜。严明的纪律不仅是维护团队整体利益的需要，在保护团队成员的根本利益方面也有着积极的意义。比如说某个成员没能按期保质完成某项工作或者是违反了某项具体的规定，但他并没有受到相应的处罚，或是处罚根本无关痛痒，这就会使该成员产生一种“其实也没有什么大不了”的错觉，久而久之，遗患无穷。如果他从一开始就受到严明纪律的约束，及时纠正错误的认识，那么对团队对他个人都是有益的。

4. 误区四：个人臣服群体

很多企业认为，培育团队精神，就是要求团队的每个成员都牺牲小我，换取大我，放弃个性，追求趋同，否则就有违团队精神，就是个人主义膨胀。诚然，团队精神的核心在于协同合作，强调团队合力，注重整体优势，远离个人英雄主义，但追求趋同的结果必然导致团队成员的个性创造和个性发挥被扭曲和湮没。而没有个性就意味着没有创造，这样的团队只有简单复制的功能，而不具备持续创新的能力。① 团队不仅是人的集合，更是能力的结合。团队精神的实质不是要团队成员牺牲自我去完成一项工作，而是充分利用和发挥团队所有成员的个体优势去做好工作。团队的综合竞争力来自于对团队成员专长的合理配置。只有营造一种适宜的氛围：不断地鼓励和刺激团队成员充分展现自我，最大限度地发挥个体潜能，团队才会迸发出期望的、裂变的能量。

（三）配置的公开透明

在配置过程中须谨遵透明管理原则。

1. 配置谬误：暗箱操作

有的学者认为内部双向选择是人力资源配置的一个创意。部门选员工，员工选部门，双方完全实行“背靠背”，只与人力资源部“单线联系”。抛开结果不谈，配置的过程“天知地知你知我知”，很大程度上保护了员工的隐私与配置欲求。对此观点，笔者不予认同。

（1）莫使怨声载道。

在当今社会，任何个体都不可能永远与利益绝缘。问题在于，如何公正公平地处理利益分配问题。人员配置必将触及员工利益，它是企业各种利益分配的基石。如果在这个阶段就采取保密的做法，将助长灰色交易的风气。员工普遍对企业前景不明，因为即便他们对自己的下一步是明晰的，但身边较大的不确定性仍会成为阻碍其推进创新的桎梏。企业愿景应该被清晰地传达至每个员工，在该愿景的迫近与实现过程中更应该注重员工感受。企业制度未必完美，配置决策也未必最优，难言员工对其都是满意的。在结果如此的条件下，要扑灭员工心中的怨气，唯有让他们了解结果产生的过程。所以，人力资源的优化配置必须保证过程的公开透明。员工能不能支持、能不能理解，关键在于配置的过程是否公开透明。

---

① 薛丽敏．团队精神：企业真正的核心竞争力［J］．科技情报开发与经济，2009（4）：204－205.

（2）调动员工热情。

知识经济时代，企业的创新型人才有明显的年轻化趋势。青年员工比中老年员工有着更强烈的愿望——提高自己，发展自己。如果配置被“暗箱操作”，对于青年员工将是种打击，甚至可能使他们对管理层失去信心。公开透明的竞争与竞聘，能够充分调动员工的积极性，更好地发挥员工的聪明才智，使在位者有压力，使低于其位者有动力，从而形成良性的竞争机制。

（3）杜绝“暗箱操作”。

良好的监督机制是保证配置工作不走样的基础。一套好的科学配置方案要得到好的结果，必须强调在实施过程中建立监督机制，包括设立监督举报电话、建立监督员监督方案等。要始终坚持公开透明原则，实行“阳光作业”，对推荐提名、考察考核、评委选定、讨论决定等环节严格把关，配置方案、操作程序、操作步骤、操作结果一律公开，杜绝“暗箱操作”，并接受工会与纪律机构的全程监督。岗位双向选择时，除了制定客观评价指标外，要有多个职能部门共同参与，避免个别部门或管理者主观臆断。

2．配置通途：市场配置

做到配置的公开透明，简单来说就是进行市场化配置。以市场为基础配置人力资源，可以使现实经济生活中人力资源与物质资本相结合。它既是社会化大生产和市场经济发展的必然结果，又是企业顺势而为、迎合时代要求的明智举措。

（1）持证上岗。

强化工作分析，对技术性岗位实行持证上岗。对先予上岗的一些情形，如员工民主选举产生的、通过公开招聘的、党政机关调任和军队转业安排的员工，须在任职后规定的时间内取得任职资格证书；现有企业员工，年龄在55岁以下的，也须在实行任职资格制度后的一段时间内取得相应的任职资格证书。同时，要对持证人员深化继续教育，实行动态测评，对不符合时代发展要求的人员或降级处理或取消其任职资格。

（2）公开招聘。

大规模公开招聘员工，不是简单地用高薪聘请的办法来吸引，而是力求在打破传统用人方式的基础上建立人才形成机制。因此，公开招聘的过程中要注意研究和解决建立人才激励与约束机制的问题，以建设一个能够体现人员价值、展现人员才华和能力的环境和机制。一是实行聘用制。不定行政级别，由企业对被聘用者实行合同制管理，使被聘用者真正对企业决策层或董事会负责，受董事会约束。二是实行试用期制。试用期间享受企业相应的岗位待遇，试用期满后对经考察不适合或不胜任者予以解聘，并不再保留相关待遇。三是实行年薪制并采取加股权、期权的办法，实行动态管理和长效约束，把被聘用者的努力程度、工作业绩及工作成果与企业的利益捆绑，激励其提升业绩。

（3）退出机制。

建立不称职和不胜任现职人员的退出机制。由于历史原因，一些员工的年龄、文化知识和专业结构不尽合理，加上有的员工思想政治素质不高，工作作风不严谨，而表现为不称职、不胜任现职。在大力引进优秀人力资源的同时，如果不认真研究和解决好不称职、不胜任现职人员的退出问题，势必难以聚集引进人才、开发人才的综合效益。竞争上岗是许多企业钟爱的人力资源配置方式，但它不是万能的。实践才是检验人才的唯一标准，竞争上岗是“相马”，而非“赛马”。既然是“相马”，就可能相不准，可能会有善于现场表现但实际能力不强的人竞争成功，因此实行“岗位动态管理制度”就显得尤为必要。要提高认识，形成“能下”的氛围；制定办法，明确“能下”的依据；强化考核，落实“能下”的对象。对考核不符合要求的在岗者通过下岗、换岗、淘汰等方式进行动态调整，包括动态竞岗和末位淘汰等具体制度。应聘、待聘、解聘等硬性条件和操作办法有待规定，以保证配置工作有章可循。①

（4）强化激励。

在一个有活力的企业里，处处存在着竞争，没有竞争就没有发展。员工配置要强化激励优胜的措施，用市场化的激励措施克服员工的两种消极心理。一是陪练心理：认为人选早已内定，报名也只是陪衬；二是顾虑心理：虽然想竞争，但是因为怕被人误解为“有野心”，或向领导“叫板”，而不敢报名。强化激励措施即是增加员工主动参与配置的效价，从而可保证全员参与。只要是有想法，有能力者，都可以去参与，多中选一、优中选优的目的即可实现。

（四）定期整合

在招聘环节，本书已经探讨过库克曲线与喀兹曲线的经济学意义。当时我们所推崇的观点是全部卧倒法，就其本质来看，是对员工配置的定期整合。人不流动则思想禁锢、僵化。历史的经验和人力资源管理实践告诉我们，人才的定期重整，对于防微杜渐、废除终身制、开阔视野、培养人才、发现人才、强化制度改革十分必要。

1. 库克曲线与定期整合

库克指出，为激发员工的创造力，应该及时变换工作部门，促进人力资源流动。研究结果表明：一流的人才正因为流动而思路开阔，有创造性，也说明人才只有在流动过程中才容易找到最适应发挥其才能的岗位和环境。②

对于新上岗的员工而言，承担任务具有的挑战性、新鲜感，以及新环境的激励，促使其创造力快速增长。当员工的创造力经过一年左右的峰值期后，即步入衰退期，将持续下降并稳定在一个固定值，如不改变环境和工作内容，创造力将在低水平上徘徊不前。这不是激励机制出了问题，而是配置重整方面出了问题。

2. 喀兹曲线与定期整合

喀兹曲线告诉我们，组织和人一样，有成长、成熟和衰退的过程。超过五年就会出现组织老化，解决的办法是通过人才流动进行改组。喀兹的组织寿命学说从组

① 申海强．构建有效的员工退出机制，提升企业核心竞争力［J］．中国经济与管理科学，2008（5）：51－53.

② 叶金松，吴存凤．库克曲线与中国人力资源管理［J］．经济与管理，2007（1）：56－58.

织活力的角度证明了员工流动和人员退出的必要性。①

人力资源整合将使员工的价值得到真正实现。喀兹曲线表明，在一起工作的人员，在一年半到五年的时间里，信息沟通水平最高，获得的成果也最多；而在不到一年半或超过五年的时间里，成员信息沟通水平不高，获得的成果也不多。这是因为相处不到一年半，不熟悉，尚难敞开心扉，而相处超过五年，彼此熟识，相互失去了新鲜感，可供交流的信息减少。对个体人才而言，由人才团队带来的协作、学习、竞争、节约等集聚效应不仅可以使人力资本价值得以实现，还能够带来新的人力资本积累，提高员工个体的技术知识水平和创新能力，为个人发展提供良好的机遇和广阔的空间，实现个人与组织的同步发展。

3. 最优施压点与定期整合

组织和员工必须共同面对职场上的工作压力，对工作压力的共同管理也有助于组织发展目标和个人创造力的激发与保持。适当的压力对工作绩效有显著的影响，在低压力的情况下，工作对于员工来说没有挑战性，员工不会呈现出较佳绩效；当压力达到某一点时，即可改善员工的绩效水平。对工作任务而言，其存在一个最优的压力水平点，这个点就是适当的工作压力，过了该点，工作绩效就开始下降。所以要保持员工的创造力就要使员工认识到这个点，给员工最适当的工作压力。定期整合即备择良策。企业中一定程度的人员流动是不可避免的，这样的流动率可以形成企业人员的“新陈代谢”机制，通过人员重组在一定程度上避免思维的同质化。

4. 求变应变与定期整合

人力资源管理需要关注原来的组织与未来的组织，以及这两个组织之间有什么样的变动。这个组织会不会因为公司里即时的改变而变动得特别快，所以要建立起一个观念，组织可能是常变的，定期整合是必要的，一成不变是很危险的。整合过程中整体绩效是重心，整合就是整体绩效的最佳组合。整合可以有多种，可能是甲部门与乙部门合并，也可能是甲部门拆分为乙部门和丙部门，更复杂的则是部门与人员的交错整合。所以组织里面分久必合、合久必分，会有这种反反复复的状况，最重要的是企业所追求的是最佳组合。像有些企业，原生产线生产的产品已经沦为低阶产品，原生产线上的员工如何分配？这些员工能不能够成长？如果他不愿意成长，就会遭遇淘汰。

人力资源整合不仅能使员工价值得以实现，而且还能带来整体的系统效能大于部分效能的集聚效应。一个定期重整的知识型组织中，可以实现知识、技能在人与人之间动态的互补、共享和积累，使整个组织的创新力在规模上无限扩张与加速增长，保证组织形成持续的创新能力，进而推动收益递增、绩效持续增长。②

（五）配置革命：企业无边界

常规的运营对企业创新而言，可能是一种桎梏，它体现为企业边界。正是这些

① 吴惠敏．中国西部地区人力资源开发新思路［J］．云南财贸学院学报，2002（6）：86－89.

② 翟才忠．整合管理：创建高价值企业［J］．企业管理（北京），2002（11）：24－26.

边界阻碍了创新思维的流动，所以需要打破这些壁垒，建立一个无边界的透明企业，让创新思维自由流动。“无边界”理念的提出，可以使员工配置的观念发生革命性的变化。

1. 关于企业边界切分

企业环境的因素几乎是无限的。它既包括政治、经济、科技、社会文化等宏观环境因素，也包括竞争对手、供应商、购买者等市场环境因素；既包括企业的组织结构、技术水平、管理能力、企业文化等内部环境因素，也包括自然环境等诸多外部环境因素。如果将这四个方面的环境因素再进一步细分，则世间的万事万物几乎都会囊括在其中。

于是就产生了一个问题：企业管理者的知识和能力总是有限的，而有限的知识和能力怎么可能去分析并把握无限的环境因素？于是我们必须要讨论企业环境研究的边界问题。也就是说，如果不明确企业环境研究的有限边界，企图把所有因素都纳入企业环境因素分析的范围，不仅在理论上不可行，而且在企业管理的实践中也不具有可操作性。

2. 经济学的解析

传统经济学认为企业边界是由有形资源决定的。此时，企业关注的目标是内部经济，即实现单位产品成本最小化。由于存在组织成本和协调成本，因此，对企业而言，必定存在一个转折点，超过了转折点，企业会从规模经济转入规模不经济。这个转折点就是企业的边界。理论经济学的解释如此明晰，但事实上是人们由此展开了寻找企业边界的漫漫征程。

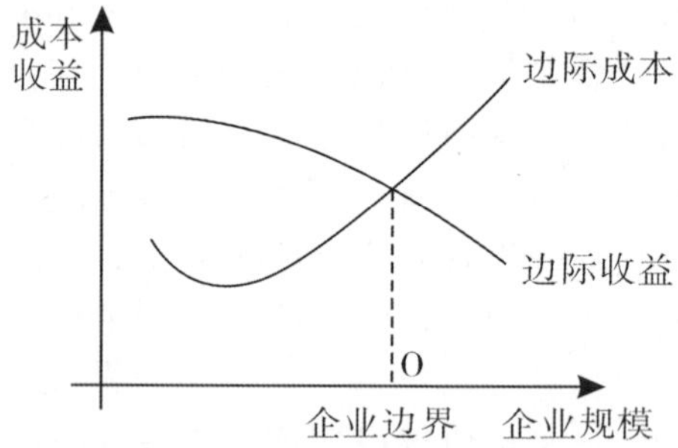

图 3－7 企业边界的经济学解析（1）

（来源：李海舰、原磊，2005）

传统经济学认为企业边界在边际成本等于边际收益之处（见图 3－7）。然而随着信息技术与知识经济的发展，企业边界不断被突破，并有趋于无穷的态势。这是因为，在信息经济条件下，企业随着边界扩张，边际成本递减、边际收益递增，边际成本曲线和边际收益曲线无法随着企业规模的扩大而交于一点（见图 3－8）。①

① 李海舰，原磊. 论无边界企业［J］. 中国工业经济，2005（4）：94－102.

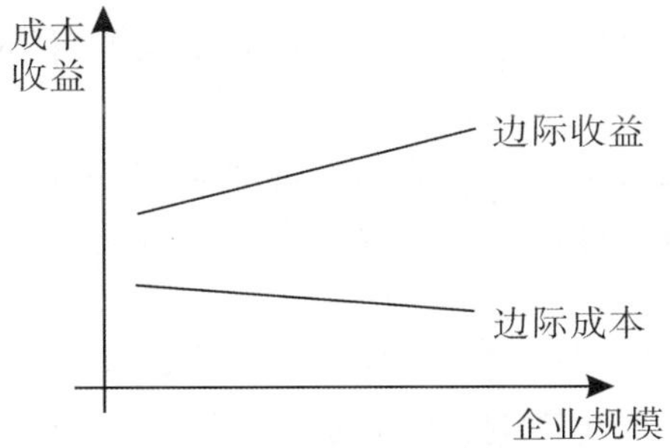

图 3-8　企业边界的经济学解析（2）

（来源：李海舰、原磊，2005）

在现实中，这种类型的边际成本曲线和边际收益曲线往往体现在一些产品知识含量较高企业的运营实际中。请注意：在网络经济充斥全球，信息革命席卷各行各业的时代背景下，这种企业不仅将越来越多，而且将越来越居于领导地位。由此引起的对“企业边界”的革命性再认识已经到了不得不进行的时候了。

3. 重新审视企业边界

正如前文所述，世间万物都可能构成企业环境因素。企业的确无时无刻不在吐故纳新，与有形外界进行各种交流，企业边界与企业环境因素间的关系是绞合的，难分你我。甚至在某些情况下（比如并购等），它们之间的转化也是很微妙的。那么，硬要把企业边界划分清楚，是否有意义呢？

笔者认为，单一地追求或寻找企业边界将会“迷失自我”。企业会认为这个是“我”的，那个不是“我”的，从而割裂地看待与外界的关系，缺乏交流性、针对性。“以‘我’为主”的打法在市场中一旦受制于某个环节，就可能导致全盘皆输。

但是如果站在另外一极来看待这个问题，同样会得出不分你我的研究于企业有何益的悖论，两者混同一谈的结果岂不是更加“迷失自我”？

诚然，环境因素确实是企业所要面临的一个难题。关于其复杂性、可变性研究已有大量著述，前文也有所提及，此处无须赘言。寻找企业边界始终让人似懂非懂，将信将疑。换位思考的话，我们会发现边界问题并非企业发展现实中的瓶颈。如此格物致知很可能导致形而上学的结论。那么问题的关键应该在哪里呢？笔者在这里做一个大胆的猜想——它应该是企业如何有效利用内外部资源从而对企业绩效施加影响、控制。

本书提出这样一个观点，目的在于言明企业并非只是受制于环境的客体，从而摆脱“环境决定论”与“环境适应论”。笔者的观点也不仅限于“相互影响论”，因为此处需要强调的是“有效运作”与“控制、影响”，前者强调对内外资源善意的、合理的利用，后者着重有意地正向追求运营效果，应该说该理论是与“共同进化论”暗合的。如果持有这种思路，博弈的结局将会有纳什均衡出现，无论是环境还是企业都会从中受益。而如果从和谐的角度考虑的话，企业与环境确实应该实现双赢！

4. 越过“边界”谈“互动”

因此，我们的目光就聚焦于企业内部环境各要素与外部环境各要素的互动关系上了。

武汉大学的赵锡斌教授认为：企业内部各要素与外部各要素之间存有相互作用或相互影响的关系。例如，政府的经济政策会对企业管理者的决策、企业经营活动以及企业绩效产生影响；而企业管理者的决策、企业经营行为以及企业绩效也会对政府制定或调整经济政策产生影响。又比如，竞争对手竞争策略的变化会对企业决策、经营活动及企业绩效产生影响；而企业的决策、经营活动、企业绩效的变化也会对竞争对手产生影响。再比如，自然环境的变化会对企业决策、经营活动和企业绩效产生影响；而企业决策、经营活动和企业绩效也会对自然环境产生影响。① 也就是说，企业内外部各要素之间都是相互影响、相互改变的互动关系。这种互动的关系，在现实中是普遍存在着的客观事实。可以说，“互动”的探讨，是对既有理论的一种突破，它绕过了“边界说”，给我们带来一个全新的视角。

5. 互动因素

根据已有的企业关键因素分析，赵锡斌教授提出，要着重从12种关键环境因素着手研究，分析它们之间的相互关系及其对企业决策和企业绩效的影响。

（1）经济。

主要是一国总体或企业所在地区的经济情况、人均可支配收入及价格指数等变动状况。经济环境既能给企业带来发展机会，也可能产生威胁。

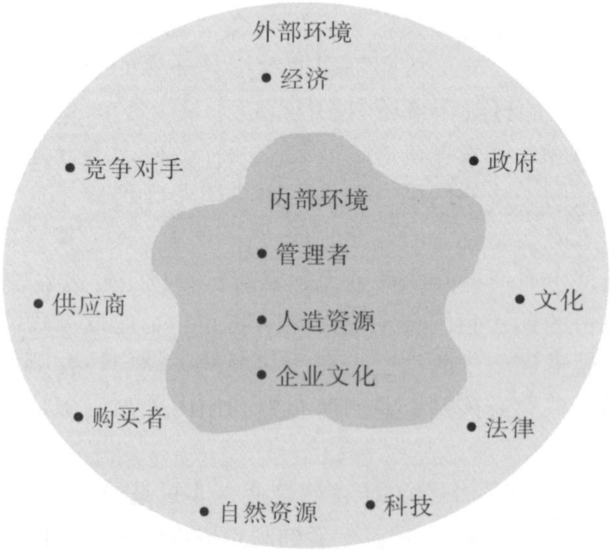

图3-9 互动因素模型
（来源：赵锡斌，2005）

① 赵锡斌，温兴琦．我国民营企业发展环境分析［J］．经济体制改革，2005（2）：55-58.

（2）政府。

主要是政府职能定位和政府及官员对企业的干预程度以及政府政策、条令等对企业决策与绩效的影响。如政府越位，过多地直接干预企业经营活动，不合理地设限或设租，企业的自主权受到破坏，那么，企业的发展就会遇到种种困难。反之，如果政府只做市场不能之事，企业的事由企业自主决定，则企业的发展就会有一个良好的环境。但从另一角度看，如果政府仍掌握着大量的企业所必需的关键资源，而企业可能以相对市场较低的交易成本从政府获取这些资源，以实现相对较高的企业绩效——这就为政府官员寻租带来了机会，企业的动机也比较强。

（3）文化。

这里主要是指一个国家、一个民族或一个地区的文化传统，如社会价值观、信仰、社会习俗、伦理规范、思维方式和行为模式等，也包括外国文化的渗透。社会文化具有无形性和普遍性的特点，作为外部因素之一，它对企业内部环境因素如企业文化的形成以及限制具有重大的影响。

（4）法律。

法律法规对企业来说是具有强制性的行为规范，因而是影响企业决策和绩效的关键环境因素。尽管强制性的法律规范给企业设置了若干行为准则——如《中华人民共和国公司法》《中华人民共和国证券法》的诸多强行规范，但是它同样给了企业一定的机会在法律的准绳内充分发展——如修改的《中华人民共和国公司法》中一降再降的准入门槛及投资门槛的降低与取消等。

（5）科技。

科学与技术的发展速度日益加快，不断改变着人们的生产和生活方式。昨天还在津津乐道的技术和工艺，今天可能已经落伍；今天的新技术、新工艺，明天可能惨遭淘汰。不断迎接科技革新，对企业来说意味着广阔的前景与巨大的挑战。而作为第一生产力的科学技术，其所影响的范围几乎涉及企业内外环境的各因素。

（6）自然资源。

这里主要指企业所处的自然资源环境，包括地理及区位、土地资源、矿产资源、生物资源、水资源、大气资源、自然生态资源等。企业所处的自然资源环境状况对企业经营方向的选择会产生重大影响。靠山吃山，靠水吃水，那么山穷水尽又该如何？可见，自然资源同样是把双刃剑。

（7）购买者。

供买者包括采购商和消费者，他们从企业购买产品或服务。购买者的意愿、购买行为及偏好等方面的变化，对企业的决策与绩效会产生直接的重大影响。“顾客即上帝”的信条为诸多企业所信奉并推崇。但企业需要注意：忠诚的消费者永远是相对的。如果不能满足消费者的需求意愿、需求结构、购买行为及偏好等变化，将使消费者改变购买决策。

（8）供应商。

与购买者相对应，供应商包括原材料提供商和服务商。他们向企业提供从事生产所需的原材料、燃料、零部件等物品资源和信息、技术、资金等服务资源。如何稳定地获取企业必需的资源，并降低交易成本和生产成本，提高产品与服务质量，是企业生存与发展的关键。企业与供应商微妙的关系很可能使企业产生收购的欲望，进而将其内部化。当然，另一个趋势是企业为节约成本而将某一环节外部化，即外包。因此，资源获取的有利方式的重要性甚于供应商本身。由它而形成的机会与威胁，也是左右企业绩效的关键因素。

（9）竞争对手。

竞争对手包括国内外生产、提供相同或相似产品和服务的企业，也包括替代品的生产者或潜在进入者。竞争是市场经济的一大特征。随着市场环境的变化，企业之间的竞争日益激烈，竞争策略和手段日趋多样化。"左手挥拳，右手握手"是竞争者之间的真实写照。竞争者之间的"协同"与"勾结"，有时可以把市场做得更大。这就要求企业在"与狼共舞"的同时审慎地处理与竞争对手的关系，谨防一招不慎，满盘皆输，努力把博弈引向最优。

（10）管理者。

企业何去何从，很大程度上取决于管理者——此处所指的是管理团队。管理者的素质、能力、企业家精神等，对企业决策与绩效的优劣以及企业成败起着关键的作用。公司政治的激化会使管理者常为一己之私而明争暗斗、相互掣肘，这样的企业将举步维艰。如果管理者的素质高、能力强、勇于承担责任，与企业步调一致，企业就会更上一层楼。需要提出的是，管理者在因素理论上应该是最可控的，然而客观事实上又往往表现为最不可控——直面现实需要一种勇气；要企业去短扬长，管理者就应"三省吾身"。

（11）人造资源。

赵锡斌教授认为：人造资源是指非自然形成的、通过市场交换可获取的资源。在企业内部，这些关键资源包括信息资源、物质资源、技术资源、人力资源等。其中，信息资源又可能是最重要的资源。因为，环境是作为信息输入企业的。信息的收集、整理、加工、储存以及信息的利用能力，是影响企业决策与绩效的宝贵资源。卓越的管理者和资源，尤其是灵敏准确的信息，就是企业运筹帷幄、决胜千里的前提保证。

（12）企业文化。

企业文化包括企业的价值观、职员习惯、伦理道德、企业精神等。企业文化，具有导向、凝聚、激励、约束企业员工行为，塑造企业形象等功能。因此，优秀的企业文化是企业无形的经济资源。它可在潜移默化中引导企业员工协调一致地自觉做出有利于企业价值观和企业目标的行为选择，激发创新精神，节省交易费用，提高资源配置效率和边际收益。卓越的管理者和优秀的企业文化，可形成企业持续的核心竞争力，使企业实现可持续发展。①

① 赵锡斌．深化企业环境研究，提高企业管理水平［J］．武汉大学学报（哲学社会科学版），2005（4）：437.

二、柔性

柔性是指组织结构的可调整性，对环境变化、战略调整的适应能力。在知识经济时代，外部环境以远快于工业经济时代的速度嬗变。因此，组织的战略调整和组织结构调整必须及时，应运而生的柔性组织结构使其运作带有柔性的特征。

（一）兵无常势

“柔性”指适应变化的能力和特性。“柔性”有时被认为相当于“敏捷”，能根据环境的变化迅速调整思路，避开威胁，但“柔性”与“敏捷”是有区别的，“柔性”还含有忍受变化所带来的负面影响的能力，有坚强、韧性之义。组织的柔性化是指企业具有参与国际竞争，对变化不断反应，以及适时根据可预期变化迅速进行调整的能力。按照经济学“巨人”加尔布雷斯的归纳，“可塑性组织包括一个职能结构，围绕这一结构，项目组及小型业务单位不断被建立、合并、解散。这些单位集中于产品、分销渠道、流通环节、顾客、地区、供应商、技术等领域”。组织的这种可塑性正是本书所探讨的柔性。柔性组织是一种松散灵活的、具有高度适应性的组织形式，能够弥补传统组织个性的不足。①

1. 刚柔并济

管理要有一定的张力，同时又要有一定的韧性，要允许下属有一个自我认识、自我改正的过程，不要过分急躁、过分强求。需要果断的时候就不能优柔寡断，需要灵活的时候就不能保守僵化。常规的职能划分、流程管理、目标管理、制度管理是企业必不可少的刚性管理方式，因为它们能够为员工明确奋斗目标和工作程序，是管理的坚实基础。有了这样的管理基础，才能更好地发挥柔性管理的作用。但同时，如果员工的主人翁精神能够被充分激发，在问题产生时主动补位，并在组织内流动起来，自觉自愿地为企业发展尽心尽力，企业管理即可事半功倍，这就是柔性管理的根本目的。

2. 相机而动

企业经营要在“先为不可胜”的基础上，学会在运动中进行战略转移，寻找“待敌之可胜”之机。当企业资源处于劣势，市场竞争白热化使行业利润下降，市场前景不佳时，采用防御型战略；当企业资源处于劣势，但市场环境机会看好时，采用巩固发展型战略；当企业有较强的资源优势，市场环境机会看好时，采用进攻扩张型战略；当企业有较强的资源优势，市场竞争白热化使行业利润下降，市场前景不佳时，采用竞争转移型战略。企业管理者好比军队的指挥官，他必须根据快速变化的战场情况来组织、部署兵力。静态的人员组织结构只适用于静态的市场环境，最优的人员组织结构应该是灵活的、动态的，可以因市场变化而及时调节的。善于

① 孙健．柔性化组织的管理理念［J］．中国行政管理，2007（9）：60－62.

用兵打仗的人，会去努力发现、创造有利的态势和机会，并不对下属求全责备，而是依不同的形势去选用合适的人才，来把握和利用态势和机会。企业应能把握商场上的“势”，及时组织合适的人力，抓住商机，而不是消极地对员工求全责备。人员的组织结构只是手段，而非目的。它必须能因“势”的变化而变化，让合适的人才在合适的位置上，把握好机会，发挥出作用。

3. 项目运作

当新技术、新产品正快速进入市场时，公司必须组织不同的团队，以不同的“新项目组”的形式，来开发设计新产品、新服务和新的解决方案。所以，柔性组织往往是针对项目而运作的。理想的项目化企业，其组织结构应有三个特征。首先是“静态”的部门服务于“动态”的项目团队；其次是部门之间的界限如同虚设，员工可横跨这些界限工作而不受不必要的行政约束；最后是让所有中上层经理接受变革管理的培训，使整个管理层能充分理解组织结构从一种状态转变为另一种状态的过程。这样，绝大部分员工在项目上而非部门里工作，同时每个项目都有明确的范围、完成时间和所需资源。这与那种大部分人员都进行日常固定工作的企业有很大的不同。①

孙子曰：“夫兵形象水，水之行，避高而趋下。兵之形，避实而击虚。水因地而制流，兵因敌而制胜。故兵无常势，水无常形。能因敌变化而取胜者，谓之神。故五行无常胜，四时无常位，日有短长，月有死生。”企业组织的变革如同用兵一样，必须根据不同的外部环境确定适当的组织结构。

（二）虚拟团队

在信息时代，组织要想放松控制以便灵活驾驭变革引起的各种冲突，这就需要它保持一定的速度和灵活性，使之迅速灵活地应变以不断创新。“虚拟”是信息时代的新概念，表示逻辑上存在而物理上却不存在；然而，它又能起到相应物理存在物的作用。虚拟团队，是指由共同理想、目标或利益所结合，跨地区、跨组织、跨部门并拥有不同知识和技能的人员，通过现代信息技术实现远程沟通和协调，以完成组织目标的契约式策略联盟。尽管是逻辑上的概念，但从整体看，虚拟团队仍是一个完整的团队，只要运用得法，也能起到现实中团队的作用。

1. 魅力十足

虚拟团队并非仅存于网络的虚拟世界中，它早就存在于真实企业中，通过互联网、电话、传真或视频来进行沟通、协调，甚至共同讨论、交换文件，以分工的方式完成事先拟定的工作，而不再有永远开不完的会议。虚拟团队最大的竞争优势就是低成本、高效率。低成本是指虚拟团队不需要额外的办公设备与空间，也没有加班费、退休金、遣散费的负担，同时还可以协助企业用较低的成本寻得更专业的人才。事实上，“虚拟团队”并非新概念，在信息时代其可以发挥得更淋漓尽致。在

① 曹洲涛，段淳林．企业组织结构与技术创新战略［J］．经济问题，2004（1）：49－51．

低成本之下，它可以创造出更多的商机与利润，以及提高专业性与竞争力。不论是数十人的小公司或是成千上万人的大企业，虚拟团队的观念与策略其实都可以被充分地应用。善用虚拟团队资源整合的优势，自然可以发挥以一当十，以十当百的杠杆效应。①

2. 形散神聚

虚拟团队的出现，对传统的组织形式和管理方法提出新的要求和变革。如何维护和管理虚拟团队，提高团队效率，日益受到关注。对这种无形的团队，只有靠有形的管理，才能做到“形散而神聚”。虚拟团队不一定依赖于一个看得见摸得着的办公场所而运作，但同时又是一个完整的团队，有其运行机制。它的存在跨越了时间和空间的限制，团队成员来自各个分散的地区，因此没有成员之间相互接触时所具备的特征。虚拟团队利用最新的网络、移动电话、可视电话、微信等技术实现基本的沟通，在技术上的诱惑力是显而易见的，但在管理上稍有不慎，就会造成管理的失控。所以，虚拟团队管理是非常重要的，管理者必须能够整合团队资源，并清楚地让成员知道整个任务的重要性。除了拟定项目目标外，还能够营造出成员的向心力，凝聚深厚的合作默契。因此，称职的团队管理者必须协助沟通，让团队能够顺利完成任务。在虚拟团队的运作过程中，管理者除了要不断掌控进度外，也要预测各种情况，避免危机发生。所以，随时保持危机意识，提早洞悉潜在危机，并随时安排备用人选待命，加长工作截止期限的缓冲期，就是在管理虚拟团队时，避免失误的重要法则。

3. 信任维系

面对虚拟的成员，传统的命令和控制方式已不再有力，欲真正管理好虚拟团队，必须调整虚拟成员的定位，并在虚拟团队中建立起良好的信任氛围。这种信任并非一成不变的，而是随环境和成员的变化而改变的。虚拟团队的管理者很可能担心：一个看不见的团队，如何控制呢？问题的症结就在于这种提问的方式。对虚拟团队的管理，我们无法先入为主地导入“控制”的概念，而控制和命令是传统团队管理的两大法宝。虚拟团队管理的核心问题其实是信任的建立和维系。如果我们仍需使用控制这一方式，控制的对象应该是信任本身。因此虚拟团队的管理体系和管理思维都是围绕着信任而展开的。② 在信任的建立和维系上，基本的规则有四个。

（1）信而有情。授信给不应得到信任的人是一种失误。另外，在信息时代更常见的陷阱是企图在纯粹的数字化中建立信任。试想，当面对冷冰冰的机器，联系的对象都是数字化代码或单纯的电邮地址，怎么能给予对方信任呢？这可能是网络经济中的最大悖论：组织的虚拟程度越高，人们对人情味的需求就越强烈。

（2）信而有限。无限的信任既不现实，也不合理。组织对虚拟团队成员的信任其实是一种信心，即对成员能力的信心，以及对他们执行目标决心的信心。做到这点，必须对组织重新建构，比如改变按照层级分派下达的方式，转而建立任务明确的工作单元。在这种情况下，可以最大限度地释放信任和自由，由此产生的利益将

① 奚玉芹，戴昌钧．虚拟团队及其管理价值研究［J］．科技管理研究，2008（12）：409－411.
② 胡峰．论虚拟团队管理中的信任问题［J］．生产力研究，2009（3）：140－142.

避免职能重复的弊病。

（3）信而有学。为实现最大程度的信任而建立的工作单元，如果不能跟上市场、客户和技术的变化，对整个组织将会造成巨大损失。因此，这些单元的员工就必须时刻紧跟变化的步伐，并形成一种不断学习的文化。这对组织的人力资源政策提出了挑战：一旦招聘的人员不具备这种经常性的学习心态，则无法实现及时的知识和能力更新，最终迫使组织收回信任。

（4）信而有约。对追寻商业目标的企业组织而言，信任不仅是一种主观的反应，其还应该和契约联系在一起。在给予独立业务单元信任的同时，必须保证该单元的目标和整个组织的目标一致，这就要求信任和契约相辅相成。在给予充分信任的同时，保证个体目标和整个团队目标的一致性，以契约的形式明确成员的权利、义务及违约责任等。

4．角色转换

信任为虚拟团队的管理者带来另一个两难问题：员工角色。虽然员工得到了信任，但他会不会把信任寄托给一个他所看不见的虚拟化组织？传统经济学中这一问题比较容易解决，员工是组织的人力资源，他们和组织间是一种合同制的关系，良好的薪金、开阔的职业发展路径、挑战性的工作都可成为他们工作的激励因素。在知识经济时代，员工所代表的无形资产在很多企业中已经远远超过有形资产的价值。作为高价值的无形资产代表者，他们可以轻易离开所处的团队，尤其是以信任而非控制为主导管理思想的虚拟团队。这一风险的存在往往会引发恶性循环：投资者为规避风险，急于尽快收回投资，不惜采取短期行为，而管理者迫于投资者的压力，施压于现有员工，这又会加速员工的离开。

消除虚拟团队中的恶性循环，最理想的方式是改变员工角色定位，就是把他们从“劳动者”的角色转换为“会员”角色。作为会员，他们需签订会员协议，享有相应权利并履行相应义务，更重要的是参与管理。例如，如果会员反对，俱乐部是不可以拍卖的。虚拟团队员工的会员化，道理完全一样。成为会员后，员工的归属对象就不再是某个“地方”，而是某个“社区”。这种情况下，对虚拟的社区他们也会产生归属感。“劳动者”转换成“会员”，虽然不等同于把所有权拱手让渡，但这一改变无疑会削减所有者的权力。因此，股东的角色也须相应地从“所有者”转换为“投资者”。他们追求回报，但同时又要承担风险。另外，他们也不能越过会员转卖公司，或是轻易向管理层发号施令。虚拟是无形的，而管理的转型却实实在在。不难预计，谁能顺利地实现这一转型，谁就能在知识经济的新一波发展中抢占先机。

（三）企业虚化

信息科技的迅猛发展，使得虚拟企业在知识经济时代大量涌现。企业的虚化问题因此受到普遍关注。

1．何谓虚拟

组织间和组织内各部分相互沟通、协调的方式是组织结构的重要内容，信息技术作为一种低成本的控制手段降低了交易成本，促使企业和外部企业组成一些各自独立的组织，为达成一定的目的而暂时组成某种同盟，或松散或相对紧密，由此可以克服单个企业在空间和时间上的局限性。这是一种能保持集中和分散活动协调统一的组织形式，企业之间的合作关系可以突破传统的、长期的、固定的模式，通过网络并应用现代信息技术进行分散的、互利的合作。这种发展的趋势就是组织的虚拟化。组织虚拟化后成员间的合作关系往往是在一个项目完成后即告解除，成员则根据自身的资源禀赋和市场机会重新组合，采用这种组织形式的企业即为虚拟企业。企业的虚拟化是通过组织内、组织间高度的网络化形成的，网络使企业把员工与员工、员工与客户直接联系在一起，减少了传统企业通过上下级构成的纵向和部门间的横向联系环节，使企业组织本身成为“空壳型组织”。

2. 虚拟化浪潮

目前在世界范围内，企业正在掀起一股虚拟化的浪潮，进行分散化、裁员、建立联盟以寻求技术与组织的创新。为什么虚拟企业的思想这么诱人？这是因为人们已经开始相信科层组织的弊端可为柔性组织所改善。实际上，虚拟企业是战略与结构的有机结合，它既是一种企业间的暂时组织形式，也是企业有效的竞争战略之一，或称战略联盟。不同的成员企业通过组建虚拟企业，可以各自发挥竞争优势，共同开发一种或几种产品，最终把共同开发的产品迅速推入市场。成员公司共同分担所有的成本费用，并分享先进技术。虚拟企业与传统的企业组织形式相比较，明显具有松散性、灵活性、生命力强等特点，而且虚拟企业的联盟，突出的是技术联盟。但企业间要结成技术联盟，必须具备一定的条件，即企业需要有核心技术存在、企业优势具有互补性、要有一个果断高效的决策机构。

不难看出，以虚拟企业作为目标组织模式的企业组织创新的本质在于：一方面是通过市场机制来激励企业的创新行为和实现对环境变化的快速响应。虚拟企业利用市场来协调它们的大部分经营活动，可以迅速完成开发、制造、市场化和服务等一系列环节，而这是以往的传统企业难以做到的。另一方面则是借助外部环境中的组织资本来实现自身组织资本的增值。虚拟企业可以充分利用外部的人力资源和组织资源，实现资本的快速增值。不要幻想本行业的精英都在本公司工作，要利用外部资源，最好的方式就是将企业虚拟化。正是这两方面的优势，使得虚拟企业成为许多企业组织创新的理想目标模式。[①]

3. 虚化慎行

从企业核心能力成长、组织学习和知识管理的角度看，虚拟企业的激励和效率优势同时也是其弱点。激励增加的同时风险会增大，而且随时间的推移和范围的扩大，通过市场调节所得到的效率也会越来越低，更重要的是，导向那种过分依赖虚拟企业的组织创新，或会严重损害企业固有的组织学习机制和知识共享机制，从而影响企业核心能力的培育和成长。因为，在企业努力寻求市场关系代替原有的组织关系以增加

① 郭雪飞．虚拟企业人力资源管理探讨［J］．财会通讯［综合（中）］，2009（8）：144－145.

组织的柔性和灵活性的同时，极容易失去另一种柔性和灵活性，即来自组织视野的认同和组织学习的柔性与灵活性。企业外部环境的变化总是通过各种途径显示出来的，而且这种变化更多的是通过企业的文化子系统或隐含的学习过程表现出来，并且会在整个企业系统内进行传递。如果过分关注于虚拟化而不注意企业核心能力的完整性，将使与核心能力有关的辅助或次要功能市场化，那么，以文化为纽带的次级子系统和非正规调节子系统就会失去或难以发挥其应有的作用，造成创新过程中学习循环的中断，严重影响组织知识的有效积累。这种情况的出现，相当程度上在于忽略了企业组织创新的隐过程。因为，即使将结构与战略联系在一起，从战略联盟的角度来考虑虚拟企业的创新过程，往往也仅是从操作子系统和正规调节子系统出发，侧重于产品和技术战略进行有关导向于虚拟企业的结构调整，而没有从与文化子系统乃至组织视野相结合的角度，来全面考察战略、结构与文化的创新过程和孕育其中的学习过程、知识管理过程，以及它们与企业核心能力之间的关系。① 应根据虚拟企业主要是一种以技术为核心的战略联盟的特点，有针对性地分析组织拟通过虚拟企业进行的技术创新类型和企业学习机制特点，进而决定企业的虚拟程度。

4. 何时虚拟

企业虚拟经营不是为了赶时髦，更不是为了虚拟而虚拟。当企业发展到一定阶段，成长到一定时期，就有必要虚拟。善于选择虚拟经营的时机，是摆在企业面前的一个重要课题。那么，到底什么时候选择虚拟经营呢？

（1）亏损严重。企业所从事的业务出现较为严重的亏损是企业需要考虑虚拟经营的首要信号。企业发生大的亏损，表明企业运营成本过高，此时企业就不宜固守成规，而应该大胆地尝试虚拟经营，以降低成本，提高收益。

（2）战略调整。企业的经营战略有重大调整也是企业考虑虚拟的重要信号。譬如，企业认为没有必要把太多人力、物力投放生产环节，或希望在新技术的研究和开发上做更大的投入，争取在将来的竞争中抢占有利地位。未来的经营中，虚拟经营将会在配合企业重大战略决策中发挥越来越大的作用。

（3）竞争激烈。随着世界经贸格局的进一步形成，市场竞争空前激烈，以国外品牌和中国诸多新创品牌为代表的众多厂家、商家加入竞争的行列，使竞争从激烈走向残酷。企业要安然自保，就须“大隐于市”，通过虚拟经营来应对过于激烈的市场竞争。

5. 何以虚拟

在正确地选择虚拟经营的时机之后，就要解决如何虚拟的问题，即企业到底哪些部分是应该虚拟的。对不同的企业而言，答案是不一样的。在对虚拟环节进行决策时，应着重把握好三个原则。

（1）标准化原则。所谓标准化原则，是指虚拟的环节是标准化处理的，已经有了统一的技术、性能要求的，而且，达到这一要求的工艺、技术也已经是众所周知的，一般的企业都能生产达到要求的产品。也就是说，企业与市场共享的那部分或

① 周晶晶，龙君伟．虚拟企业的文化冲突与共融［J］．科学与管理，2007（B10）：50.

环节不宜包含特别的技术诀窍。如果企业经营的某个环节或产品的某个部件能够符合上述要求，就可以考虑虚拟经营。

（2）强化竞争优势原则。企业要通过虚拟经营，加强自身的竞争优势，使有限的人力、物力、财力投入最能提升竞争力的领域。“有所不为，才能有所为。”虚拟的目的就在于，做价值链上含金量最高的部分，只要虚拟经营对提升竞争力是有益的，就可以去做。

（3）规模经济效益和灵活性原则。虚拟经营要能给企业带来规模经济的好处和增加企业的灵活性，如果虚拟经营不够经济或在产品质量、技术要求等方面受制于人，降低企业的灵活性，就不宜实行虚拟经营。换句话说，虚拟经营要能使业务获得更好的规模经济效益及更大的灵活性，才有利于巩固保持企业在市场中的领先地位。

6. 何处虚拟

怎样虚拟，虚拟到什么程度，对成功达到虚拟经营的目标都是十分关键的。虚拟经营绝不是越“虚”越好。

（1）品牌不能“虚”。品牌是企业在市场中赖以生存的标志，是企业标识自身及其产品的标签，所以它是企业避免同质化竞争的最后一道屏障，是企业最有价值的资产，企业在虚拟经营中，如果连品牌都虚拟了，将是十分危险和得不偿失的。

（2）核心专长不能“虚”。通过虚拟经营，将集中力量进行企业所专注的技术研发、产品设计、品牌推广和市场营销业务，生产和供应可能就会交由市场去负责。这样做的目的，是将含金量最小的一部分，譬如生产环节虚拟出去。含金量最大的研发仍由企业控制。这就需要企业认清其价值链。虚拟是建立在对自身价值的清醒认识和准确把握的基础上的。核心价值环节留在公司内，其目的就是要做价值链上企业最擅长的部分。如果将核心价值环节虚拟经营，企业无疑将丧失核心竞争力。

（3）虚拟经营应该“虚”“实”结合。企业在选择进行虚拟经营时，最好有“实”体互为补充，互相依托，发挥“虚”与“实”的综合优势。许多全“虚”的电子商务网站连年亏损就是很好的反面教材。因此，虚拟经营要高度重视“虚”与“实”的结合问题。①

（四）推陈出新

之前说过，柔性是知识经济时代组织结构形式的一大特征。柔性是一个多维的概念：需要灵活性与多面性；与变化、革新和新颖相联系，与稳健性和复原力相联系；预示着稳定持续的优势和善变补强的能力。柔性强调组织内部具有参与外部变化，对意外的变化不断反应，以及适时根据可预期变化的意外结果迅速调整的能力。换言之，柔性强调适应需求变化的能力。有着强烈创新诉求的知识型组织，其结构是怎样的呢？本书无法给出具体的组织结构形式，具体的结构形式是由每个组织根

---

① 刘婷．从爱立信看虚拟经营［J］．企业活力，2001（4）：16－17．

据自身所有因素（包括其特定环境）在实践中加以设计的，这是个实践性很强的问题。[①] 企业既需要为提高员工的创造力创造环境，又不致造成混乱；既希望员工参与决策，发扬团队精神，又希望他们偏爱自己的工作专业；既需要专注于工作的员工，以团队形式工作，又不希望他们漫无目的地因事先未讨论而偏失方向；既强调容易考核的短期利益激励方式，这样员工就会努力完成有挑战性的工作，也重视企业对其长期激励机制的培育，从而使他们始终处于充满创造力的环境中。

1. 扁平

研究知识管理的学者预言：基于知识创新的组织结构将趋于扁平化发展。德鲁克认为："信息型组织的结构将更加扁平，看起来就像一个世纪以前的企业，与现代的大企业相去甚远。""在美国、欧洲和日本，高度创新的组织有着较为扁平的结构，较小的经营部门、较小的项目团队。"

所谓"扁平"，即意味着组织的中间管理层较少。这一结构特征是与其他结构特征相关联的：一个组织若规模庞大，它所需要的中间管理层必然较多。为了适应变化及保有灵活性，组织一般应尽力保持较小的规模。除了这种关联性原因之外，组织呈现扁平外观还有更深层的原因：扁平结构减少了决策与行动之间的时间延迟，加快了对动态、变化的反应，从而使组织的能力变得柔性化、反应更加灵敏。减少层次和压缩规模源于降低成本的需要，当然也反映了信息和通信技术对管理的冲击。[②] 中层管理的作用是监督他人，以及采集、分析、评价和传播组织上下与各层次的信息。但是，它的功能正随着电子邮件、声音邮件、大数据等技术的不断发展而减弱。而减少层次的潜在效应，即加快个人与小组对竞争与市场变化、更大跨度的管理幅度、增加的工作量和更广泛任务要求的反应。

2. 反转

组织结构的另一新趋势是"反转"。"扁平"是指组织的外观，而"反转"是指管理者与被管理者之间的内在逻辑关系。这很大程度上是由知识型组织资源要素的特征及其工作方式决定的。知识型组织的个体是专业人士，决定组织行动的许多信息不是来自管理者，而是来自基层的专业人员。德鲁克对此做了分析："在一个世纪以前，知识都掌握在企业领导手中，其他人只不过是充分帮助和劳动，按照指令行事，做着重复性劳动。在信息型组织中，知识却主要体现在基层，体现在专家的脑海里。这些专家在基层从事不同的工作，自主管理，自主决策。"这样，在知识型组织中，管理的职能发生了改变。"管理就是服务"成为必然，组织管理的角色是提供服务，而非发号施令，是清除障碍、开发资源、提供咨询、支持和帮助建立新的文化等。"反转"正是指知识型组织结构中管理与管理对象的这种内在逻辑关系与传统组织的倒置。

图 3-10 的倒金字塔形组织结构就是一个扁平与反转的结合体，它适用于管理

---

① 万良杰，李金林，冉伦．柔性化的企业组织结构设计［J］．北京理工大学学报（社会科学版），2002（4）：49-51.

② 梁江，刘彦．扁平化组织与柔性人力资源管理［J］．北方经贸，2005（5）：88-90.

型公司，尤其是采用广泛外包给分散个体的企业。

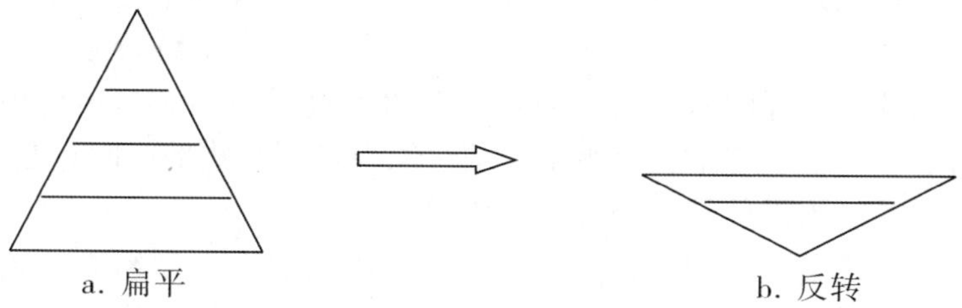

图 3－10　从扁平转向反转

（来源：陈喜乐、邵全辉，2001）

3. 橄榄型

为引导创新，企业的研发、生产和营销职能的比例结构须进行合理的设计。从整体上说，就是从橄榄型到哑铃型的转变。橄榄型组织结构是“两头小、中间大”，哑铃型则是“两头大、中间小”。橄榄型结构普遍存在于传统企业里，具体表现为技术开发能力小，营销能力小，而制造能力却很大——尽管其产品可能不是适销对路的。有限的资金和人力，主要被用来购买设备、建厂房、招工人，以提高制造加工能力，但这种结构的经济效益比较低，因为产品加工环节投入多而附加值小。

4. 哑铃型

哑铃型的组织方式则将重点置于市场与研发。组织的构成单位从职能部门转化成以任务为导向、充分发挥个人能动性和多方面才能的过程小组，职能性工作外包使企业的所有目标都直接或间接地通过团队来完成。企业可以随时把握战略调整和产品方向转移，进行内部和外部团队重组，以战略为中心建立网络组织，通盘考虑顾客满意和自身竞争力的需要，不断进行动态演化，以对环境变化做出快速响应。这样的结构可以使企业把更多精力放在研发、供应链和客户关系管理上去，使内部变得简洁、高效，其两端具有很大的向外扩张的能力，组织的边界就不断被扩大。在建立起组织要素与外部环境要素互动关系的基础上，向顾客提供优质的产品或服务。为了保证技术持续领先，企业可以硬性规定从每年的收入中提取一定百分比用于技术开发以研制换代产品。这种做法可以集中人力物力，取得重点突破。因而，哑铃型较橄榄型结构更易催生企业创新。

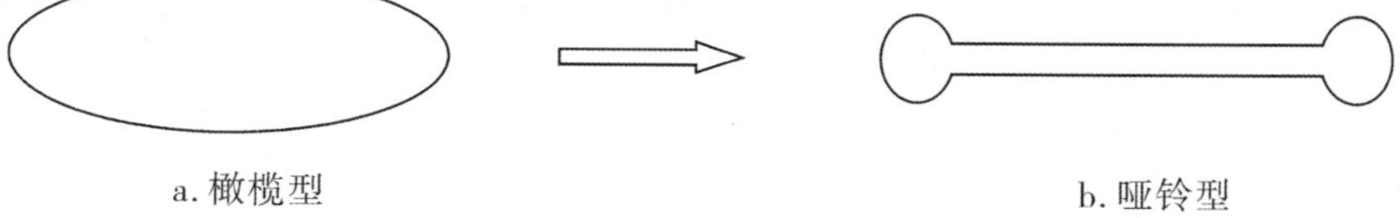

图 3－11　从橄榄型转向哑铃型

（来源：陈喜乐、邵全辉，2001）

5. 超越矩阵

矩阵结构又称“规划—目标”组织结构，它是在直线制结构的基础上，再加上一种横向的管理系统，将按职能划分的管理部门与项目小组结合起来，使同一小组的成员既与原来的职能部门保持组织和业务上的垂直联系，又与项目小组保持横向联系，形成管理矩阵。矩阵结构克服了传统组织中各个职能部门间相互脱节的现象，一定程度上促进了组织内部信息的交流和传递。

但是，对于需要更通畅的信息交流及更灵活机动的知识型组织，矩阵结构依然存在缺陷。知识型组织未必需要一个正式的矩阵结构达到信息沟通的目的，正如德鲁克所言：“未来信息型组织肯定要超越矩阵形式，而且有一点很清楚：它需要高度的自律，并更多地强调个人在人际关系和沟通交流中的责任。”超越矩阵的结构依据鼓励创新的原则而设计，它的特征可以概括为：松散的边界、跨部门的通路、灵活的任务分配、开放的信息系统和使用多学科的项目团队。

许多知识管理专家认识到，组建小规模的项目小组或许是实现超越矩阵的途径之一。这种项目小组根据解决特定技术问题的需要进行组建。小组的规模和要素配置都因需而定，任务结束可以自动解散。小组成员间的关系，不同于工业组织中直线制的“等级—命令”关系，也不同于矩阵结构。它在组织图中通过多条虚线或实线来表示。小组成员之间是平等的关系，组织良性运转所依赖的是一种基于科学评价的技术权威分层体系，成员对权威的服从是自愿的，而组织中技术权威“经常是以师傅对待晚辈，对待缺乏经验的学徒的姿态出现”。知识管理大师詹姆斯·布莱恩·奎恩（James Brian Quinn）用“蛛网”来贴切地形容这种超越矩阵的形式。

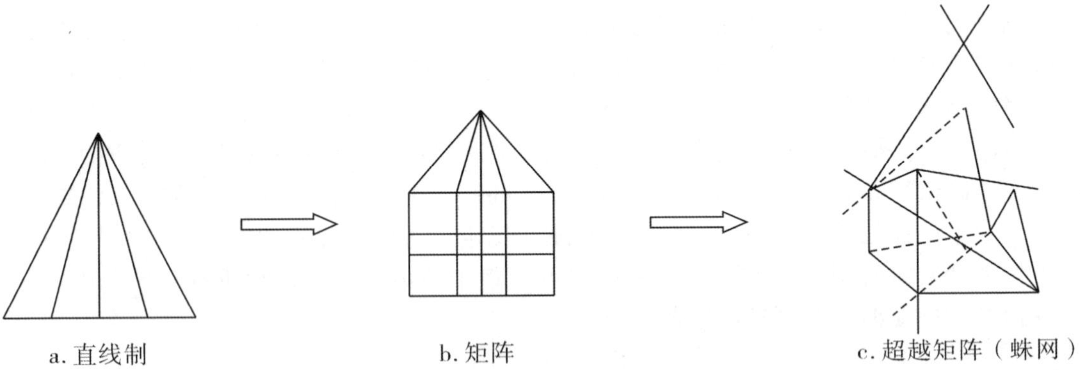

图3-12 从直线制转向超越矩阵

（来源：陈喜乐、邵全辉，2001）

6. 非正式组织结构

此处要讨论的是无形组织对知识型组织结构的影响。非正式组织存在于正式的组织中，著名的霍桑实验引起研究人员注意的即是该组织中的非正式组织。巴纳德在《经理人员的职能》一书中，将组织正式区分为正式组织和非正式组织两种，最早从理论上概括了非正式组织的概念：非正式组织是指在工作中联系起来的人群，但这些联合体并没有被正式组织的蓝图明确指定，所以它意味着在工作环境中的自然分组。

科学社会学的研究表明存在着两种主要的非正式科学技术组织形式：一种是由一些具有共同学术思想的科学家组成的，另一种则是被称为“无形学院”的科技非正式组织形式。后者在其运作过程中形成了一种特殊的分层结构，它是基于组织成员所获得的“承认”的不同而形成的等级体系，这种“承认”主要是根据科学家成果的质量和数量，即他对科学共同体所做的科学技术上的贡献而获得。由“承认”不同而形成的等级体系，不同于由权力和财产不同而形成的等级体系，它在本质上是一种权威结构。权威的行使和对权威的信仰、服从，完全是建立在双方自愿的基础之上的。这种自发形成的等级体系结构在许多方面都适合科学技术活动的需要，它理应引起对正式科技组织进行设计的重视。

（1）可以将这种无形的结构体系外化为正式科技组织的有形结构。譬如，正式科技组织的正式结构的领导中心数量与相对地位、等级层次的多少与幅度等都可以根据在一定程度上对非正式组织结构模拟得出。

（2）可以直接利用这种无形的组织结构力量。如果能清楚地意识到这种无形组织的力量发生作用的条件和效果，那么在正式组织的某些范围内，就可以有意识地直接利用。从外观上看，科技组织就是无结构的，它依靠无形结构来运转。当然，在何种程度上能够利用无形的组织结构力量，既依赖于对这种力量的全方位认识，也依赖于正式组织的具体情况。

（3）如果认识到科技组织中无形组织的作用，就能更好地认识到正式的科技组织力量的范围。进行正式组织结构设计时，就须思考，应该怎样使正式组织结构适应于非正式组织。组织需要协调相关资源并完成组织目标，除了正式组织内部成员的有效联系，成员与组织外无形组织的联系也是必需的。这种联系的广泛存在就意味着正式组织边界的模糊和内部正式结构的松散。①

三、网络

企业组织形式的选择从根本上讲是为了获得一种有效的协调机制，它的存在旨在引导人、财、物的合理流动，以最低的成本达到企业的生产经营目标。因此，采取什么样的企业组织形式在很大程度上受到协调技术的限制。信息沟通方式的革命将彻底改变企业内、外部传统分工协作的组织结构。当进行内部交易，即在公司的边界以内进行交易较为经济时，企业组织的规模就会增大，但降低的沟通成本将把集权的等级管理结构改造为系统控制的网络结构。当与外部进行交易，即在公开市场上同独立企业交易较为经济时，企业组织则会维持在较小规模或者进行必要的收缩。随着知识经济的到来，新的信息技术使我们能够回到前工业时代的小企业组织模式。但是，现时的小公司已经可以享受大公司的许多益处而又不牺牲其灵活性和

---

① 陈喜乐，邵全辉．试论科技组织的柔性结构［J］．自然辩证法研究，2001（9）：51－55．

创造性。在社会分工越来越细的知识经济中，如此众多的小企业绵织密结，就构成了庞大的网络。

网络是各种行为主体之间在交换、传递资源活动过程中发生联系时而建立的各种关系的总和。它广泛存在于企业内外，在升级人们对组织结构理解的同时，释放出了令人震惊的能量。网络的类型有多种，如果强调行为主体是企业，则可称为企业网络；如果强调网络中的活动是为了创新，则可称为创新网络；如果强调知识、技术资源，则可称为技术网络。但实际上“网络”这个概念本身范围是非常宽泛的，如社会网络等。它的概念甚至已超出了组织结构（如因特网）的范围，而被看成一种广义的协调方式。① 企业要不断创新，知识和技术上的传递与合作是关键，这时，网络便是为了适应环境而建立的一种组织形态。企业网络的形成，是对高风险、高不确定性市场环境的一种回应。由于知识领域的风险和不确定性更高，所以企业网络的形成就更为普遍。

（一）以员工为节点

在高效创新的组织之内，员工的关系须重新定义。要强调每位员工在贡献智慧方面的作用，层层命令、控制的关系必须改变。组织绩效的提升，重要的是员工观念的更新、智力的激发与知识的不断学习积累，即采用恰当的组织关系把员工的智慧综合发挥到极致。管理者与员工之间不仅仅是等级链条中的上下级关系，每位员工都应该是一个资源中心，类似于网络中的节点，可以和其他节点自由地交流。

1. 客观的要求

员工是资源，企业要通过他们延伸触角，与社会建立绵密的关系网。同一企业的员工间应是战友与合作者的关系，某些企业士气低落的原因在于管理者割裂地看待员工、产品与市场，未能让员工真正参与其中并与企业共同成长。以员工为节点，则可将企业指数级的发展从梦想拉到现实。

（1）默会性的要求。

知识的可交流性实际上决定了组织采用何种结构。首先，知识可交流性的程度越高，中间的治理结构就越倾向于松散型，反之则紧密。如果无法交流，知识完全是默会的，治理结构就是一体化的组织。其次，当知识的默会性和专用性增强时，默会性的特点决定了它不能一次就被传递，这就要求交易双方必须重复多次交易并且双方愿意努力互相合作而不加保留。专用性的特点决定了合作双方的联系紧密，双方合作满意能带来协同效应、系统效应。反之则双方的价值都会有较大的折损。总之，知识的默会性和专用性增强时要求组织能提供更好的合作环境，使员工乐于交流信息。这时，或许只有网络这种功能强大的结构模式，才能更容易地使知识有效地传递和交流。同时，默会性和专用性的要求也意味着网络对有形个体依赖的重要性。可见，网络的节点势必为员工。②

---

① 田毅．企业外部网络化及其运行机理的研究［J］．企业活力，2008（3）：84－86.

② 沈丹峰．跨国企业人员派遣政策对其内部知识流动的影响［D］．上海：上海财经大学，2007.

（2）价值链的要求。

企业的任务是不断创造价值。企业创造价值的过程，是由一系列互不相同但又相互联系的增值活动组成的，它包括研究开发、设计试制、原材料与设备采购、产品生产、运输、仓储、营销、服务等环节，这些环节形成一个完整的链状网络结构，即价值链。在知识经济时代，企业价值链其实就是一条知识链。传统观念认为，人只是填充固定工作岗位的可替换工人；而新的管理理念则把人看作是具有独特竞争力的知识节点。只有激活每一个节点，只有善于开发员工的智慧与潜力，企业核心能力才能持续提升。从管理角度看，企业应首先把员工意识与企业的管理哲学、管理行为联系起来，建立一种从员工角度出发的网络管理体系，把握知识创新的机会，提供激化知识创新的氛围。即在个体层面上保证企业平稳运行的同时，不断接近创新。

（3）人性管理的要求。

现代社会中，企业是由若干个体组成的有机统一体，这些单个的分子对企业的发展会产生或多或少的影响。企业可以从深层次上来调动员工积极性，提升其素质，发挥其创造潜能。这种积极性的调动不是依靠单纯的物质刺激来完成的，而是在对精神需要和物质需要双重满足的情况下借助制度建设和机制安排来完成的。受到普遍推崇的人性管理方法突出重视人存在的观点，包括重视人的参与、学习等方面的要求，其实质就是把员工看作是高于利润的重要存在。以重视员工的存在为中心，去安排企业管理。员工只有不断被证明是存在的，才会产生接受组织目标和理念的义务感。而员工存在又应当如何得到公平与最大价值的体现？恐怕答案还是在建构个体节点的网络之上。

（4）有机企业的要求。

企业不是无生命的生产经营工具，而是一种虚拟的生命活动；它不仅是一个社会组织机构，还是带有自然属性的有机生命现象。当企业试图由上而下地强制贯彻适应性变革计划时，效果往往欠佳。而在有机企业中，适应性变革源自企业全体成员求生存的本能，根植于企业管理层与员工之间相互信任、相互扶持的有机契合。在这种企业氛围中，员工受到鼓励去承担责任。毕竟他们才是最经常与客户见面并交流的人，与供应商并肩共事的人，以及亲手生产出公司产品的人。当然，也只有他们才是最清楚企业问题所在的人。所以，只有他们真正地行动起来，"推行变革以适应环境"方可真正落地。这种以员工为节点搭建起来的有机企业能够顺应市场发展的趋势，快速处理信息，领会其中隐含的危险或者机遇，并及时采取恰当的行动，从而在新的动态竞争环境下持续创造优势。①

2. 企业的选择

如果把企业间的互动视作以企业为节点，那么它的运作就是按部就班的，或是中规中矩的，也完全有可能是循规蹈矩的。官僚机构时代要求员工公私分明，八小

---

① 黎永泰．中国企业再造：由无机企业到有机企业：中国企业文化意义符号系统的重构［J］．社会科学研究，2000（2）：67－71．

时内外分明的做法事实上压抑了员工的激情与创意，也限制与束缚了企业的进步与发展。如果把视角切换为是以员工为节点的互动，企业就会惊喜地发现诸多市场与创新机会。如是行之，结合股权等激励举措，企业就会愈发感受到员工才是企业最宝贵的财富。

（1）制造型企业。

制造型企业所需要的是一个包括顾客在内的开放系统，能够及时收集和处理市场信息的系统；需要建立客户服务部和快速反应部队，按照客户需求进行开发与生产；需要制定一个涵盖顾客的经营战略，而不是让有限的相关人员闭门造车。如何探测产品的市场效果，客户的意见和信息如何被快速反应，答案是功能强大的员工网络。

（2）销售型企业。

员工是企业与市场联结的节点，人力资源工作的核心是绩效，人力资源之于企业几乎就意味着工作绩效。“抓大不放小，拓展客户群”是许多企业的市场策略。在倾力争取大客户的同时，公司深知其利润由众多节点构成，所有客户都要经历成长期和培育期。如果可以发动员工参与到这些节点中去，并以他们为节点施以激励、控制，企业将以线性的投资换取指数级的回报。以订单方式链接为数众多的节点，构造覆盖企业、员工和客户的利益共同体，同时可在中短期内达到规模扩张的目的，并以此为稳定的资金来源，更新改造设备，创新技术工艺，实现企业增效和员工增收的双赢。通过员工招商引资，特别是针对货量少的客户提供服务，不仅可以降低企业成本，更能赢得客户，使长期、稳定的小客户连年增多。

（3）服务型企业。

服务型企业须保证高水平的服务质量，在多数情况下，这意味着权力分散，管理层次减少，管理方式灵活。在多样化、复杂化、个性化的顾客需求的强力驱动下，市场上企业间的竞争日趋激烈，每个竞争者都努力抓住转瞬即逝的市场机会。在如此快速多变而又充满不确定性的市场中，组织结构面临的挑战是使其保持弹性与自适应性，从而把握市场中多变的商机。当企业关注的重心聚焦到客户的完整体验时，组织结构才能说是成功的。这意味着，公司要能够提供优秀的信息系统，使客户能够从单个接触点上获取完整的信息。这还意味着，公司要甄选出能够反映客户满意度的绩效考核标准，并把激励措施与这些标准相挂钩。可见，企业成败始终离不开员工这个节点。

（二）企业集群

企业的创新资源在一定程度上会受到时间和地域等因素的限制，表现出动态性、变化性和有限性，所以仅依靠企业自身有限的资源来开拓创新，难免会遭遇弹尽粮绝的尴尬境地。企业集群是指在某一特定领域中大量联系密切的企业和相关支撑机构在空间上的集聚，并形成强劲、持续竞争优势的现象。企业集群的生成源于同类型企业的选址决定。虽然个人的行为是有意识和有目的的，但是大量的例证表明人类行为认知具有局限性，对认知和信息收集过程具有重大影响力的社会因素决定了新企业的形成或选址。

1．行为生态学特征

企业集群具有类似于生物种群的若干行为特征，主要表现在四个方面。

（1）互惠共生。

在生物群落中，互惠共生是指两物种相互有利的共居关系，彼此之间有直接的营养物质的交流，相互依赖、相互依存、双方获利。在企业集群中互惠共生的各方尽管分离后能够独立生存，但如能在某种方式下紧密结合，通过功能互补，可以创造更广阔的生存发展空间。知识包括技术、信息、经验等，这些知识一旦被创造出来，拥有的人越多则扩散的速度越快，为企业带来的外部性就越大。企业技术学习能力和创新能力的提升，并不只是企业个体的行为，而通常是在本地企业集体所构成的创新网络环境中，通过生产联系而得以实现的。从经济学的角度来看，企业集群可以带来外部经济，包括外部规模经济和外部范围经济。不同企业分享公共设施和专业技术劳动力资源，可以大幅节约生产成本，优化企业之间的分工和生产灵活性。从社会学的角度看，企业相互靠近，可以在长期交往中，逐渐建立起人与人之间的信任关系和保障。这种信任关系的社会制度和安排，会为企业积累社会资本，降低交易费用。特定产业的空间集聚有助于加强企业的本地化联系，获得研究开发、人才、信息等方面的外部经济和集体效率，帮助企业从低价竞争的陷阱中走出来，进入创新的轨道。

集群的发展有利于吸引更多的企业加入，促进新企业的建立，从而形成更大规模的集群。一方面，良好的创新氛围、激烈的竞争环境以及完善的配套体系，使集群在吸引新企业进入时具有竞争优势；另一方面，地理集中性和良好的外部环境，不仅鼓励产业新丁的出现，也有利于现有企业的增长和规模的扩张。在集群形成后，不仅使吸引来的工厂根植于本地，还使很多新创企业在本地繁殖成长。集群规模的不断扩大，使集群企业的整体发展速度远远超过孤立的企业。集群内新业务的形成与共享使规模经济成为集群发展的主要动力。一个扩展的集群可以增强所有上述利益——它增加了竞争性资源的总量，这将使集群内的所有成员受益。其结果是，相对于其他地区的对手而言，集群内的企业发展得更快更好。

（2）协同竞争。

在生物群落中，有机体既竞争又协作，从而促进相互依赖和协调。同一种群的不同个体之间为争夺有限的资源进行竞争，而在抵御外敌时又采取协作行为，最终促进了生物群落的平衡发展。集群中的企业是以专业化分工与协作为基础的，类似于一个生态系统，集群是一个有机的、相互作用、相互依存的社会。正如生物种群一样，竞争在企业群落中普遍存在，使得企业个体始终保持足够的动力以及高度的警觉和灵敏性，在竞争中发展壮大。企业彼此在地理空间上的接近使它们更加熟知对手的情况，由于企业间竞争的加剧，后入企业更容易模仿先入者，而先入企业为保持竞争优势会更努力创新。尤其是当一个强有力的新竞争者出现时，模仿效应会使新竞争者的新思想迅速产生前向、后向、侧向的联系，集群企业可以因那些先进企业的竞争而提升其竞争力和创新力。

企业集群虽然加剧了竞争，但这种竞争并不排斥企业间的合作。竞争对手为赢得和保留客户要进行激烈的竞争。如果没有激烈的竞争，集群就会走向失败。竞争迫使各企业不断降低成本，改进产品与服务，追赶技术变革的浪潮。企业群居一地，竞争对手毗邻而居，企业永远不能满足，必须不断进取。竞争的结果由零和博弈转为正和博弈，竞争者为了不断地从对手那里得到信息和激励，不断地改进管理，以更加有效的方式组织生产，不断地发现新的市场机会。竞争并不仅仅表现为市场的争夺，更多地则表现为追求卓越的压力。在不断的技术创新过程中，难言一家企业独立完成一件产品的研究与开发。同时，企业要应付复杂多变的外部环境，也必须与其他企业结成网络，共同解决问题。与竞争的同行交流合作，共同分享本行业的知识与信息，这不仅是可能的，也是必需的。竞争对手不是敌人，而是伙伴。因此，协同竞争是集群企业创新的显著特点。竞争的结果是，各个企业不断创新，集聚的企业比其他单打独斗的企业更具有竞争优势，更容易进入行业的前沿地带，同时使整个集群的竞争能力得以提升。

（3）领域共占。

在生物群落中，动物为了个体和群落发展的需要，通过领域共占，共享食物、信息来提高抵御外敌和延续自身的能力。创新资源主要包括人才、资金和技术等，创新资源越容易获取，创新越有优势。在创新过程中，创新资源不足是制约企业创新的关键因素。众多相互关联的企业聚集在一起形成集群，进行集群式创新，可以实现创新的资源共享、优势互补，克服单个企业创新资源不足的缺陷。知识的溢出效应使得企业更容易获得相关技术。创新资源的便利可大大降低企业成本，提高其竞争力。集群内的个体可以利用共同的交通、实验基地等基础设施，分享共同的信息资源，拥有共同的专业人才市场，共同吸引风险基金，相互利用对方的创新特长，互为创新成果的传播者和使用者。

集群使得衡量和比较公司业绩更为便捷。因为集群企业是在相同的环境下经营，例如劳动力成本和当地市场渠道一样，同时它们还从事相似的经营活动。集群企业都非常熟悉其供货商的生产成本。管理者也可在成本和员工表现方面与其他企业进行比较。从微观角度看，企业集群形成过程的实质是一个网络外部化的过程，只不过这里的网络外部化不是体现在产品需求上，而是体现在企业的区位决策上。集群发展是组织间相互依赖、相互促进的一种企业成长模式，是企业受利益驱动的创业和市场化成长过程。从这一视角出发，可以更深入地理解企业集群的实质和发展问题。当大量的企业进入特定行业而形成区域的企业集聚时，其区域规模经济效应将吸引更多的专业人才、技术和资金的进入，由此进一步强化企业集群，优化其共生领域。

（4）结网群居。

在生物群落中，有机体或生物种群以亲缘关系、互惠关系为基础，聚集于某一地理区域内，在适当的环境中结网群居。企业集群实际上是以产业关联为基础，以地理靠近为特征，以设施配套、机构完善为支撑，以文化融合为纽带的区域创新网络。集群内广泛积累了市场、技术和竞争的信息，集群成员优先获取这些信息。另外，个人关系和社会联结能培育信任，促进信息的传递。所有上述条件都有利于信息的传播。在有活力的集群内，公司可以充分利用现有的各种专业化、有经验的员工，从而降低其在招聘过程中的搜索成本和交易成本。因为每一个集群都意味着机会的存在，能减少重新安置员工的风险。

一个发展状况良好的集群即是一个深层次、专业化的供应商基地。企业就地取材而不是从遥远的供应商那里获取资源，可以降低交易成本，这有助于降低存贷需求，减少进货成本以及避免生产延误，而且其本地声誉可以起到重要作用，有助于降低供应商抬高价格或违约的风险。地理位置的相近性有利于改善通信联络，有利于供应商提供辅助性服务。因此，如果其他条件相同，就地采购比从远处采购更为方便快捷，即使某些投入要素需从远地获取，集群也仍然可以提供某些优势。那些致力于抢占一个广阔而又集中的市场的供应商，将会使其定价更具竞争性，因为他们知道，其做法能够实现营销和服务的高效率。每个集群总是在持续不断地提高其在某个地区特定领域的声誉，这一行为使得买者转向卖者聚居地的可能性更大。此外，集群成员还能从大量的联合营销机制中获益，如商品交易会、贸易杂志以及营销代表团等。互补性使客户倾向于购买集群的产品，因为他们有众多的供应商可供选择。①

2. 集群与创新

集群化实际上是在催生一种新的创新模式——集群式创新。从概念上来看，它是指以专业化分工和协作为基础的同一产业或相关产业的企业，通过地理位置上的集中或靠近，产生创新聚集效应，从而获得创新优势的一种创新型组织形式。借助这种组织形式，集群内的企业既可以发挥自身的创新活力，又可以弥补单个企业创新资源不足的缺陷，因此，集群式创新是企业进行技术创新的一种有效组织模式，而其影响主要体现在三个方面。

（1）提供氛围。

知识是非常难以标准化的，特别是大量的隐性知识，只能通过非正式的、偶然的、面对面的以及口头的方式交流和传播。这类知识的扩散成本较高，很难借助市场机制进行交换，需依靠非正式交流来进行。而且隐性知识的交换不是一次性市场的交易行为，它必须以相互信任为基础，建立在长期合作关系的基础上。隐性知识的重要性和传播与交流的困难使得创新活动在新时期面临新的困难。产业集群恰恰通过为隐性知识提供交换机制而解决了这一难题。产业集群内部企业地缘上的接近，以及集群内部形成的共有的亚文化，为隐性知识的获得和传播提供了极大的便利。在集群内部，企业之间相互信任，存在长期合作关系，各种非正式的、偶然的、面对面的以及口头的交流方式是常见的。竞争对手乐于提供必要的帮助，并相信这种行为在未来会得到回报，这种交流方式使得在区域内聚集的企业和机构在创新方面可以获取独有的优势。此外，生产企业、供应商、用户在地缘上的聚集缩短了反馈

① 刘友金，罗发友．企业技术创新集群行为的行为生态学研究——一个分析框架的提出与构思［J］．中国软科学，2004（1）：68－72.

回路。由于知识活动的外溢效应，地缘上的接近使得相互竞争的企业或者具有互补性生产活动的企业可以彼此受益。随着时间推移，知识不断积累，技能在人员之间传递，集群内部的知识和技能逐渐成为集群内的公共知识。当管理者和具有专门技能的劳动力在区域内流动时，可以促进知识和技术的扩散。从整体来看，集群内部的共生机制为创新活动提供了一种其他组织模式难以获得的动力来源和传播途径，可以提高集群内组织获得创新资源即隐性知识的能力，从而极大地促进创新活动的发展。

与传统市场相比，集群内的信息分布更广泛、更密集，多个参与者都进行创新，并通过信息的对接和企业间的互补依赖，形成知识传播的有利机制。集群是培育企业学习与创新能力的温床。创新是个体和群体共同参与的演化过程，它一方面是特定部门、特定技术的个体活动，另一方面也是一种集体行动，不同部门、企业之间的互动学习在其中起着重要的作用。企业创新所需要的知识部分来自于企业内部，更多的新知识来自于企业外部。集群内不仅存在大量有创新压力的企业和研究机构，而且拥有稳定的促进学习、交流和进步的共生机制。因此，集群为企业创新活动提供了合作平台，也为其提供了个体和群体两方面的优势。与单个企业不同，集群创新能力的大小不仅取决于某个创新个体，同时也取决于产业集群的结构和共生机制，取决于集群内部组织间知识的生产与分配，取决于对基础知识的依赖和利用程度，更取决于完成创新并产生经济价值的整个系统。

（2）促进扩散。

集群与知识技术扩散之间存在着相互促进的增强关系。集群内由于空间接近性和共同的产业文化背景，不仅可以加强显性知识的传播与扩散，而且更重要的是可以加强隐性知识的传播与扩散，并通过隐性知识的快速流动进一步促进显性知识的流动与扩散。集群内由于同类企业较多，竞争压力激励企业的技术创新，也迫使员工相互攀比，不断学习。企业拥有了更多现场参观、面对面交流的机会。这种学习、竞争的环境可以促进企业创新；集群内领先的企业会主导产业技术发展方向，一旦某项核心技术获得创新性突破，集群内企业很快会协同创新，相互支持，共同参与这种网络化的创新模式。事实证明，集群内知识和技术的扩散要明显快于非集群企业。

集群内部的压力包括竞争性的压力、同行之间的压力、持续不断的比较压力。企业间相互竞争的目的就是为了彰显卓越。集群之所以持续创新，正是由此所致。企业彼此接近，竞争的隐性压力迫使其不断进行技术创新和组织管理创新。由于存在着竞争压力和挑战，集群内企业需要在产品设计、开发、包装、技术和管理等方面，不断进行创新和改进。一家企业的知识创新很容易外溢到其他企业，因为这些企业通过实地参观访问和经常性的面对面交流，能够较快地学习到新的知识和技术。在集群中，由于地理接近，企业间密切合作，可以面对面打交道，这样将有利于各种新思想、新观念、新技术和新知识的传播，由此，企业获取学习信息，增强了其研究和创新能力。企业有共同利益基础（目标是为了实现长期共同发展），因而有利于营造一种创新的气氛。

(3) 降低成本。

由于地理位置接近，相互之间可以进行频繁的交流，这为企业提供了较多的学习机会，尤其是隐性知识的交流，更能激发新思维、新方法的产生。学习曲线的存在使集群内企业学习新技术变得容易且低成本。同时，建立在相互信任基础上的竞争合作机制，有助于加强企业间的技术创新合作，从而降低新产品开发和技术创新的成本。

集群化对企业创新的影响同时表现在需求与供给两个方面。从需求方面看，集群化可以促使企业在相关产业领域内培养市场优势，从而形成一定的规模效应，既可以吸引供应商，也可以吸引用户。当供应商为某些企业提供创新信息或技术时，同样也可以为集群内其他企业服务。由于一个发展完善的集群包括一些相关产业，这些相关产业通常能吸引相同或极其相似的要素投入，因此，供应商拥有扩张的机会。哪怕企业创新失败，退出的风险也相对较低。对用户而言，集群内大量同类企业的聚集，降低了用户的市场搜索成本，为用户与企业建立长期合作关系提供了条件，用户的聚集反过来又能成为主要的信息来源。从供给方面看，在同一地区聚集一群从事相同生产活动的企业，可以促进专业化分工的深化，专业化分工有利于在某一专门领域内建立较强的能力，培育知识基础。集群常常会成为创新过程所需要的产业独特技能或能力的聚集地。创新费用和压力可以分散到集群的各个组织中去。①

（三）网络技术

随着信息网络技术的不断发展，网络化、信息化已然成为时代趋势。企业的经营活动日益依赖互联网，网络技术成为企业竞争的利器和企业经营不可缺少的工具。可以说，对网络化机会的把握，将最终决定企业的命运。著名科学家王选教授曾深刻指出："谁错过了互联网，谁将犯历史性错误。"网络化管理提升了管理的技术含量，使其更为廉价、高效，突显出巨大的优势。② 可以说，网络技术的发展既为人力资源网络化管理创造了良好的条件，又使人力资源的网络化管理成为必然。

1. 信息技术让"组织网络"名副其实

网络信息技术使组织内甚至不同企业间可共享信息，这进一步促使组织结构演进为网络组织。在网络组织中，关键活动由总部负责，其他功能则外包给个人或其他独立的公司，通过网络保持及时的沟通。信息技术作为一种便利的低成本沟通手段，使得部门间横向联系协作不再受空间距离的束缚，促使组织向横向组织变迁，使网络组织成为公司低成本扩张的工具。组织网络化描述的就是这种新型企业间的组织关系。组织网络化是以某一企业为核心，由相关企业联合而成的一种企业组织网络，网络中的其他企业可看作是核心企业组织边界的扩展。由于计算机与互联网在管理中的应用，组织的信息收集、整理、传递和控制手段趋于电子化、无纸化，

---

① 刘小兵．集群式创新的竞争优势探讨［J］．商业研究，2004（9）：28－31.

② 孙晓琳．信息技术对组织的影响研究［J］．中国流通经济，2009（4）：49－51.

一线员工可以轻易地通过电子邮件直接与高层管理者沟通。

2. 一“网”就灵

现代企业管理必须面对复杂繁重的日常事务，如快速变化的组织结构、纷乱庞杂的资源信息、急剧膨胀的管理空间等，管理部门要想适应企业发展，发挥自身作用，从容应对挑战就必须转变原有工作职能和作用，从事务性工作中解脱出来，转向能为企业创造更多价值的战略性工作。而事务性工作的完成是实现战略性管理的基础和前提，因此必须采取一定的方法和手段提高管理者从事事务性工作的效率，减少事务性工作占用的时间。虽然企业已经意识到管理部门角色转变的必要性，但现实中仍有很多企业的绝大部分日常工作围绕着大量的事务性工作展开，而对人力资源规划、员工发展等战略性工作很少顾及。这种情况的出现，主要在于管理部门缺少能提高处理事务性工作效率的工具。网络化管理的出现，使得这一事务瓶颈被轻松突破。许多定量性的工作，如员工考勤、薪酬计算等，相对于手工操作，信息技术更为快捷准确，从而大大降低了这些工作所占用的时间。这样一来，管理工作的技术含量得以提升，处理事务性工作的效率大为提高。诸如企业信息流分布更广、工作场所更分散之类的挑战也不再困扰管理者。

3. 节约成本

信息技术降低了信息传播、存储、处理费用，减少了组织内部交易费用，在很大程度上取代了中间管理层。网络化管理的高效快捷使管理者成功实现了职能角色的转变。以网络化管理中的自助服务功能为例，传统管理者亲自处理一项业务已然使其大伤脑筋，一旦出现错误，让他跟踪并改正过来则将令其绝望。而采用自助服务技术，管理者只需关心更正的项目。如果错了，将由出错的员工自己去改正，纠错的费用也可节省下来。网络招聘、网上培训也会为企业节约不少费用。报纸上一期广告的价格往往不菲，而通常这笔费用可以在门户网站做一个月的广告宣传。网上培训，尤其是远程异地培训，更能节约大量的人力、物力和时间，知识信息的获取也更为容易和广泛。网络化管理可以节省的成本费用包括：员工名录（免去名册的印刷、邮寄费用并且压缩查询信息的时间）；提交费用（实时提交）；沟通费用（共享沟通平台，从而大大降低沟通费用）；招聘费用（通过网络直接招聘，免去舟车劳顿）；培训费用（差旅费、误工费等归零，师资费用可多期分摊）；其他费用（避免雇用更多采购员、办事员或管理员）。

4. 秉公无私

数据库完整记录了员工的人事、考勤、培训、薪酬福利等各方面的信息，系统可以方便快捷地获取各种资料进行统计分析，为管理者提供公正客观的管理要素决策支持，从而有效提升决策质量。就绩效考评而言，传统的考评方式存在种种弊端。例如，在经过一个较长时间的工作后进行绩效考评，被考评人的考评结果就更多地受到近期表现的影响。网络化管理可以对员工的工作表现进行全程观测，从而形成对员工工作行为的全面客观记录，为实现公平公正的绩效考评和根据考评结果制定正确决策创造了条件。

商品经济社会中，速度成为时代的主旋律，如联系的速度、交易的速度、动作的速度，快人一步就会占尽先机，网络化管理为企业的发展插上了翅膀。对外界变化更加快速的反应，帮助企业在网络化社会的竞争中获得成功。[①] 可以预见，网络化管理将拥有越来越广阔的舞台，成为越来越多的企业不可缺少的管理手段。

（四）企业网站

网络资源的最大优势在于快速、便捷、低廉、高效，且具有互动性。网络的发展为企业品牌的整合传播开辟了一条新途径。网络时代的迅速到来加速了企业销售、交流的网络化。原处于萌芽状态的虚拟团队、虚拟企业走进组织。网络就这样带给企业不分地域、不分国别的大量客户，引爆无限商机，也进一步梳理了企业的组织结构。在互联网时代，企业没有自己的网站犹如公民没有住址，商店没有门面一样。所以企业拥有自己的网站等于在网络上增设据点，这个据点使更广范围内的客户都可以通过网络了解企业及其产品，打开企业的创新空间。[②] 在互联网上拥有一席之地，企业何乐而不为？

1. 公共关系

一般而言，企业网站不大可能马上带来新客户、新业务，也不大可能马上大幅度提升业绩。企业网站的作用更类似于企业在报纸和电视上所做的宣传公司及品牌的广告。不同之处在于企业网站容量更大，企业几乎可以把任何想让客户及公众知道的内容嵌入网站，从而可以全面详尽地介绍公司及其产品。企业网站是企业在互联网上的一面旗帜，直接反映了企业的形象与品牌。它好比一个超级推销员，具有企业画册、户外广告等所有宣传品的作用，而且具有互动性。企业形象及业务，将被位于地球任何角落的感兴趣之人浏览。通过网站，企业可以向新闻媒体和员工及消费者即时发布公司的政策变化，与新闻界建立友好的关系，也可以对招募人才产生重要的影响。通过网站，企业还可以及时纠正网上社区、论坛或邮件列表中关于企业的不准确信息，消除误导。

2. 客户服务

网站可以使企业与潜在客户建立商业联系，使潜在客户能够便捷地检索企业和产品，从而成为企业的新客户。对现有客户而言，网站可以提高客户服务的效率。它可以回答大多数客户经常提出的问题，及时得到客户的反馈信息，知晓顾客对公司产品的满意程度、消费偏好、对新产品的反应等并做出回应。通过回应顾客的问题，及时向他们传送公司新产品信息、升级服务信息等，保持与顾客的长期友好关系。能够及时发现不满意的顾客，了解他们不满意的原因，进行妥善处理。客户也可以通过网站了解他们所关心的问题。企业还可邀请对公司产品非常了解的忠实顾客介入公司的网络运营，建立忠实顾客数据库，甚至邀请其介入公司的绩效考评系

---

① 朱莉娅．信息技术的发展与企业组织结构创新［J］．贵州民族学院学报（哲学社会科学版），2003（3）：62－65.

② 张春明．企业网站发展现状研究［J］．当代经济，2008（18）：35－36.

统。他们能帮助公司解决消费者提出的问题，回答一些技术上的问题，同时他们还会提醒企业哪些消费者会在网上发布对公司不利的信息等。

3. 运营管理

除却广告媒体的角色外，因特网还应充当企业扩展业务的工具。网站是企业的全天候业务代表，是企业忠实的接待员。企业网站就是一个24小时营业的业务门市，且永不壅塞。如果企业有一个精美、完善的网站，可以增加客户的信任感，同时可以使管理者在短时间内了解企业情况、产品信息、资质认证等信息，减少业务员的拜访次数，有效节约管理资源。企业可以实时、互动地发布资料，迅速进行信息管理，并借此控制企业的运营事项。网络化管理使信息流突破了部门限制而延伸到企业内外的各个角落，使得业务流程再造成为可能。各级管理者及普通员工也能参与到管理活动中。这些使得运营管理变得更为开放和超前，使企业决策和工作质量大为改善。员工有了更好的工作环境，沟通渠道更为直接和广泛，管理过程更为透明，信息获取更为快捷，这些使企业在进入良性运作的同时，也促使其竞争力不断增强。

4. 网络营销

网络用户是数量巨大的潜在客户群体。一般大客户的采购量会很大，所以他们也比较谨慎，会精挑细选，货比三家。如何低成本检索货源？答案是网络。公司网站为企业提供了被选择的机会，如果连网站都没有，企业则连被选择的机会也不具有。网站是企业开展网络营销的前沿阵地。虽然有很多商务平台能够为没有网站的企业提供产品信息发布、企业形象展示等服务，也起到了网络营销的部分功能，但这种商务平台外部依赖性强，不利于企业开展长期的网络营销活动。拥有自己的网站，企业才能有效开展各种具有针对性、时效性的网络营销活动，将网络营销落到实处。网站最令企业看重的就是它可以实现电子商务功能。企业可以在网站上嵌入实时新闻系统、实时报价系统、在线下单系统、在线支付系统和客户留言板、在线调查、客户论坛等。利用互联网进行市场调研可以跨区域缩短调研周期、节约费用。网站又是实现线上品牌推广营销的根据地，线下的广告、公关、促销等系列营销活动都可以结合网络同步进行，放大其效应。

5. 厚积薄发

尽管企业网站建设已是大势所趋，并已有相当一部分企业成功建站，但是其运营仍体现出诸多问题。建设了网站的企业，有些尚能用其发布信息或更新企业的产品，有些则在制作完成并运行一段时间后就变成“晒网”状态。有些企业在建网初期对公司网站设计并没有深刻的认识，尤其是中小企业，初期建网多为试探性操作，有的只是简单的几页介绍而已。网站信息有限，技术含量较低，再加上设计公司鱼龙混杂，所以网站在企业运营中的作用参差不齐。

企业建网不是面子工程，而是要从中获得切实效益。网站的制作不能只求美观，而要根据企业经营的需要，构造适合自身特点的模式，以最小的投入换取最大的回报。只有把网站做成企业和外界之间有效的沟通桥梁，以其调整企业决策，修正员工行为，企业创新与绩效提升方可有效落实。当然，网站建设是一个不断完善的过程，企业网站应该多关注特定的客户群，通过多种形式和客户保持沟通，吸引客户不断通过网站和企业进行交流。再者，网站推广是建站之后的基础工作，利用搜索引擎、电子邮件、网络广告等方法和手段，其效果是明显的。网络是载体，信息价值在于企业对信息的重视程度。如何通过这个载体，高效地推进业务，需要企业缜密设计，精心安排。网站工作厚积薄发，企业才会逐渐感受到网站带来的巨大效益。[①]

第六节 薪酬保障

薪酬与保障是人力资源管理的经典模块，在实务中因受到员工的普遍关心而更显敏感。如能在这两方面导向创新，员工士气将可提振，企业绩效有望大幅提升。

一、薪酬

理想的薪酬制度应包含四个要点：第一是提供具有市场竞争力的薪酬。在市场经济中，薪酬无疑是吸引优秀人力资源的有效工具，虽说并非薪酬越高越能吸引人才，但是薪酬系统的完备一定能吸引更多、更优秀的人才。第二是要确保组织内部的公平，也就是要做到同工同酬。一个完备的薪酬系统能够为企业留住优秀的人力资源，使员工认识到，在该企业工作的回报是公允且值得的。第三是奖励工作绩效突出者。优秀的薪酬系统应该使员工自觉地为企业目标努力工作。许多公司在员工达到预定的业绩时，以绩效奖金奖励，或利用物质激励传达公司对员工的期望。[②]第四是保证薪酬制定与发放的透明度。和谐企业的建设目标要求其薪酬系统应该既满足企业的需要，又满足员工的需要。[③]

（一）薪酬的竞争性

企业之间，难免互相比较，薪酬即是经常被拿来比较的内容。某种程度上，它体现了企业绩效，可以从侧面看出公司的创新方向。

1. 万能与万万不能

薪酬的高低之间，企业如何取舍？扣发奖金使得士气低落，滥发奖金可能分裂团队。发与不发之间，如何安排？对于企业而言，设计与管理薪酬制度是困难且敏感的工作。如果薪酬制度有效，组织就会进入“期望—创新”的良性循环；反之，将导致员工心灰意冷。古语云：“军无财，士不来；军无赏，士不往。”物质刺激是

---

① 潘萍．中小企业网站建设与推广问题探讨［J］．中国市场，2008（15）：82－83.

② 叶之秋．员工超比率流失谁之过［J］．新浪潮（学网络），2003（12）：83－85.

③ 孙博，李燕萍．创新导向的薪酬［J］．兰州学刊，2011（5）：42－47.

使员工努力工作的重要力量，欲提高员工绩效，企业应该充分重视这一点。[①] 日本经济友好协会曾对第一至第三产业的各大、中、小型企业进行调查，结果表明：在激发士气的因素中，工资仅排在第八位；而在打击士气的因素中，工资则排在首位。这就充分揭示了一个朴素的道理：金钱不是万能的，没有金钱却是万万不能的。

2．竞争与高薪

薪酬战略须先考虑外部的竞争性，即须以同行业、同职位的工资水平为基准，对于市场稀缺的高端人才，须以高于市场的价位才能聘请过来。与此同时，还须考虑内部的一致性，即须有科学的工作分析和相对合理的职位价值评价，须将重点放在核心员工、关键岗位之上，从而真正构建起企业的核心竞争力。为员工提供有竞争力的薪酬，使其珍惜工作机会，吸引并且留住那些出类拔萃的员工。较高的薪酬带来较高的满意度和较低的离职率，但也会增加企业的人工成本，薪酬差距过大则会带来企业内部人与人之间的矛盾。而企业创新的愿景又在提示管理者，适当拉开薪酬差距是有必要的。

3．外在报酬与内在报酬

外在报酬是使用最为普遍的一种激励方式，对员工行为有直接的影响，最常见的方式包括：奖励、福利、晋升、表扬以及社会接纳等。内在报酬是和外在报酬相对而言的，亦应受到重视。它是基于工作任务本身的报酬，如对工作的胜任感、成就感、责任感、受重视的程度、影响力、个人成长速度和富有价值的贡献等。事实上，对于知识型员工，内在报酬和员工的工作满意度关系密切。企业可以通过工作制度、员工影响力、人力资本流动政策来制定内在报酬，让员工从工作中得到满足。这样，企业可以减少对高薪资制度的依赖，转而满足和推动员工，使员工更多地依靠内在激励，也使企业从仅靠物质激励与加薪来留住人才的模式中摆脱出来。[②]

4．绩效导向与绩效评价

企业强调以绩效为导向制定薪酬方略，其实就是在贯彻竞争的原则。制定“论功定酬”薪金原则时，确定一个公正的评估体系，将工作绩效视作薪酬的重要依据，与之建立起紧密的动态联系，并严格实施考评制度。这里的关键点是如何管理绩效，让员工专注于绩效的提升。要使绩效导向的薪酬制度有效发挥作用，须首先做好绩效评价工作，保证绩效评价的客观性和准确性。对于真正为企业做贡献的员工给予合理的回报，而且须拉开员工薪酬的差距，在企业内形成一个有效的竞争机制。

（二）薪酬的公平性

如果失去了公平，再好的回报也不会让员工满意，但是怎样才算公平呢？如果

---

① 刘俏，黄超，王越超．论现代企业薪酬福利制度的自助化趋势［J］．东北电力大学学报，2006（3）：24－27.

② 吴绍棠，张三保．内在报酬激励的有效性分析［J］．企业改革与管理，2006（6）：70－71.

简单操作的话，容易“一刀切”，出现平均主义；如果进行有形奉献和无形奉献的综合评估，量化的标准又是一个难题。要做到公平，确实很难，但难也要努力做到！

1．系统公平

对薪酬满意度的研究引导人们把注意力从对笼统的“薪酬”概念转移到对薪酬的情感反应方面来。公平作为一种感受原则，对管理者制订薪酬方案有着很强的指导作用。公平是薪酬系统的基础，只有在组织成员认为薪酬系统是公平的前提下，才可能表现出认同和满意。薪酬制定公平并不是指“大锅饭”，即按年龄、学历、职位等指标设定均值，而是根据整体业绩水平和公司发展状况，对职位和员工个人做整体评估，并根据地区和行业整体状况，制定合理的薪酬待遇标准。要做到薪酬公平合理，企业薪酬设计须反映岗位责任和能力贡献的大小，即薪酬差别必须合理。职位评价和分析是现代企业薪酬设计的基础，也是从根本上解决薪酬对内公平的关键所在。①

2．将“薪”比心

组织成员对公平的感受可以被分解为程序公平和分配公平两方面。分配公平是员工对于分配结果的公平感，这个公平感不是简单地取决于得到薪酬的多少，而是取决于与其他人相比较之后所获得的内心满意程度。这个结果是如何得出的，对组织成员来说同样重要。这方面的公平，即程序公平。公平，不管是分配公平还是程序公平，都是预见个体对薪酬满意与否的关键因素，也是薪酬满意度的核心。薪酬满意的各维度经过公平感的调节，分别有差异地影响着组织的绩效。如果组织欲提升其成员对组织的贡献，首先须提高员工对程序公平的满意度。如果组织欲全面实现公平，在提高程序公平的同时亦须提高分配公平。让员工将“薪”比心，从薪酬上获得满足，是现代企业应当努力把握的课题。

工作报酬是人力资源成本与员工需求之间经权衡后得到的劳动力价值。最佳的、绝对公平的薪酬制度是不存在的，全体员工均满意的理想薪酬制度也是没有的。现代企业所要建立的应该是一种基于大多数员工满意又能保证企业利益的双赢薪酬制度。

（三）薪酬的激励性

欲使薪酬引致企业创新，必须体现其激励性。

1．激励方向

薪酬所涵盖的无外乎两个方面：对历史奉献的回报和对未来付出的激励。回报一般是比较确定的，而激励则是需要企业量体裁衣的。既然需要激励，首先就要确定激励的方向在哪里。企业之间的竞争，知识的创造、利用与增值，资源的合理配置，最终都要靠知识的载体——知识型员工来实现。知识型员工更重视能够促进他们发展的、有挑战性的工作，他们对知识、对个体和事业的成长有着持续不断的追

① 伍晓奕．企业增强员工薪酬公平感的对策［J］．科学与管理，2005（5）：38－39．

求；他们要求给予自主权，使之能够以自己认为有效的方式展开工作，并完成企业交给他们的任务；获得一份与其贡献相称的报酬并使其能够分享他所创造的财富。因此，对知识型员工的激励，不能只以金钱刺激为主，而应兼顾其发展、成就和成长，在激励方式上，强调个人激励、团队激励和组织激励的有机结合。在激励的时间效应上，把对知识型员工的短期激励和长期激励结合起来，强调激励手段对员工的长期正效应。

薪酬激励远不只是支付多少工资的问题，它是一个可以细分为外在薪酬和内在薪酬的体系。外在薪酬通常分为直接薪酬、间接薪酬和非财务性薪酬。直接薪酬的内容包含基本工资、加班及假日津贴、绩效奖金、利润分享、股票期权；间接薪酬的内容包含保健计划、非工作时间给付、服务及额外津贴等；非财务性薪酬的内容较多，它甚至包括员工较喜欢的办公室装潢、较宽裕的午餐时间、特定的停车位、较喜欢的工作安排、业务用名片及耀眼的头衔等。内在薪酬包括参与决策、担负较大的责任、个人成长机会、较大的工作自由度及自由裁定权、较有趣的工作、活动的多元化等内容。① 人各有志，其需求不尽相同。企业如能有效辨别员工需求，搔其痒处，通过内外兼修的薪酬方式给付，则可抢占创新管理的制高点。

2. *薪酬瓶颈*

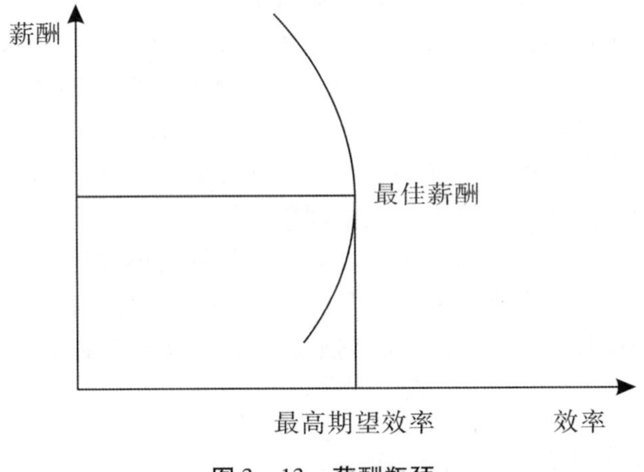

图 3－13 薪酬瓶颈

（来源：曾庆学，2005）

图 3－13 显示，员工的时间资源是确定的，精力是有限的，在其收入超过基本的生活需求之后，他就会有社会交往和休闲娱乐方面的需求，而这些安排最终会侵蚀他对工作投入的激情，从而导致效率下降。仅通过满意的薪酬已不能激发员工在这一阶段的工作热情和创造力，尤其对缺少培训和发展机会的中高层员工。企业要根据员工不同的特点采取相应的非经济性薪酬措施，例如，可以对员工进行平级调

① 董克用，叶向峰，李超平．人力资源管理概论［M］．北京：中国人民大学出版社，2007：367－368.

动，使其尝试新的工作，接受新的挑战，发挥创造力。①

3. 按贡献分配

传统薪酬制度在假设员工都是经济人的前提下，仅从劳动力价格的角度来思考和确定薪酬水平。劳资对立的一个方面就是薪酬问题，薪酬制度考虑的主要是按照市场价格合理购买劳动力的问题。进入知识经济时代，随着科技逐步成为社会发展和市场竞争中最具决定性的力量与要素，员工的角色逐步从提供劳动转变为提供知识、技能、技术，这决定了薪酬制度必须从解决劳动力的劳动价值合理性问题，向解决员工以知识和技术为主的创造能力价值问题转变，由简单的工资支付向系统的激励机制改进，从而形成多元要素参与分配的格局。确定以劳动、技术、管理和资本作为要素参与分配，才能发挥薪酬制度的激励约束功能，充分调动各类员工的积极性和创造性。按贡献分配机制，正是从企业的实际出发，确立了管理能力、技术成果、劳动技能作为参与分配的重要因素地位，从而使以上要素充分迸发出创新活力。按贡献分配制度重视人的潜能激发，通过薪酬激励机制充分调动了员工投身企业改革与发展的积极性。②

4. 加薪

追求卓越的公司，如何做到重视创新与创新型人才，薪酬制度影响重大。针对创新可能性高或创新期望值高的岗位，赋予员工申请加薪的权利即具有一定突破性。只要企业严格考核，创新型人才将会更快地脱颖而出，获得更多更好的创新成果。明确规定员工有自己提出加薪的权利，让他们在自助的基础上自动控制投入与产出，此举甚至可以省却企业的监控成本。实行加薪申请制度，人力资源部要打消员工的顾虑与观望心理，鼓励军令状式的薪酬挑战。

5. 动起来

薪酬应该是稳定还是浮动？为了发挥激励效应，切忌死板、单一的薪酬体制，原则上须保证员工的期望收入无明显减少，并允许大额浮动。薪酬调整要注意两点：第一，避免明显抵触；第二，施加激励效果。避免抵触的关键在于不让员工认为改革的目的是收入的减少，要让员工意识到，是机会的增加，而非失去。浮动的部分要让员工看到：只要努力工作，就有加薪的机会。换句话说，如果不努力，则以前的收入也难以保证。如此调整，员工的压力与动力就会被激发出来。再者，在平时工资比较固定的基础上，以年终奖的形式兑现员工当期奖金，对企业来说，这种方法收放自如，比较灵活，激励性也较强。

（四）薪酬的透明度

有关薪酬管理的透明与否，一直在业界存有争议，甚至饱受诟病。

---

① 曾庆学. 怎样用“薪”留住心［EB/OL］.（2005－07－14）. http：//www.hr.com.cn.

② 程恩富，汪桂进. 价值、财富与分配“新四说”［J］. 经济经纬，2003（5）：1－6.

1. 透明还是保密

有些企业青睐薪酬保密，他们认为，薪酬保密可省去烦琐的考评程序，可以减少员工攀比所带来的摩擦，并且利于留住核心人才。管理者认为薪酬保密可以防止员工之间的攀比和猜疑，防止企业内部出现混乱。薪酬不公开，就不会因为公平问题而影响员工的工作积极性，管理者也可以节省许多精力。但保密的薪酬发放方式有时也会挫伤员工积极性。“背靠背”发放薪酬的方式使得员工普遍怀疑他人所得比自己的多，自己的辛苦付出没有得到公司的认可。公司的超额支付非但没有换来员工的凝聚力，反而买来了“离心力”。保密的薪酬发放方式扼杀了管理的人性化——只要求员工低头干活，不准抬头问话的思维更接近于泰勒的科学管理思想，而后者是已经被证明仅在特定阶段（20 世纪前叶）才占据主流。企业亦须考虑，薪酬方案能够保密多久？如果薪酬制度仅靠保密的方法维系，那么它的脆弱性可想而知。企业主可能担心员工收入差距大会引起矛盾，但是遮蔽的矛盾一旦爆发将更为强烈。各行各业、各地区均有其工资标准，有可参照的市场价格。这种客观性尽管在个例中会有所偏离，但是其统计意义是必须重视的。

2. 呼唤透明

薪酬仅是管理工作的若干对象之一。管理是一门科学，更是一门艺术。管理实践普遍存在于各行各业中。然而由于沟通的匮乏、思想的守旧、技术的徘徊及部分人的抵制，管理似乎总是被误解为“少数人的游戏”。这种被局限的认识在某些领域占据了主流。揭开管理的面纱成为理论研究者与实践工作者案头卷宗的重头。突破组织责任与形式的限制，即无论在商业企业、非营利组织，还是政府机构，管理透明的呼声越来越占据主流。资源得到优化配置，并以最大效能发挥作用、创造效益，是各层管理者与被管理者的初衷。对被管理者来说，“透明”应该是被恪守的一大原则。幕后交易、暗箱操作是被广为诟病的行为，组织利益往往就这样被个人的利益削弱。在某些人看来，公众对管理或管理者似乎总有这样的观点：“那是少数人的游戏”；“一切都内定了”……“自管自理”似乎成为特色，“内部人控制”等现象油然而生。公众的怨气终究有一个极限，忍耐的终点就是一个躁乱的局面。①从社会成本上来看，增强管理的透明度是各层管理者迫切需要解决的问题——这也是还其清白的机会。因为失去了民众的支持，任何管理实践都将落为空谈！透明是大势所趋，这不仅是员工私下沟通的结果，也是企业发展所要求的。企业势必要直面人力资源市场的供求竞争——明码实价的人力资源争夺战。

（五）薪酬建议

除却薪酬的竞争性、公平性、激励性和透明度，下面几条建议对企业薪酬制度的建设亦有借鉴之处。

① 黄德林，唐承敏. 公民的“知情权”及其实现［J］. 法学评论，2001（5）：33－39.

1．参与设计

有一点应该得到承认与理解，就是个人与组织都有其特定的目标指向。个人参与某个组织是为了实现个人目标，而组织目标往往与个人目标存在矛盾。就薪酬而言，个人和企业都有各自的薪酬目标。员工为了实现自己的价值，希望获取高报酬；而企业为了有效利用资源和降低运营成本，希望以较小的投入换取较大的回报。结果，两个薪酬目标之间没有合适的接口，企业付出的薪酬没能激励员工，更不能换来高回报，而员工的愿望和目标同样被压制，于是产生怠工心理，造成企业对员工不满，员工对企业抱怨的局面。所以，管理层在制定薪酬制度时，有必要让员工参与进来，找到劳资双方都满意的结合点。尝试让员工参与企业薪酬制度的设计和管理，会令员工感受到更多的公平。权变理论认为员工对薪酬要求因人而异，即有些人倾向于外在报酬，另一些人则偏好内在报酬，还有一些人既追求外在报酬也重视内在报酬。因而，传统的报酬模式不能产生较强的激励作用。员工如果能够参加薪酬设计，在心理上就会感到自己是企业团队的一员，而非单纯的被管理者，工作积极性自然会增强。让员工参与还可以减少其对薪酬制度的怀疑，增加上下级之间的信任感。员工在参与制度设计的过程中，可以针对企业薪酬政策和管理层进行必要的沟通，让薪酬制度中的缺陷充分暴露出来，如此，利于针对企业不足有的放矢地改进和完善，构建更为有效的薪酬制度，这样的方案获得通过的可能性也将更大。

薪酬制度作为驱动公司战略的工具之一，担负着引导员工行为方式使之符合公司战略需要和与企业文化相融合的任务。企业要注意不同部门、不同背景和身份、不同学历、不同年龄、不同性别和不同层级人员的比例。企业可征集员工的意见和建议，然后将这些意见用图表的方式公示。组织讨论并分析影响工作效率的因素：如果是刚性障碍就调整工资结构，如果是柔性障碍（人为因素的考评不公正等）就完善配套制度。结合外部市场的调研，制定员工可以接受的企业内绝对工资数，这一工资数和同类企业员工的工资相比，能更大限度地满足员工的心理需求。

员工参与薪酬设计的一种典型做法是“自助餐式报酬”，实施时应注意以下三点：第一，企业可为员工提供和列出一组成本相等的“报酬套餐”供员工选择，使员工在满足其需求和个人偏好的前提下有一定的选择自由度；第二，无论员工怎样选择，企业的成本支出总是相同的，但是对每个员工来说，报酬的心理价值提高了，这就等于企业未进行超额支付而实现了加薪；第三，让员工在与其利益相关的工作领域担任设计者、决策者，而不是扮演被动角色，这种机会本身就是满足高层次需要的内在报酬因素，与创新极为接近。

2．现金还是股票

向员工提供股权或者期权以取代现金薪酬的方式逐渐在市场上发展起来。企业实施股票薪酬的初衷是激发核心员工的归属感，以此降低公司的委托代理成本，提升企业绩效。但其实施效果不是很理想：有的员工对企业主的这种做法持怀疑态度，质疑股权的价值及其变现能力。我国企业股票流通性较差，大部分没有上市的企业授予股权使其员工几乎难以变现，唯有期盼公司早日上市，但往往遥遥无期。上市公司的情况改观也不大。中国股市很不稳定，涨跌很不规则，市场价格与企业运营效果未直接挂钩，信息不对称现象比较严重。所以，在上市企业中享受期权的人也对股票薪酬颇有微词。① 但薪酬全部以现金支付就可解决问题了吗？也不是的。对于企业来说，最好的员工莫过于在企业内部有长远打算，既为企业的今天，也为企业的明天而努力工作的人。如果对员工单纯给付现金，这就存在着两个危机：行为短期化和归属感缺失。因为每一份工作都已经得到偿付，所以员工会觉得其与企业之间在每次薪水发放后都是互不相欠的，因此可以很坦然地离开。对于那些忠诚的员工来说，当企业所支付的只是流动性很强的现金，而没有远期承诺的话，员工会逐渐失去对企业的依附性。

知识经济时代，薪酬确实与之前不同。工业经济时代的薪酬发放风格就是简洁明快，从不拖欠，也不希望有后续的牵连。在前知识经济时期，这种风格很受员工欢迎：只要按时足额发薪，便无复他求。但是，随着员工知识、技能与能力的增长，企业主开始慌乱了：为什么员工会跳槽呢？原因在于企业没有给员工一个承诺。创新型人才普遍接受过高等教育，所以其需求就不止于每个月的收入，可能他会问自己：我的未来在这里吗？所以问题的根源不在于是现金还是股票，这只是问题的表象，能够让员工产生一种持久的眷恋才是重点。股票薪酬可以实施，但必须释放它的流通性，否则会适得其反。此外，稳定员工的办法肯定还有，如为员工购买二十年期的商业保险——因受益期晚，交费期长，且商业色彩浓重，员工肯定会珍惜。

3. 灵活调薪

薪酬制度一定要灵活。所谓灵活，指不论个人工作调动还是公司业绩有所起伏，员工的薪酬都不会长久停在某一额度。薪酬不变会使绩效能力俱佳的员工感到沮丧，选择离开，也使绩效能力欠佳的员工仍鲜有创新动力。

所以，薪酬系统如果能活性化，则市场不景气时，新进人员和表现好的员工也可提薪，有资格晋升的人也可提薪。如果遇到景气时仅个别调整，降薪时却人人有份，员工士气何以维持？所以，薪酬制度不应该因为单纯的因素或决策者的好恶而僵化，这是薪酬设计应该有的理念。

4. 薪酬禁忌

薪酬制度的设计，容易使企业误入禁区。有些企业在员工有创新成果产出时，考虑到此前的重重压力与债务缠身，将承诺打折兑现。这样做对员工造成的伤害是很大的——员工创新的贡献因企业诚信与历史债务而透支，其创新热情何以为继？

类似的薪酬禁忌还包括：①假岗位工资。企业的基本薪酬体系与岗位价值联系不大，工资体系更多与行政级别、资历挂钩。②绩效薪酬演变为固定薪酬。绩效薪酬设计不合理，最后当固定工资发放，失去绩效导向性与牵引性。③绩效薪酬指标体系设置不合理。不合理可能导致一个能力强、绩效好的员工，根据这套体系得不到奖金，绩效不好的却拿了高额奖金。④薪酬局部发力，总量失衡。如有的企业搞

① 宋岩. 浅谈股票期权薪酬制度［J］. 外向经济，2000（1）：18－19.

局部浮动工资，没有根据岗位价值控制该岗位的工资总量。结果有的低价值岗位员工，其加上浮动部分后的工资总额大大高于该岗位价值允许的最高工资。⑤薪酬体系与战略、文化不匹配。企业文化鼓励创新，实际却只根据职位、资历发放薪酬。又如创新型企业应该允许犯错误，但企业实行的是犯错扣分制度。导致经常创新的人被罚，不创新、不犯错的人却得到了奖励。⑥一味要求员工讲奉献、讲忠诚，却不注重薪酬与外部市场接轨。①

二、保障

企业期望得到员工的高绩效回报，就要移除阻碍其工作发展的后顾之忧，提供条件保证其高绩效实现。员工保障关心的就是如何对员工提供全方位的保护，使其敬业、乐业。福利是除工资外企业为员工提供的主要保障。事实上，深得人心的福利，比高薪更能有效地激励员工。高薪只是短期内人力资源市场供求关系的体现，而福利则反映了企业对员工的长期承诺。正是因为这点，众多追求长期发展的员工，更认可福利而非高薪。其他一些保障工作，亦须引起企业的重视，真正落实对员工全方位的保护。

（一）个性化的福利

福利计划是增强公司竞争力的特色因素，而不仅仅是传统意义上的额外考量因素。福利可以体现公司的价值观，以福利提升企业品牌，确实是可行的。福利计划是一种充满生机、充满想象力的创新机会，它们要真真切切、精确地展示出公司的价值观和信念、公司对未来的看法以及公司将采用哪些措施来创造未来。为了让福利经费产生更佳的效果，必须进行很好的沟通，福利计划必须被充分理解，并使之同企业文化联结起来。理想的情况是，员工可以选择是否覆盖家庭成员或伴侣；强调身心健康、强调正能量；为家庭提供工作生活福利；弹性工作安排；有需要时，可享用有薪假期。②

1. 个性化的魅力

按照国家规定，企业须为员工设立住房公积金。值得注意的是，对于住房公积金的满意度主要来自于企业内部个性化的福利政策，并非仅仅是国家制订的住房公积金计划。结合职业生涯发展，可对年轻员工与年长者进行投其所好的区别对待：25 岁至 35 岁的员工，安排靠近工作单位的住房；35 岁至 45 岁的员工，安排靠近学校的住房；45 岁至 55 岁的员工，安排靠近父母的住房；55 岁至 65 岁的员工，安排靠近医院的住房。对于家里有学龄儿童的员工，企业可以为其提供教育福利，报销子女的教育经费。有条件的企业甚至可以创建幼儿园、小学、中学，以减少员工的后顾之忧，让其安心投入工作。

---

① 佚名. 企业薪酬 8 大病根［J］. 企业研究，2009（1）：7.

② 宋艳红. 浅谈企业员工福利设计的几个问题［J］. 山西经济管理干部学院学报，2006（4）：22－24.

良好的福利政策的确对留住员工有非常积极的意义，个性化的福利政策也确实能够提升员工的满意度。个性化的福利政策，离不开一个“软”字。所谓“软”是相对于“硬”而言的，通常可以认为是除了国家强制规定的“五险一金”外，企业单独制定的个性化的非现金福利政策。从企业的角度看，在员工“软福利”方面的投入更具技术性；从员工的角度看，“软福利”更具诱惑力。面对种种福利，如果员工可以自由选择，那么企业花费同样的资金就能取得更大的效用。

2. 知识型员工的个性化福利

传统员工的福利是普适于所有员工的，与工作绩效无关，为知识型员工设置专门的福利计划是福利与绩效挂钩的新趋势。高绩效员工可以获得额外的福利，这是增加企业吸引和留住优秀人力资源的筹码，并能激励他们更加努力地取得更高的绩效。货币报酬具有较大的激励性，但是由于知识型员工已经拥有了较高的薪酬，而金钱的边际效用是递减的，因而此时非货币报酬——福利的激励作用就更趋明显了。货币报酬的激励作用具有短效性，而且很可能成为对员工的一种“贿赂”，而福利的激励作用具有长效性，可以增加知识型员工对企业的情感投入和对组织的承诺与忠诚度。

知识型员工工作压力大、工作强度大，容易出现心理疾病如抑郁症。因而企业需要为其提供心理服务方面的福利，让其拥有健康的心理。近年来普遍出现的过劳死和猝死等现象应该让企业提高警惕，为员工提供譬如带薪休假、出国旅游、健身房运动等福利计划，放松其身心，增强其体质，因为只有身心健康才能提升工作的效率。①

3. 个性化的需求

知识型员工福利计划设计的要点在于要了解他们有什么样的需求。譬如，员工希望通过不断学习来提高自己，企业就应该为其提供适当的学习和培训机会，以孕育创新。员工都很重视其在企业的发展空间，希望了解他在企业中的晋升路径。企业应该将员工的职业生涯设计和规划作为一项重要福利，让员工获得更好的职业发展，实现事业上的梦想。员工越来越重视工作环境的质量，这是影响其工作满意度的重要因素，企业应努力创造良好的工作环境，以使其在愉悦的状态下更加高效地工作。

工作和生活的平衡是员工追求的目标，企业需要根据不同员工的个性和生活习惯为其提供多种多样的福利，比如为时尚女性提供美容、高级时装等方面的消费卡。对于已婚的员工，可以为其配偶和孩子提供专门的福利计划。譬如夫妻两地工作的，企业可以为其提供定期的家庭聚会，甚至可以在一些特殊的时期如结婚纪念日等为其安排一次偶然的相聚，这样可以增进家庭成员间的感情，稳定和温馨的家庭能给员工带来巨大的工作动力和支持。

---

① 何小平，吴绍琪，陈六玉. 从“过劳死”现象论企业核心员工可持续发展［J］. 人才资源开发，2007（4）：20-21.

4. 个性化的健康管理

健康是员工创造财富的基石，所以健康计划是非常重要的。企业不仅要为员工提供必要的医疗保障，更重要的是预防和减少员工疾病发生的概率。员工亚健康带来的直接后果是工作效率低下、创造劳动价值减少。这不仅是企业的损失，更是社会的损失。企业及其员工须要革新健康管理观念。通过健康管理，企业可以提高劳动生产效率，降低人力资源损失，减少医疗费用支出；而员工更可以对自身健康状况有所了解，超前控制疾病状况。

虽然国家已经实施了强制型的社会保险制度，并提供了医疗保障，但是中国目前的保障体制是，企业在为员工购买社会保险后原则上没有义务购买其他补充的健康保险。知识型员工需要更好的医疗保障，而现有的医疗保障仅能满足员工基本的医疗需求。基本医疗保险只有当员工生病之后才能使用，当员工处于“亚健康”状态以及“高危”状况时，基本医疗保险不能提供任何解决方案。因此，社保的费用基本涉及不到健康管理。追求创新的企业应以此为突破口，以个性化的健康计划充实福利管理。有的企业尝试在保险领域为员工提供更具个性化，更有创意的福利项目。它们甚至认为，由企业与保险机构直接建立关系，签订保险协议，比完全执行国家规定效果更佳。企业在福利方面依然须在“软”字上多做文章，加大力度设计与推行个性化的保险项目。从执行国家规定发展到企业和保险机构合作设计安排，将是个性化健康管理的趋势。

（二）尽可能多的福利项目

希望与员工建立长期关系的公司会尽其所能地帮助员工营造未来。这就意味着，不只包括全面的、员工负担较轻的医疗保健福利，这些公司还会为员工提供营建财务安全以及领取退休基金的机会，为员工的家庭和生活方式提供福利项目。平庸的管理可以把福利工作做得不费吹灰之力，创新就这样与企业渐行渐远。卓越的福利工作意味着创新与个性化，公司对员工无微不至的关怀得以彰显。福利项目品类繁多，琳琅满目。当高薪不再成为吸引人才、留住人才的撒手锏时，企业即须在员工福利上下功夫，设计尽可能多的福利项目。

1. 培训进修

为跟进知识经济的发展，员工要随时更新、补充专业知识。知识型员工普遍对培训进修的机会感兴趣。企业强调教育的资助，引导创新的同时，会带来更高的员工满意度。完善、系统的员工培训体系值得赞赏，支持员工学习与工作相关的技能，给予不同百分比的报销比例，就会受到员工的欢迎。培训被认为是公司赋予员工的一种奖励，也是员工应享有的一种福利，更是增强员工凝聚力的有效方法。[①] 为创建个人未来，企业应通过提供再教育机会推动员工职业生涯的发展。学费返还项目、培训赞助、在线学习机会、研讨会、证书课程、汽车驾驶培训、考虑周到的成人扫

① 沈小平．培训是最大的福利［J］．成人教育，2001（7）：45．

盲课程、英语作为第二外语的课程和与社区学院合作提供新技能培训等都显示了公司对员工未来的职业生涯成长负责任的态度。

2. 文化轮值

福利是公平且普惠的，体现了全员参与的原则。如果企业可以放大这一原则，福利有望提升员工满意度。企业可以将固定的周末企业文化活动交由员工轮流筹备。所有员工轮流担任活动负责人，体现了企业对员工的信任，增强了员工主人翁的精神。集体活动又必然能增强团队的合作精神，加强企业凝聚力，可谓“一举多得”。

3. 出差交流

出差是因为业务原因外出并与企业外部进行有目的的交流。它是一种职务行为，连带着企业出资的职务消费。所以，出差是对员工能力的肯定，可谓“出差福利”。员工可以享受全额的公务出差保险，在出差时自动受保。出差的目的与目的地又可因不同的动机、国别、城市等而加以细分。

结合不同需求的员工及其兴趣来设计福利包，由其自行选择。实用的、不实用的，都可以成为福利项目。前者，如医疗福利，包括员工日常就诊费用，含住院费等，企业予以一定比例的报销；而后者，不实用的为什么能成为福利项目呢？其实，某些用不掉、吃不掉、送不掉又扔不掉的物品，才更能为人所铭记。譬如说送给每位员工一尊他的雕像、一本关于他的精美相册等——如果能附上企业主与员工个人的签名，效果会更好。再如面向员工和家属的免费医疗、健康设施或健康俱乐部的会员资格，设置免费咖啡吧等；员工可以享受洗车、购买生日礼物、送花、洗衣、相片冲印等服务；而且，每天可以免费或以较低的价格在企业用餐。福利设计有赖于企业文化和预算，有赖于企业区别于同行业竞争对手的手段。[①] 其他福利品种还可以有很多，如出差补贴、节假日（生日、生育）礼金、新婚员工贺礼、生日蛋糕、年终聚餐、各种娱乐活动、电话费、交通费、娱乐费、水电费、旅游费等。

（三）保险甚于房、车

尽管员工热衷于讨论诸多焦点问题，但保险始终是员工保障绕不开的话题。

1. 保障与保险

保险是员工保障不可回避的话题。人生需要三大保险：意外、疾病和养老。养老保险是覆盖面最大的也是企业执行得最好的，最难预知和控制的要属意外和疾病，而保险的保障意义，很大程度上就体现在这两类保险上。但有的员工感觉保险费一去不返，或者返还很晚或很少，算不上是投资。可见，最具保障意义的保险居然未能受到足够的重视！

2. 择偶与保险

员工是家庭开销和压力的焦点，万一有了闪失，其家庭生活会立即受到影响。保险是员工安身立命的根本保障，给家庭的主要支柱购买保险即可有效控制这种影

① 佚名. 不可思议的出差福利［J］. 大众商务（小投资），2008（12）：41.

响。在日本，女青年择偶时最看中的居然是男方的保障问题，简单说，是男方有没有能力购买足够的保险。换句话说，就是要看看“保单的金额够不够满足双方从结婚一直到子女独立甚至到退休”的整个过程。不期而至的金融危机和意料之外的裁员风险等，事实上已经影响到了许多人的择偶条件。

3. 房、车与保险

如果在贷款买房后还没有保险，是一件很不科学、很危险的事。很多购房族已经感受到了其中的压力，在买房之前过的是一种自由自在的生活，但在买房后压力陡增。为什么？二十年的房贷，意味着这二十年间工作不能中断，一旦由于意外、疾病中断工作，则会中断收入，压力将会更大。而更难保证的是二十年间不生病、不出任何意外。如果出现大的人身意外，比如身故或残疾，收入将永远中断。如果没有其他的办法，房子是要被收回的，受到最大伤害的是员工的家庭。

4. 投资与保险

保险产品发展至今，已经远远超出原有商业保险中的保障财产或是人身的范畴。随着金融市场的繁荣，公众开始注重理财，关注并购买基金、股票、国债等理财产品。保险作为稳健的投资品种，有着它独到的特色。在理财规划的不同层面，保险产品均可发挥作用。保险的投资类产品是用来做长期投资的，长期规划即可保证长期收益。基于这个原因，为了保证在长期市场波动中维持稳定的收益，保险公司的投资会比较保守。它的这个特点，可以帮助员工锁定一些长期的消费目标，如子女的教育金、婚嫁金和自己的养老金等。

（四）安全和谐的工作环境

办公室福利如果巧加设计的话，完全可以成为“束缚”员工的“温柔陷阱”。中国某 IT 公司“腐败生活”的组图给人以强烈的感官刺激：摆有开心果、甜麦片、杏仁、木糖醇口香糖等数十种零食的四层高零食柜；盛满香蕉、樱桃、葡萄、圣女果、苹果的水果篮；摆放着佳得乐、王老吉、雪碧、农夫山泉的饮料柜。此外，上班时间也可以使用的台球桌、KTV 超大包房兼瑜伽房、健身房和需要提前预订的按摩服务也让看客妒意骤生，更何况，还有极具诱惑力的食堂为员工提供免费的一日三餐。

如此体贴的工作环境，的确能赢得不少人心。公司成功地“购买”了员工的归属感，从而会换回员工加倍的忠诚与加倍的努力。这样的企业懂得一个非常浅显的道理，再高级的员工，除了对薪水的预期之外，还需要被尊重。是否除了睡觉的时间，员工愿意在公司任意停留？是啊，颈椎酸了订个推拿，眼睛乏了去跑会儿步，嘴巴干了找饮料柜。既然不必出公司，不必再到外面的世界游荡，那么省下来的时间做什么呢？工作啊！怪不得其企业主自豪地说：我们的员工，每晚披星戴月地走，第二天一早还是开开心心地来上班。企业当然永远知道自己在做什么，这些通过优厚的待遇培养起来的员工正全天候地推进企业的创新工作。①

（五）隐私保障

隐私权是公民的合法权利，从企业角度看，为了人职匹配、安全生产、提高效率和杜绝腐败等原因，须在诸多环节了解员工隐私。隐私管理就此成为人力资源管理的敏感区域。管理者在人才引进、考核选拔、人才流出等环节不得不了解员工隐私。为了防止员工上班炒股、微信聊天和网上购物等私人行为的出现，越来越多的企业采取摄像监视、网络监控、手机定位等措施，大量的个人隐私因此暴露在企业管理者的视线下。

1. 敏感环节

一般来说，敏感环节企业必须进行有效的隐私管理。

（1）员工受聘前。

员工简历往往会涉及个人隐私，如姓名、住址、个人照片、联系电话、身份证号、工作经历等，如果管理者粗心大意或不负责任，可能会导致准员工的个人信息被泄露，从而侵犯其隐私权。求职者作为相对弱势的一方，往往须配合企业的调查要求。管理者在操作过程中如果没有一定的能力和经验，则有可能侵犯员工的隐私权。有的企业将未获录用的求职者的简历丢进垃圾桶，被发现后受到该求职者的谴责。这样的做法既破坏企业形象，又可能泄露求职者的隐私，触犯法律。

（2）员工受聘中。

①监控搜查。在工作环境下，企业往往通过一些先进的电子设备对员工进行监控，并且经常对员工的工作地点进行搜查。从员工的角度来说，受到监控不是一件令人舒服的事情。对企业来说，如何对员工监控，怎么处理监控结果，如何向上级反映、向员工公布监控情况，则是难以处理的问题。②隐私处置。在人力资源管理过程中，企业为了经济上的考虑，往往须知悉员工的个人资料。如经常要求员工检查身体，并公布身体检查的结果，以督促员工重视身体健康。这些做法客观上或许对员工有利，但是其隐私可能会被泄露，有的员工甚至因此形成较大的心理压力，影响正常工作。③网络监控。由于科技的发达以及互联网的普及，企业开始通过各种网络工具对员工的电子邮件以及上网记录进行监控，多数员工因此失去安全感。

（3）员工解聘后。

员工辞职或被辞退后，有关员工的档案仍会在公司保留一段时间。另外，员工在受聘期间的表现也属于员工的个人隐私，如出现未经个人同意将员工资料出售给猎头公司或人才市场；向前来调查员工背景的企业反映不符合当事人实际情况的信息等，原企业管理者将面临管理不当的谴责。②

---

① 佚名．Google办公室福利是个阴谋？［EB/OL］．（2008－08－12）．http：//office. soufun. com/2008－08－12/ 1997484. htm.

② 吕雅英．重视做好员工的隐私管理［J］．职业，2008（11）：23.

2. 管理原则

保障员工的个人隐私，维护其合法权益，企业的隐私管理需要依原则行事。

（1）告知原则。

告知隐私管理活动的原因和过程以及结果的处理方法，既体现了对求职者和员工的尊重，也在一定程度上减少了由于侵犯隐私而被起诉的法律风险。给予管理对象对于隐私的获取权和更正权，员工应被告知收集、利用、披露其个人信息的情况，并可以获取该信息。当企业以此为依据做出对员工的不利决定时，该员工有权对这种信息的准确性和完整性提出质疑，并对其进行适当的修正。

（2）正当原则。

作为企业管理者，无论是在求职面试过程中还是指导监督员工的过程中，都必须明白，对员工进行隐私管理是出于企业的正当利益。监听、监视等只能是出于保护企业的正当权益，如保障安全生产、提高劳动生产率和经济效益。同时，使用的设备也应具备合法性，即该设备应为国家机关批准使用的或不违反法律法规的。

（3）相关原则。

每个人都有隐私，有些与工作相关，有些则与工作无关。因此，管理者在管理员工时必须把握替员工保密的原则，不能为了满足自己的好奇心而肆意调查员工的隐私，也不能超出工作需要去了解员工的隐私。例如，对员工的监察时间仅限于工作时间，因而员工在休息间隙和下班后的言行不应作为监察对象；监察空间仅限于工作场所中的必要地点，如车间、办公室等，而洗手间、更衣室等地点不应安装监察设备。

（4）保密原则。

除非获得司法授权或法律另有规定，企业不能将其所掌握的员工信息向第三人泄露或公开。一般的员工信息如身高、学历、姓名以及联系方式等仅适用于业务使用，与个人身体状况、婚姻状况、过往经历相关的信息则在公司范围内保密，仅在工作需要的范围内公开，与个人尊严有密切关系的记录，如精神状况、司法犯罪等信息则要严格保密，仅在责任范围内公开。①

（六）压力管理

工作当中的人都会感受到压力，无论是企业主、管理者，还是普通员工。身处社会变迁不断加速的时代，个体所面对的压力，有工作上的，如组织变革、工作环境恶劣、工作量超载、员工角色冲突或模糊、职业生涯受挫、人际关系紧张、工作与家庭冲突等；社会上的，如社会地位、经济实力、生活条件、财务问题、住房问题等；生活上的，如夫妻分居、失业、车祸、拘禁、家庭成员死亡、外伤或生病、离婚、复婚、退休等，还有信息压力、时间压力、经济压力等。调查表明，多数员工感到压力过大，有的甚至出现心理问题。因此，越来越多的企业开始重视员工的职业压力与心理亚健康对企业造成的影响。压力并不全然都是负面的影响，适当而

① 彭移风．给员工隐私设置安全线［J］．企业管理，2007（7）：82－83.

正面的压力可以增进工作效率，带动工作情绪，更可以促使个体更积极主动地投入到工作与生活中，个体也因为在一紧（适当的压力）与一松（放松、休息）之间，得以调整工作与生活的节奏。因此，压力需要正确疏导，使其成为个体成长的动力。企业应认识到员工压力并应用适当的管理手段，以舒缓个体的压力感，方是助员工“与压力同行”的明智选择。①

1. 压力识别

要对工作压力进行管理，企业首先要依据员工的态度和行为来考察员工的工作压力程度，从而采取相应措施。下列现象是员工一些压力信号的表现：①工作失去动力。比如对工作安排有消极抵触情绪，对公司的发展漠不关心等。②工作质量下降。比如产量减少或者生产效率降低，生产中损耗量和错误率增加，决策拖沓等。③高旷工率。比如缺席次数增加。当人感到有压力的时候，第一反应是产生逃避和厌恶情绪，所以如果企业给予员工太大的压力，员工一般都会采取消极的方式来躲避工作以缓解压力。④流动性大。由于企业让员工承受不适当的压力，使得员工在沉闷、压抑的环境中工作，很容易产生离职的念头。⑤员工之间关系恶劣。比如同事之间的关系紧张，有冲突；客户关系紧张，违纪问题增加等。这些情况都是源于企业给予员工不适当的压力，使员工对工作不满意，进而表现出来的一些现象。当这些问题较严重时，企业就要进行反思，如果是企业自身的问题，就应该找出问题所在，并采取相应措施。②

2. 管理原则

压力产生的原因是多方面的，同时它又具有主观性、评价性和活动性，结合我国企业员工工作压力的特点，企业在进行压力管理时一般应遵循五个原则。①适度原则。就是说不能不顾企业的经济效益而一味减轻员工压力。企业要在激烈的市场竞争中立足并谋求发展，就必须使员工努力工作，不断创新，不断挑战极限。②具体原则。由于压力在很大程度上属于主观感受，因此在进行压力管理时要根据具体对象在学历、年龄、性别、性格等方面的不同而采取不同的策略。③岗位原则。不同部门、不同岗位的员工面临的工作压力大小与受影响程度不同。一般来讲岗位级别越高，岗位责任越大，所承受的压力就越大；岗位的创新性越强，独立性越强，变数越多，所承受的压力就越大；员工履行岗位职责失败后造成的后果越严重，造成后果的责任越明确，所承受的压力也就越大。④引导原则。由于压力的产生是不可避免的，对员工来讲有些外部因素是不可控的。比如面对强大的竞争对手，为了企业的利益和生存，必须战胜对手。这时变压力为动力，引导压力向积极的一方面发展就显得很重要。⑤区别原则。在消除压力的来源时，应区别对待。有些压力的来源完全是可以避免的，比如因员工之间不团结、人际关系复杂而造成的压力；或者是因岗位职责不清、分工不合理而造成的压力。而有些压力，比如来自工作本身

---

① 陈得民，张元．论压力管理［J］．河南工业大学学报（社会科学版），2008（4）：102－105.

② 白玉苓．企业压力管理中压力源的研究综述［J］．中国市场，2008（40）：52－55.

的压力，只有通过提高员工自身的工作能力和心理承受能力来解决。①

3. 管理策略

有效的压力管理，可分成三部分：第一是处理外部压力源，即减少或消除不适当的管理和环境因素；第二是处理压力所造成的反应，即对情绪、行为及生理等方面的症状进行缓解和疏导；第三是消除自身的弱点，即改变不合理的信念、行为模式和生活方式等。如此分门别类，则可对压力各个击破。

（1）压力源控制。

从源头控制，即可减轻压力。①针对工作环境中的压力源，员工可以将办公室按照自己的喜好布置，这样能创造舒适惬意的工作环境。企业应充分利用空间为员工提供放松和交流的场所，如开辟可供员工自由交流和讨论的聊天室，备有咖啡、豆浆、柠檬茶和各种汽水饮料的座谈区等。另外，还可以把公司从闹市迁往绿化区，改善整体工作环境，为员工提供移动办公设施等。②针对公司变化中的压力源，可以向员工解释原因，提供辅导。比如在面临机构重组时，设置意见箱或网上论坛等，让员工公开谈论工作问题，以缓解压力。③针对人际和日常生活中的压力源，可以聘请专业人员，协助员工鉴别压力症状，并提供相应帮助。

（2）反应控制。

亡羊补牢，为时未晚，反应控制让员工在压力面前不至于缴械投降。①运动。运动是缓解压力的一种迅速且有效的方法。公司可以设置一个专门的运动室，以供员工在闲暇时进行体育锻炼。另外，员工可以在其办公室内进行简单的四肢伸展运动，同样能达到放松的效果。②交流。当个体由于压力闷闷不乐时，一般都会主动找好友或父母进行倾诉，并且征求对方的意见，这样的交流可以有效释放压力。有时，倾诉本身就可以达到控制压力的目的。③活动。可以不定期地安排公司员工聚餐或旅游，或利用休息时间给员工庆祝生日等，以促进公司员工间的交流，培养团队合作精神。也可举办一些娱乐活动，来转移性格内向员工的注意力，并且培养员工健康的兴趣爱好，从而缓解压力。④宣泄。宣泄是一种发泄，即通过某种途径把员工的压力排挤出去。宣泄的途径很多，性格外向的员工可能会找个地方高声大叫，或借助某个机会与他人产生冲突等；性格内向的员工可能会把心中的不快写在纸上，寄给远方的朋友。“宣泄室”的设置，可为员工提供不错的发泄场所。

（3）个体改变。

改变员工自身的弱点，即改变其不合理的信念、行为模式和生活方式等。①全员培训。通过压力管理、挫折应对、保持积极情绪等一系列的培训，帮助员工掌握提高心理承受力的基本方法，增强对心理问题的抵抗力。掌握员工心理管理的技术，在其出现心理困扰时，能够掌握适当的解决方法，进行缓解和疏导。②心理咨询。组织多种形式的员工心理咨询。对于受心理问题困扰的员工，提供咨询热线、网上咨询、团体辅导、个人咨询等服务，解决其心理问题。③清单整理。在压力面前，员工可能会抱有非理性的观念，致使情绪低落、失常。因此，在平时就应该注意促

---

① 姜文泽．压力管理的五大原则［J］．北京石油管理干部学院学报，2008（3）：69.

使员工发现自己的不良情绪以及引发不良情绪的原因，并把它们一一记录下来，尝试使用合理的观念去替代这些非理性的观念，这样也能有效控制压力。[①]

（七）特别推荐：公司司歌

在精神层面维护员工，凝聚组织士气，推进企业文化建设，创作公司司歌不失为一个有效的方法。

1. 司歌引入

轻松悦耳的音乐会使人的身体和大脑的节奏与大自然同步，从而调节人体的活动能力，使人的身体更健康，精力更旺盛，特别是使大脑的潜力能够得到更好的发挥。现代生理学研究认为，音乐能促进人体分泌有利于健康的激素，提高酶的活性，促进血液循环，使血压平稳，心率稳定。音乐还能促进人体新陈代谢，如使胃肠蠕动更有规律，消化液分泌更旺盛，从而利于消化，增加食欲，达到健体的作用。音乐还有延缓大脑衰老，防止记忆力减退的功效。[②] 如果能够对特定企业量身定制一首朗朗上口的主题歌曲，必将有助于提升组织士气。工作会被赋予乐趣，办公室将更具温情，工作效率会因之提升。

2. 创作原则

公司司歌的创作应能够反映特定企业的经营范围、企业精神，措辞宜昂扬向上且避免千篇一律，尽量与企业的特点相糅合，一方面以区别于他人，另一方面使员工易懂易记。建议采用格律体式，严密的上下文逻辑、音韵关系会有助于歌曲在一定范围内的传播。

3. 司歌例文

＊＊之歌

我们是一个蓬勃的组织　　＊＊＊＊是我们的名字
高效迅捷是我们的作风　　服务社会是我们的宗旨
管材销售迎合社会所需　　石油套管延伸现代科技
绿色中国理应山清水秀　　保护环境＊＊义不容辞
我们不仅做出一些成绩　　快马加鞭仍将努力进取
而且我们具备资金优势　　回报家乡看我＊＊英姿

我们是一个文化的集体　　＊＊＊＊我们为君投资
纵使这里不乏硕士博士　　千金市骨只对人才倾心
这里没有冷漠忌妒猜疑　　热情友好犹如姐妹兄弟
这里难觅懦弱后退回避　　同甘共苦尽享成功欢愉

① 李中海，廖建桥．现代企业中的工作压力管理［J］．工业工程，2001（1）：11－15.
② 刘璐．音乐疗法与健康［J］．长春大学学报（社会科学版），2008（4）：108－110.

拳拳之情谁都不会忘记　　点亮明灯欢迎支持参与
＊天之日普照苍空穹宇　　诚信之念赢取商界美誉

4. 创作思维

××公司是一家资金实力雄厚的投资控股公司。作为一家投资公司的司歌，就应彰显服务社会的理念，体现出公司的主要经营领域——环保与管材，这些在司歌的上半部有所介绍，咏唱者信心满怀，给人以蓬勃之感。投资公司需要发展，发展势必需要大量的人才。司歌的下半部首先表露了该公司求贤若渴，同时向听者呈现了员工间融洽和谐的氛围。软硬实力俱佳，彰显企业雄心。

第七节　培训开发

同样是人力资源管理的经典模块，培训开发往往未能像薪酬保障那样受到企业与员工的足够重视。但是对企业的创新贡献最大的，也是最为根本的工作，却是培训与开发。

一、培训

在知识和人才的激烈竞争中，企业要想获得竞争优势，必须拥有一支高素质的员工队伍。而高素质员工队伍的建立，需要企业不断培训，增强其能力。许多企业已经认识到培训是必不可少的投资活动，不仅有利于企业创新的持续产生，也有利于员工职业生涯和潜能的开发；但也有一些企业对培训兴趣不足，认为其回报甚微。培训只有与企业的业务发展目标结合起来才能真正产生回报，它不应该是后台的支持者，而应是前线的牵引者。培训部门应该看到企业的发展趋势是什么，这种趋势对企业的竞争能力会产生怎样的影响，对竞争优势有些怎样的要求，根据这些才能决定需要培养什么样的人才，在技能方面还需要怎样的投入。

（一）定期定额的培训投入

培训是产生创新的基本途径。培训管理不仅可以评价员工的现有能力，更能提高其技能和素质，充分挖掘其潜能，为企业带来无法估量的增值效应。当然，培训所需要的是企业定期定额的培训投入。

1. 工作友谊

企业努力培养人才，加强员工的教育训练，根据长期人才培养计划，开设各种综合性的系统研修、教育讲座。从新进大学毕业生的入职培训到核心员工的海外培训，从普通员工的技能培训到管理人员的领导能力培训，从英语课程培训到 MBA 课程培训……现代企业提供的员工培训确实包罗万象。是否能提供良好、充足的培训是吸引、留住优秀人力资源的关键。某些拓展性培训项目需要员工之间彼此信任，甚至是把生命交托于对方，以此训练员工良好的合作精神。员工以培训中的合作为基础，在实际工作中，建立起相互间的信任和深厚友谊，而这种感情纽带将成为员工创新的基因，员工之间通过培训即可构建肝胆相照的工作友谊。由是观之，企业的培训投入的确是值得的。①

2. 创新源泉

工业经济时代前期，提高产品质量是每个企业追求的目标，产品质量意味着企业的竞争力；而在后工业经济时代，出售优质的产品已经被企业普遍关注，各种各样的提升品质的管理方法让人眼花缭乱。在这样的大环境下，企业的竞争力如何提高呢？管理学研究者在此基础上付出了艰苦的努力，如设计招聘、绩效管理等，但是这些方法多是从现象上去考虑的，未能从本质上去解决问题。招来的现成人才忠诚度难以确定，绩效的执行只能评价员工现有的能力和业绩。企业的成功于19世纪靠资本，20世纪靠技术，21世纪则要靠培训。培训管理虽然成本较高，但是可以解决前述的矛盾。为了激励员工的创新欲望，促进创新成功的进程，在内部可以采取一系列别出心裁的激励创新人员的制度。如规定对有创新成功经验者，授予某种荣誉资格，对获得这种资格的人，给予一定时间和必要的物质支持，使其有足够的时间和资金进行创新活动。这种以创新为导向的培训是激发潜能、培养高素质人才的有效途径。② 可以说，培训效果直接影响企业的人力资源素质和竞争力。企业斥巨资于培训活动，体现了企业对员工的关怀。

3. 长线投资

一些企业的培训未能真正产生可见的效益，关键是其对培训的重视不够和缺乏一套培训管理的科学体系。其实，企业对培训的重视可归结为时间的问题，因为培训带来的是一种观念，这种观念和企业原有的观念多少会产生一定的摩擦，这就需要企业主的远见和胆识。一些企业觉得培训是成本支付，培训后又留不住人才，令其他企业受益。③ 其实这种想法是很短视的。短期内企业要发展，培训时间不够，就高薪聘用人才，人才来到公司很快需要进行再学习，而企业又不提供培训机制，员工很快觉得自己的职业生涯不能这样度过，所以仍会离开。如果企业谋求长期发展，就需要对培训有规划，进行长线投资，它不是三分钟热情，而应是定期定额的恒久坚持。只有在培训的效益越来越明显的情况下，才会有大量的企业去模仿。而培训本来是种长线投资，其所需要的正是时间。员工接受培训的同时，感受到企业对自己的重视和培养，就十分乐于把自己的职业规划和企业的愿景紧密相连，企业就会在中长期受益于培训。培训确实需要花费很大的财力去进行，但是随着科技的发展，信息技术的成熟，可以很明显地看到，培训成本正在降低。现在有专门针对培训管理而科学编制的管理软件，通过购买这些软件，不但可以把管理制度明确下

---

① 罗皓月．企业培训要求和培训规划指南［J］．现代企业教育，2005（5）：17－19.

② 高维佳，仲伟林．知识型员工培训策略［J］．企业研究，2009（1）：68－70.

③ 殷智红，陶秋燕．企业员工培训风险研究［J］．生产力研究，2008（14）：94－95.

来，而且可以汲取别人的管理思想，不失为一种简洁、快速而且有效的方法。只要企业保持对培训始终如一的重视，保证定期定额的投入，经过一段时间的沉淀，培训所带来的效益终会得以展现。

（二）自行设计的培训规划

做好培训工作离不开科学规范的培训管理，它能帮助企业通过培训实现其战略目标。有的企业通过购买培训服务来满足员工的培训需求，但即便如此，其培训管理工作也应以自行规划为宜。搭建健全的培训管理系统，实现培训工作的全面管理，这样企业才不会在培训方面受制于人，且可充分利用外部的各种机会。所以培训规划工作还是由企业自行设计为宜。

1．培训要有针对性

培训课程应为企业战略目标服务，要依据培训内容确定。具体而言，建立培训课程体系的过程为：先确定差距，即找出企业目标与现状的差距，无论目标还是现状，最为清楚的只有企业自身；再针对培训内容设置系统、全面、关联性强的课程体系。市场所提供的一些培训服务包未必贴合企业实际，系统解决方案须由企业来酌定。培训信息系统应包括培训需求信息、员工职业发展信息、培训计划信息、培训实施信息、培训课程信息、培训费用信息、培训师资信息、培训公司信息、培训协议、合同信息、培训效果评估信息等。①

2．培训需引起共鸣

为防止员工在培训后离职，企业应着力构建与员工之间的“心理契约”。“纸面契约”已经不足以让员工与企业达成“价值共鸣、愿景共建、事业共干、发展共求、利益共享”，所以企业应使员工的个人发展与企业的目标规划相结合——凝练塑造有组织的学习文化。通过这一文化导向，企业向员工灌输期望的理念和价值观，从而形成价值共鸣的学习氛围，以之巩固双方的心理承诺，提升员工或有的离职门槛。

3．培训需科学分类

培训内容是企业培训所看重的。如何让员工便捷地浏览并了解众多的培训课程？培训课程有深有浅，学员的水平参差不齐，如何让员工自助选择适当的课程？培训对象虽然都在企业内部，却可能来自不同部门，他们有着不同的职涯规划。如何将培训课程进行科学分类，让学员做到有的放矢呢？培训方式众多，分为内训、外训等，繁多的安排需要协调处理。尤其是外训，必须严格监督培训是否真的对员工有效，对企业有利。前述工作需要专人去处理，因为其涉及太多企业内部信息，所以规划者不能是外人。

企业持续购买外部培训服务，一方面不经济，另一方面也不利于学习型组织的构建。加强内部培训师队伍建设可以解决这个问题。事实证明，内部培训师培训更

① 李艳，董正祥．企业培训需求分析研究［J］．现代企业教育，2005（12）：29－30.

有针对性，教与学双方彼此熟悉，交流起来也很容易，有利于学习型组织的营造。培训师的选择对象应从管理能力强、技能突出、综合素质高的管理层和骨干员工逐步过渡到有专长、特长的普通员工。在此基础上建立广泛的交流、研讨平台，通过不定期的跨部门工作交流会、专题研讨会、经验介绍会，在企业内部实现最大限度的资源共享。

4. 防人之心

培训方面的高投入能否给企业带来高回报，不仅取决于员工的个人意识，还取决于其所处的工作环境是否有利于培训成果的转化。如果培训成果不能转化，员工会产生挫败感，培训投入可能就会落空。阻碍培训成果转化的环境因素有：缺乏部门管理者的支持；缺乏同事支持；工作本身的限制，如工作中经常面临时间紧迫、资金短缺、设备匮乏等现象，让受训员工难以应用新技能等。工作环境须利于促进培训成果转化，这项工作要在规划阶段即有所安排。为了做到“知己知彼，百战不殆”，企业还应了解竞争对手的培训信息，在一定程度上避免被“挖墙脚”，这也是防止人才外流的措施之一。

培训规划的自行设计，使企业利用而非依赖外部培训，在培训管理过程中能够洞悉全局，收放自如。

（三）学习型组织的建设

在知识经济的背景下，彼得·圣吉提出了“学习型组织”的概念，受到广泛的认同。有人甚至预言，21 世纪最成功的企业将是学习型组织。

1. 五项修炼

在学习型组织里，有五项新技术被汇聚起来，使学习型组织演变成一项创新。虽然它们的发展是分开的，但彼此紧密相关。

（1）第一项修炼：自我超越（Personal Mastery）。

自我超越的修炼是学习不断理清并加深个人的真正愿望，集中精力，培养耐心，并客观地观察现实。它是学习型组织的精神基础。精熟自我超越的人，能够不断实现他们内心深处最想实现的愿望，他们对生命的态度就如同艺术家对艺术作品一般，全心投入、不断创造和超越，是一种真正的终身学习。组织整体对于学习的意愿与能力，根植于个体成员对于学习的意愿与能力——员工追求卓越，组织因之而出众。这种超越的心态，是需要组织加以灌输的。

（2）第二项修炼：改善心智模式（Improving Mental Models）。

心智模式是人们心中影响个体如何了解这个世界，以及如何采取行动的诸多假设、成见，甚至是图像、印象。人们通常不易感知自己的心智模式，以及它对行为的影响。企业管理中，决定什么可以做或什么不可以做，即是一种根深蒂固的心智模式。这种隐藏的心智模式影响既深又广，尤其是当它成为组织成员共有的心智模式时。企业要在变动的环境中稳健成长，修炼期望的心智模式有赖组织化的学习。个体的勇气需要由组织推动，借以发掘内心世界，使潜存图像浮上表面，并严加审视。

（3）第三项修炼：建立共同愿景（Building Shared Vision）。

有了绘制的蓝图，员工会为之振奋，因为该蓝图包含其个体贡献与成就分享，这是员工的共同愿景。这项修炼的高明之处正是将个人的愿景整合为共同愿景，所以其技术复杂性也很高。共同愿景的整合，涉及发掘共有未来景象的技术，它帮助组织培养成员主动而真诚地奉献和投入，而非被动地遵从。员工和管理者需要着重修炼的就是个体与组织的完美结合，而非趋向任何一极。

（4）第四项修炼：团体学习（Team Learning）。

团体的集体智慧高于个体智慧，团体还拥有整体搭配的行动能力。当团体真正在学习的时候，不仅团体整体表现出色，个体成员成长的速度也比通过其他的学习方式所取得的成长速度要快。团体学习的修炼从深度会谈开始。它包括找出有碍学习的互动模式，即那些未被察觉的根植于团体互动的模式。通过有效探测，并使其浮现，学习的速度便可提高。团体学习之所以重要，盖因这种修炼所产生的强大力量可支持组织层面的创新。

（5）第五项修炼：系统思考（Systems Thinking）。

企业活动是一种系统，受行动牵连而彼此影响。保证组织绩效，就需要系统的思维方式。譬如，部门本位主义是机械地、割裂地看待问题，是反系统思维的。系统思考可帮助企业及其员工认清整个变化形态，了解应如何有效地掌握变化，开创新局。学习型组织落地开花，终将取决于第五项修炼，即系统思考。第五项修炼是整合其他各项修炼的理论基础，防止组织在真正的实践中，将各项修炼列为互不相干的名目或一时流行的风尚。少了系统思考，就无法探究各项修炼之间如何互动。系统思考可强化其他每一项修炼，通过融合整体以得到大于各部分汇总的效力。①

2. 组织学习

学习是一个终身的过程，一个人学得越多，越会觉察到自己的不足。因而，一家企业不可能达到永恒的卓越，它必须不断学习，以求更加精进。

（1）落地建设。

学习型组织的建立首先要求企业里的人在观念和方法上进行改变，这一点必须借助五项修炼来完成。学习型组织不是空中楼阁，要有自己的骨骼框架，这就涉及企业的战略、组织、流程、制度等要素。建立学习型组织的目的是有效提升企业人员的学习能力，并保证知识的有效利用和传播。因此，必须建立相应的制度体系，以保证其不但能够学习到新知识，还能够将知识加以保存和有效利用。企业要构建完善的培训体系，建立各种制度来维持组织的持续学习，还要建立相应的考核机制，以确保学习的效果。没有这个框架体系，学习型组织建设就无法落地。这就尤其需要由企业协助员工制订个人发展计划，明确提出通过实践和教育、培训要达到的学习目标，使之不仅有利于个人事业成功，也有利于企业的创新发展。②

---

① 彼得·圣吉．第五项修炼：学习型组织的艺术与实务［M］．郭进隆，译．上海：上海三联书店，2001：46－165．

② 王伟．我国企业创建学习型组织存在的问题及对策［J］．北方经贸，2009（1）：117－118．

（2）必要条件。

企业虽然是由员工个体组成的，但其吸收能力不等于员工个体吸收能力的简单相加。除了自外部吸收新知识外，企业的吸收能力还包括新知识在组织内的扩散、利用与再创新，因此它是一种外部学习与内部学习的整合。不少企业在建设学习型组织时，认为只要做了培训，学习了五项修炼，组建了学习小组，就是建成了学习型组织，其实不然。五项修炼是学习型组织建设的“软”功夫，是对管理者和员工的技能要求：五项修炼是对团队中个人的内在要求，要求团队成员必须具备这五方面的技能，才能使企业成为学习型的组织。但要建设学习型组织，更为关键的是必须在企业内部构建一套面向学习型组织的基础管理平台和运行机制，这是外在的要求。培训是学习型组织的一种表现形式，而非学习型组织的实质。换句话说，有培训未必会建成学习型组织，而没有培训则不可能建成学习型组织。那么，要不要培训呢？答案当然是要！而且是要以优秀的培训促成学习型组织的有效构建。只有做到内外兼修、软硬相宜，企业才能真正学习起来！①

（3）新知传播。

企业引进新知还需要扮演新知引进者的角色，这种角色既具备吸收外部新知的能力，又知道如何将新知转化为组织内其他人可以理解的内容。同样，知识在组织内不同部门间扩散时，也需要有类似的角色，起到接收、沟通的作用。纵然引进者将新知引入组织内，也不代表组织就能有效率地进行扩散与学习吸收。组织内部的知识扩散，将与组织文化、价值观、沟通机制密切相关。如果新知不能符合组织的价值观或利益，也会很难扩散或被利用。如果组织内部过于封闭，则会减弱对外部新知的吸收能力。有的企业经营策略较为保守，对于外部创新成果较为排斥，因此成员对于吸收新知兴趣不足，新知就很难在企业内部扩散与被利用。这种文化认知的差距，虽然不是企业先验知识水平不足所造成的，但显然不利于企业吸收能力的发挥。因此，增加组织内部个人与部门的知识广度与吸收能力，也是建立组织学习机制的目的。如果组织成员能与外部知识源，如顾客、供货商、设备厂商等，有更多的知识交流，会有助于提升组织整体的吸收能力。总之，组织内应强调知识流通与分享，推动跨部门的项目活动，进行跨部门的团队学习，这将有利于组织学习机制的建立。

（四）培训技术的与时俱进

企业经常采取的是课程讲授、课后考试的培训模式，这种传统的培训方式，无法有效提高被培训者分析问题、解决问题的技能。在员工培训方式的创新上，应根据被培训者的不同层次，采取不同的方式。例如，对于基层员工，其培训方式应更多注重培训的互动性、实用性及连贯性，应让其在接受培训的过程中，不断有亲自动手实践的机会，以增强其对培训内容的理解和掌握。而对于中高层管理人员和技术人员，则应注重培训方式的灵活性与挑战性，从而增强其团队协作能力、概念形

① 王朝晖．学习型组织建设的适者之道［J］．企业文化，2009（2）：19－20.

成能力。培训方式根据岗位关系可分为在岗培训和脱产培训，培训技术的创新可在此基础上进行。

1. 在岗培训

所谓在岗培训，是指员工在不离开工作岗位或工作场所的情况下参加培训。在岗培训具有操作简便、成本低廉、实效显著的特点。

（1）交叉导师。

传统的师父带徒弟由有丰富工作经验的人员（主要是直接上级或资深员工）充当，导师对受训员工在工作现场进行一对一或一对多的辅导，这种辅导方式能帮助受训者迅速掌握相关的工作技能。但是员工在企业里的导师往往从一而终，承袭优点的同时可能造成工作方式雷同，不利于创新。所以需要让导师动起来，即实行交叉导师制，让员工受训于某导师一定期限后，轮换其导师；或者让员工同时受训于不同的导师，在不同的业务方面接受至少两名资深员工的指导。这样员工就会形成更多的问题与思考，创新则更可能产生。

（2）技能比武。

技能比武是指根据一定的标准和制度，在员工之间开展竞赛和评比，最后评选出优秀的个人和团体，并予以奖励。从本质上讲，技能培训是一种间接的培训，它通过竞赛引导员工与新工艺、新技术发展保持一致，提高员工掌握现代化生产技术的能力，利于营造学技术、练技能、比技艺的氛围。这种方法可以激励员工和团体的工作热情，增强其荣誉感、责任感和进取心，提高工作技能和效率，最终提升企业绩效。如果企业将技能比武与绩效考核、职务晋升相挂钩，更可刺激员工钻研技术、锤炼技能的主动性。①

（3）放权试水。

放权试水是指由上级向下级下放一定管理权力，使其能在一定的监督和指导之下，对本职范围内的工作进行决断和处理。这种方法适用于对中基层管理人员的管理能力、决策能力、组织能力、创造能力的培训。放权试水的特点是将培训与工作紧密结合。如项目管理打破了传统的以部门为单位分配工作的格局，由经过上级授权的项目负责人牵头，从不同部门抽调人员组成临时项目小组开展工作。项目负责人被授予完成项目所需的人、财、物的调配权，并直接对项目成败负责。这样就使一部分权力由上级转移到项目负责人手中，使其领导能力、决策能力、沟通能力等得到锻炼。

（4）电子学习。

电子学习又被称为“E-learning”，作为培训的创新模式，它是信息科技发展到一定阶段的产物。电子学习打破了时间、地域的限制，是一种利用多媒体通信网进行远距离教学的集语音、图像、数据、档案资料、程序、教学软件、兴趣讨论组、新闻组于一体的交互式学习模式。按照实际信息交流的时效性，它又可分为同步培训和非同步培训两种形式。电子学习使员工能够自由地分配学习时间，制订专属的

① 岳慧兰．职工在岗培训的有效尝试［J］．煤炭职业技术教育，2002（4）：44.

培训计划，使员工个性化的自主学习和交互式合作学习相得益彰。无论何时何地，只要能够连接到互联网，就可以进行知识学习。课程内容可以根据需要反复学习观看，终身学习因此有了技术支持和物质基础。该方法适用于培养员工各方面的知识和技能，企业也可受益于压缩的时间和成本，所以被许多学者认为是高效的知识传递方式。

（5）咨询顾问。

咨询顾问是指由企业邀请有关专业人士就企业存在的问题进行全面的分析和评估，以顾问式的引导、咨询、答疑的方式，结合企业的实际情况，给予符合企业个性的解决方案。咨询顾问的服务范围包括企业事务的方方面面。与许多学者所倡导的“干中学”不同，咨询顾问更接近“问中学”。企业通过向外购买咨询顾问服务，在接受服务的同时，为员工提供了学习、借鉴的宝贵机会。

2. 脱产培训

所谓脱产培训，就是员工暂时脱离工作岗位，在企业外部参加培训。这种培训需要专门安排时间，对正常工作有一定的影响，为保证达到预期的培训目标和效果，策划和组织脱产培训需耗费较多的培训经费和资源。脱产培训模式不断被赋予新的概念，传统的课堂讲授演变为多媒体培训已司空见惯。① 在这些创新技术中，较具特色的有四种。

（1）模拟实战。

模拟实战是指将受训者置于模拟的情境下进行仿真的分析、决策与运营，该模拟情境与现实企业运营及市场竞争相对应。这种培训旨在让受训者身临其境，提高自身的适应能力和实际的工作能力。模拟实战可以训练员工系统思考问题的能力。它不仅适用于刚刚走上工作岗位而缺乏经验的新手，也适用于对某项新任务缺乏能力的在职人员。比如近年来流行的沙盘模拟就使员工通过亲身体验，盘上谈兵，体会市场竞争的精彩与残酷，增强员工的团队意识和凝聚力，使其深刻认识到企业运行的实质。

（2）亦步亦趋。

亦步亦趋就是指针对某一特殊环境或事件，组织员工对标杆企业做实地的考察和了解。有计划、有组织地安排员工到标杆单位参观访问，让员工追逐热点并向标杆看齐。这是一种具有跟随性质的培训方式。员工有针对性地参观访问，可以从其他单位得到启发，巩固自己的知识和技能。员工通过亦步亦趋的方式开阔视野，丰富实践经验，接受形象化的启迪和教育。亦步亦趋主要适用于某些无法或不易于在课堂上讲述的议题。通过考察帮助员工了解标杆企业的真实情况，以及理论与实践、自身与标杆之间的差距。

（3）游戏之间。

游戏之间就是把受训者组织起来，就某个模拟的情境进行合作、竞争或对抗式的游戏，增强培训情境的真实性和趣味性，提高受训人员解决问题的技巧、领导才

① 温宗和．如何开展脱产培训［J］．中小企业管理与科技，2008（10）：214－215．

能及团队精神。游戏培训不同于传统的培训模式，不需要黑板、粉笔、讲义和照本宣科的培训师，而是运用先进的科学手段，综合心理学、行为科学、管理学等方面的知识，积极调动学员的参与热情，使原本枯燥的概念和晦涩的理论在游戏之中变得生动易懂。

（4）野外拓展。

拓展训练源于“Outward Bound”一词，又被称为户外训练，是一种让参加者在不同平常的户外环境下，直接参与一些精心设计的程序，继而自我发现、自我激励，达到自我突破、自我升华的新颖有效的训练方法。野外拓展训练是借鉴先进的团队培训理论，由传统外展训练发展而来的。它利用大自然的各种条件，通过设定具体的任务与规则，结合大自然环境本身存在的各种险阻、艰辛、挫折等困难来提升个人意志力、团队的沟通能力、协作能力、应变能力。从某种意义上来说，野外拓展的本质就是生存训练，它同时可提升个体和组织的环境适应与发展能力。[①]

现代企业的竞争是知识与人才的竞争，培训正是传播知识、培养人才、实现知识共享的有效途径。因此，培训管理是企业在 21 世纪追逐创新，取得成功的关键所在。

二、开发

成功的管理者大都敢用、善用比自己强的人，能否做到这一点，取决于管理者的视野、胸怀和理智。若能大胆任用能力比自己强的人，被起用者得到的是机会、锻炼，起用者得到的是员工的勤勉尽职及卓越的成效，结果是双赢。企业要加大人力资源开发力度，势必要避免嫉贤妒能的现象。主管级员工若在一确定期限（如五年）内不能培养出称职（由上级部门评定）的替代者的话，则他本人的晋职只能被搁置。管理者如果只能做到自己的最佳而无法群策群力、集思广益，一旦自己决策错误，很可能全军覆没。所以说，开发人力资源，让能者上，平者让，庸者下，企业及其管理者要负主要的责任。

（一）职业生涯开发

职业生涯是指一个人在其一生中循一定道路或途径从事工作的经历和历程。职业生涯的进步和提升是依时间来进行的。随着时间的推进，工作年限增长，工作经验增加。对绝大多数人来说，其职业生涯都会跨越其人生中精力最充沛、知识经验日臻丰富和完善的几十年，职业已经成为其生活的重要组成部分。职业生涯开发是指企业根据发展战略需要，为员工提供符合其特点的职业发展通道，帮助员工确定个人发展目标，并通过有计划的培训、岗位交流、岗位晋升，帮助员工实现发展目标的过程。企业为员工制订的职业发展计划可以使员工充分把握机会，发挥能力，使其价值不断提升并超越自我。

---

① 张凡，刘荣．拓展训练项目和凝聚力的关系［J］．职业时空，2008（10）：103.

1. 职业通道

根据工作性质和工作内容的差异，工作岗位可被分为技术、管理、技能三大类别。技术类工作岗位包含从事产品开发设计及各类技术研究应用的岗位，包括产品研发、工艺技术、设备技术等岗位；管理类工作岗位包含在企业生产经营活动中履行各项管理职能的岗位，包括生产管理、财务管理、人力资源管理、综合管理、营销管理等岗位；技能类工作岗位包含从事产品生产与制造的各类技术工种岗位，包括直接生产岗位和辅助生产岗位。技术类员工的兴趣在于专业技术内容及活动本身，如追求专业方面的成就，他们对人际关系不敏感，害怕脱离或丢弃本专业。选择这类职业发展的员工有两种可能：一是技术职称的晋升及技术成就的认可；二是已任职于技术方向且对管理有一定兴趣的员工，他们可以扩大知识面，打好技术基础，在技术部门担任管理职务。该类员工职业生涯的成功取决于其在专业上的造诣。管理类员工对地位、影响力、荣誉、待遇较为重视，也善于与他人打交道。选择该类职业的员工的目的在于培养胜任管理工作所需的个人素质、思维能力及人际关系技巧等。这类员工的职业方向一般是先在最基层职能部门工作，表现出才能与业绩后获得提升。技能类员工是针对工人身份的，技术类员工是针对干部身份的，前者为技术工人，后者为技术干部。由此可见，技能类员工可以在一定条件下（如通过在职或脱产进修等）转换身份为技术类员工或管理类员工。根据员工职业发展方向的不同，职业通道可分为四种，但现实情况往往是，在企业中员工职业发展是混合的，即多种兼而有之。

（1）纵向职业通道。

纵向职业通道被认为是传统的职业通道，它是一种基于过往组织内员工的实际发展道路而制定出的一种发展模式，是指沿着组织的等级层次按序发展，获得某一类职业内部职务晋升的纵向运动。在纵向职业通道中，员工当前的工作被认为是下一个较高层工作的必要准备。

（2）横向职业通道。

横向职业通道即职业转换，是指员工在满足岗位任职要求、具备相关专业知识的条件下，在不同的职业类别之间转换，是跨越职能边界的横向运动。如员工由生产部门转到市场营销部门或后勤部门等。这种职业发展有利于员工扩大个人的专业知识与经历，对员工的职业生涯具有重要的作用。横向职业通道允许在企业内进行横向调动，有助于员工焕发新的活力、迎接新的挑战。虽然没有获得加薪或晋升，但员工可以增加自己对组织的价值，使自己获得更多的认同感。

（3）网状职业通道。

网状职业通道既包括纵向的工作序列，也包括一系列横向的机会。网状职业通道承认在某些层次经验的可交换性，以及晋升到较高层之前需要拓宽本层级的经历。这种通道比传统职业通道更真实地代表了员工在组织中的发展机会。这种纵向和横向的选择可以减少堵塞的可能性，但其缺点是向员工解释其职业发展的特定路线会比较困难。

（4）双重职业通道。

双重职业通道最初被开发出来是用于解决有关受过技术培训且并不期望在组织中通过正常升迁程序调到管理部门的员工的问题。双重职业通道认为，技术专家能够而且应该允许将其技能贡献给企业而不必成为管理者。双重职业通道为管理人员和专业技术人员设计了一个平行的职业发展体系，管理人员使用管理类型的晋升阶梯，专业技术人员则使用研究开发类型的晋升阶梯，专业技术水平高的员工不必进入管理层，也可以得到较高的报酬。

2. 系统化与多通道

如前所述，员工在各工种与身份之间是可以切换的，这种切换应是对信息综合评估之后进行系统设计的结果。对员工来说，多元通道发展的每一步都有得有失。如财务部门的会计被提升为财务部门经理，他不得不放弃自己的部分专业技术，损失自己在工作中的一些成就感与胜任感，却可获得地位、影响力等。

（1）信息利用。

系统化的职业通道设计要基于相关信息对员工的能力和潜力做出客观公正的评估。这些信息主要来自对员工的绩效评估，也包括反映该员工的受教育状况和此前的工作经历等信息记录。组织对员工个人的评估通常应由人力资源部和员工的直接管理者共同进行。员工要确立现实的职业发展目标，就必须知道可以获得的职业选择和职业发展机会，并获得组织内有关职业选择、职业变动和空缺岗位等方面的信息。组织要及时为员工提供有关组织发展和员工个人的信息，增进员工对组织的了解，包括职位升迁机会与条件限制、工作绩效评估结果、训练机会等的信息，帮助员工了解其职业发展通道。在职业发展过程中，有可能出现许多员工无法预测或必须面对的难题，如职位升迁、跳槽、职能转换、人际关系等。对员工提供职业咨询可以为其解决职业发展中的困惑，为其做出明智选择提供参考意见和决策支持。

（2）系统设计。

系统化的职业通道设计旨在减小组织刚性指标对人力资源的制约，释放员工的潜在能量，将员工的个人发展和企业的愿景相统一，具体内容包括组织目标梳理、岗位体系梳理和职业发展通道设计三项工作。组织目标梳理是分析组织未来的发展方向，并预测组织规模与组织资源的变化，由此分析组织发展所能带来的职业发展机会，包括晋升机会、新增职位机会、职责扩展机会、价值提升机会、能力提升机会等。岗位体系梳理则以现有岗位体系为基础，结合组织发展趋势，综合梳理组织未来的岗位体系，进行职系、职类划分，为职业发展通道的设计提供框架。职业发展通道设计则对各类岗位、各个岗位在组织内的多种发展路径做出安排，明确每个路径的实现条件与步骤，为每个岗位设计多元化的发展通道。

（3）多元通道。

所谓多元通道就是多通道职业路径。随着现代企业组织结构的调整，员工的职业目标趋于多元，单一传统的职业生涯已不再适应时代发展的要求，开设多通道职业生涯路径势在必行。它要求调整人力资源管理重心，把专业技术人员尤其是技术人员的职业生涯规划放在与高级管理人员同等重要的位置，完善员工职务系列，铺设成长台阶，改善技术工人等级结构，加强对青年技术工人的培养。企业在组织行政职务阶梯之外，为专业技术人员设置一个平行的，与行政职务并行的、有序的、开放的技术能力阶梯，并与待遇挂钩。这种双重职业路径的设计，有利于调动技术人员和管理人员的积极性，实现各尽其能、各展其长的目的，从而获得企业与员工的双赢！①

3．企业目标与员工目标

在人力资源开发过程中，企业目标与员工个人目标交织并抵触，是不容回避的问题。

（1）需求趋同。

组织的发展依靠个人的发展，企业的成功很大程度上取决于其员工，而成功的职业生涯需要员工与组织双方的共同努力与配合。它关系到解决组织人力资源的配置与定位、利用和培养以及赢得员工的积极奉献精神和充分调动发展员工潜能的问题，关系到员工个体与组织未来的发展。企业必须了解员工需求——多样化的需求，即不同员工不同的主导需求。企业只有准确把握员工的主导需求，才能采取针对性的措施满足其需求。有效的职业规划能够把组织的需要转化为员工的个人需要和其倾向的职业目标。企业只有为员工提供良好的职业发展通道，加强职业生涯规划指导与管理工作，才能促进组织和员工的共同成长，才能在市场竞争中赢得优势，达到员工个人自我实现与组织长远发展的互动双赢。

（2）目标相容。

现代企业能否赢得员工献身精神的关键因素之一，就是能否与员工确立共同的目标，达成一致，使员工感到企业、部门的发展目标与个人的发展目标息息相关，从而激发他们的主动性和创新意识。企业在制定目标时，要使企业目标包含个人目标，通过有效的沟通使员工了解企业目标，让他们看到实现企业目标会给自己带来利益。组织通过引导、帮助和协调员工的职业规划，能提高员工的工作质量，使其形成积极向上的工作态度并增加他们对企业的忠诚度。在企业目标实现后，企业要兑现承诺。实际上，也只有使员工的职业生涯发展目标与组织的发展目标保持一致，将员工的职业生涯发展与组织的发展紧密结合起来，才能真正发挥出职业生涯开发的作用。

（3）跟踪开发。

员工职业生涯目标的设计必须有跟踪开发制度。职业生涯目标并非一成不变，由于人与人之间的学习能力与适应能力的差异，在职业发展过程中，将对预先制定的员工职业生涯目标进行一定程度的缺陷性修补。职业生涯计划制订好后，员工将沿着设计的发展通道从一个岗位转移到另一个岗位，从较低层次上升到较高层次。员工须不断接受新岗位和层次的变化，提高自身素质，改善素质结构。为此，企业需加强对员工职业生涯计划的跟踪和指导，定期或不定期地对其工作进行反馈和评价，肯定积极方面，帮助其克服存在的不足，协助员工按照职业生涯设定的目标方向发展。

---

① 李鑫，任红波，朱险峰．职业管理与职业路径设计［J］．人才开发，2000（8）：42－43．

4. 阶段开发策略

企业在进行员工职业生涯规划时，应当根据不同职员的特点采取不同的方法，一般可以依其职业生涯阶段进行操作。本书以年龄为依据，每十年为一个阶段进行示范性阐述。

（1）二十岁至三十岁：职业定位。

这一阶段的主要特征是，员工从学校走上工作岗位，是人生事业发展的起点。年轻人步入职业世界，表现如何，对未来的发展影响极大。如何起步，关系到日后的成败。有些年轻人，特别是刚毕业的大学生，认为自己有知识、有文化，到单位工作后不屑于做零星小事，这对其发展不利，可以说是职业生涯早期的一个危机。这一阶段的主要任务就是确定职业，企业要帮助员工在充分做好自我分析和内外环境分析的基础上，选择适合的职业，设定人生目标。如果经论证后，员工不适合本企业，组织要有勇气放弃。另外，新员工对企业各方面了解较少，而且经验不足，容易产生一些不现实的行为或想法。如何在最短的时间内增进企业与员工的交流，使员工尽快适应工作，是新员工入职管理的重要一步。入职培训主要是帮助新员工了解企业文化、规范、价值观及工作内容等，力求以最短的时间、最低的成本引导新员工通过学习对工作有大概的了解，使其具备公司要求的基本价值观、文化观，为其以后在工作中更快地适应企业、适应群体做好初期准备工作。企业应该开诚布公，对涉及员工利益的各方面进行详尽说明，为其提供真实的企业前景展望。

（2）三十岁至四十岁：目标修订。

这个时期的员工风华正茂，是充分展现才能、获得晋升、迅速发展事业之时。此时员工的任务，除发奋努力、展示才能、拓展事业以外，对很多人来说，还有一个调整职业、修订目标的任务。人到三十多岁，应当对自身、对环境有着更清楚的理解。看一看自己选择的职业、选择的路线、确定的人生目标是否符合现实，如有出入，应尽快调整。所以对于企业而言，这个阶段就是对员工深入“摸底”阶段，不仅探测其工作能力、水平，而且探测其工作性向、职业生涯目标。一般来讲，必要的修订是需要做的。这个年龄段的员工已经逐渐成长为企业的中坚力量。企业开发他们的一个方法就是利用他们去开发与帮助年轻员工，即担任年轻员工的教练或导师。这样做会使各方都受益，因为这个年龄段的员工刚刚走过年轻，更有言传身教的新鲜经验，可与年轻员工进行沟通。在帮助年轻员工的过程中他们会不知不觉地保持自己的旺盛精力，并在指导实践中提升自身的实力。年轻员工在他们的帮助下可以开阔眼界，从其职业和生活经验中得到启发。

（3）四十岁至五十岁：二次开发。

这一阶段，是人生的收获季节，是成功人士大显身手的时期。提拔晋升的措施主要施用于有前途、有作为、有担当的员工。当然，这一年龄段的员工可能也会面临可怕的职业生涯平台，因为他们的资历与职位已经达到一定的层次，获得晋升的难度较大。的确，对于某些员工来说，人到中年是不祥之兆。现实中绝大多数员工早已放弃了自己早年的梦想，有些人甚至连他们最初的志向有多么远大都已不记得，这表明多数人已经接受了他们停滞不前的职业状态，并已适应了这种状态。但对另一部分人来说，却并非如此，他们在现有岗位上总是会有一些想法。当然，他们的这些想法比起早年梦想要现实得多。所以说，员工的职业生涯可以由个人掌控；企业也完全可以进入这个过程中，对员工的职业生涯进行影响。企业很重要的一个任务是对这部分员工继续“充电”。很多人在此阶段都会遇到知识更新问题，特别是科学技术高速发展，知识更新的周期日趋缩短，如不及时充电，将难以满足工作需要，甚至影响事业的发展。尽管许多职业中期的员工不再期望得到晋升，但他们对成功和自主权的要求更强烈。公司可以让他们承担更重要的任务，充分地进行授权，公司高层不应过多干涉，而应提供更多的支持。还有一些大公司的某些员工由于升迁机会渺茫，选择离职创业。公司可以与其探讨内部创业、职业切换甚至提前退休的可能性。

（4）五十岁至六十岁：晚年规划。

此阶段是人生的转折期，无论是在事业上继续发展，还是准备退休，都面临转折问题。由于医学的进步，生活水平的提高，人类寿命已明显延长，所以做好晚年生涯规划十分重要。日本的员工一般是45岁时开始做晚年生涯规划；美国的员工是50岁时做晚年生涯规划；我国的员工按退休年龄提前5年做晚年生涯规划即可。企业应当积极做好这部分员工的退休工作，不能忽视这类群体，不要因为他们即将不再为企业做贡献而漠视。工作中，企业可以制定出针对该群体员工的合理而科学的绩效考核标准并进行及时反馈，实施弹性工作制度，因为如果让他们接受和年轻员工一样的工作他们可能会无法适应。落实对他们的非歧视政策，让老员工深切感受到企业并没有抛弃他们的同时，企业要为他们制订完善的退休计划，主要内容可以包括四个方面：一是确定退休之后员工的生活重点，然后根据目标，制订行动方案；二是过渡退休后的工作生活技能，最好是在退休前三年开始着手过渡；三是了解退休后的有关政策，尤其是再就业的有关政策；四是如果客观条件允许的话，寻求退休员工返聘的工作机会。①

（二）员工能力提高

个体能力的提升，很大程度上取决于他的智力水平。予以支持的还有其体能，即强健的体魄能够保证员工从事更多、更复杂的工作。不容忽略的还有一点，就是个体的理财能力，它与企业的绩效甚至直接相关。

1. 智商

作为心理学中个人聪明才智量度的概念，“智商”概念从出现至今已有近百年的历史。特别是在现代文明社会，人们对科技教育愈发重视，智商成为社会关注的焦点。

（1）何谓智商。

智商（Intelligence Quotient，IQ），又称“智力商数”，指个人心理年龄与实际年龄的比值，是个体智力发展水平的一种指标和参数，也可以表现为一个人对知识

---

① 佚名．职业规划篇［EB/OL］．（2008-01-31）．http：//jsj.hebiace.edu.cn/djxg/stu2.doc.

的掌握程度，反映了人的观察力、记忆力、思维力、想象力、创造力以及分析和解决问题的能力。智商主要是由人的先天性遗传基因所决定的智力发展能力和智力发展水平，它不是固定不变的，通过学习和训练是可以开发增长的。导向创新，智商可以做出直接的贡献。

（2）智商构成。

智商的基本构成要素为：注意力、观察力、记忆力、想象力和思维能力，其中思维能力是核心。从其基本构成要素来看，可以认为，智商所测定的是个体认识客观事物，并运用知识解决实际问题的能力。

①注意力。注意是指人的心理活动对外界一定事物的指向和集中，具有注意的能力称为注意力。注意从始至终贯穿整个心理过程，只有先注意到一定事物，才可能进一步去集训、记忆和思考等。注意包括被动注意和主动注意。注意力是智商的五个基本构成要素之一，是观察力、记忆力、想象力、思维能力的准备状态，所以注意力被称为心灵的门户。由于注意，人们才能集中精力去清晰地感知事物，深入地思考问题，而不被其他事物干扰。没有注意，人们的各种智力构成要素：观察、记忆、想象和思维将得不到支持而失去控制。

②观察力。观察是有目的、有计划、比较持久的知觉，是人对客观事物感性认识的一种主动表现，是有意知觉的高级形式，人的这种能力就是观察力。观察能力的强弱决定一个人智力发展的水平。因为观察力是智力活动的基础。观察力是以感知为基础而形成的。人们通过观察获得大量的感性材料和对事物具体而鲜明的印象。观察必须先有一定的目的性，有选择地去感知某种事物。观察总与积极的思维活动相联系。譬如，对事物进行比较，以便了解它们的特征和本质。

③记忆力。记忆力，就是记忆的获得、保存、回忆知识经验的能力。记忆力的获得是通过各种器官把外界信息输入大脑的过程。信息输入并得以保存，依赖有效的记忆方法。记忆力的保存即信息贮存，就是将通过记忆获得的知识在大脑中巩固下来。对个体来说，储存信息量大、保持时间长，是良好记忆力的基础。记忆力的回忆，这是指已储存在大脑中的信息，在需要的时候能及时提取出来。在这里，检索能力极为重要，在学习或解决问题时所需的知识能否迅速、准确地被提取出来，是记忆力好坏的主要标志。记忆力的敏捷性、保持的持久性、回忆的准确性和及时性是形成良好记忆力的重要条件。

④想象力。人在认识客观事物时，不仅可感知当时直接感受到的事物形象，而且还能在头脑中创造出新的没有直接感受到的形象，这种特殊的心理能力称为想象力。在创造性想象中，个体运用想象力去创造其所希望实现的事物的清晰形象；并持续不断地把注意力集中在这个思想或画面上，给予它以肯定性的能量，直到最后它成为客观的现实。想象力的伟大是人类比其他物种优秀的根本原因。想象力使创造发明、发现新的事物成为可能。如果没有想象力，人类将不会有任何发展与进步。

⑤思维能力。思维能力是指人们采用一定的思维方式对思维材料进行分析、整理、鉴别、消化、综合等加工改造，能动地透过各种现象把握事物内在的实质联系，形成新的思想，获得新的发现，制定出新决策的能力。它包括记忆储存能力、逻辑

加工能力、思维想象能力、直觉思维能力等多项内容。思维能力是智商构成要素的核心，甚至有的学者认为：思维能力训练是提升智力的唯一途径。

(3) 智商开发。

脑健康为躯体健康赋予了更高标准的含义。脑健康能发挥智能，创造效益。脑健康是最大的智慧、最好的节约。脑健康能构建和谐，更能使个体享受生活的美好。珍惜并提升智力财富，就要维护好脑健康。

人的大脑分成左脑和右脑，右脑是祖先脑，它储存了祖先一代代繁殖进化的种种信息，包括智商信息，可以说是一个巨大的信息库。同时右脑又通过与左脑间的互通交换，不断地储存现代人的新信息，然后又传给下一代人。几十万年来，人类在生存与发展的过程中，右脑通过左脑接受传递所积蓄的智慧信息，与现代人的智慧信息之比，可以说是几万比一。倘若用现代的方法去教育训练几十万年前的祖先猿人，因为我们的祖先右脑所积累的各种信息还属初级，所以要达到或接近现代人的水准，难度是非常大的。现代人的智慧是多少万年来人类的智慧在右脑的积累。欲想提高智商就要设法把祖先储存在右脑中，包括将现代人瞬间储存在右脑中的信息有效快速地挖掘出来。要有效地摄取右脑储存的各种信息，就要设法降低左脑的主观意识，使大脑处于一种飘飘然、似睡非睡、似醒非醒的状态，正是处在这种状态下，许多科学家、艺术家的灵感才得以发挥。①

综上，降低左脑的主观意识，提高右脑潜意识，在这种状态下，挖掘摄取右脑储存的各种智慧信息。这种方法是开发智力、提高智商的理想方法。类似的思路是交替运用左右脑以结合形象思维与抽象思维——这需要有意识的培养，并养成抽象思维与形象思维对照的良好习惯。其他的思路可以是：对大部分员工进行右脑开发；对左撇子员工则进行左脑开发。②

2. 健商

健康是人生最大的财富。健康是1，事业、爱情、金钱、家庭、友谊、权力等是1后面的0，只有1的人生是远远不够的，但是失去了1（健康），后面的0再多也没有意义。

(1) 何谓健商。

健商（Health Quotient, HQ）是个人所具有的健康意识、健康知识和健康能力的反映，代表一个人的健康智慧及其对健康的态度。健康意识是指人们对健康价值的态度和对能否获得健康的信心；健康知识是指有关人类健康方面的知识；健康能力是指人们在健康意识和健康知识综合作用的基础上，表现出有关健康的行为。③

(2) 健商构成。

健商的五大要素是自我照顾、健康知识、生活方式、健康心理和生活技能。健

---

① 佚名．IQ [EB/OL]．(2008-06-03)．http://www.chinavalue.net/Wiki/ShowContent.aspx? TitleID=384954.

② 本尼斯．想当领导，多用右脑 [J]．李德荣，译．现代领导，2006 (1)：7-8.

③ 龚秀英．提升你的健商 [J]．科学养生，2007 (11)：37-38.

商即由此入手，根据医学的最新发展情况，使个体在可信数据和可靠事实的基础上，做出关于自我健康的决定。

①自我照顾。主宰自己的健康命运，不要把一切都交给医生。通过健康的生活方式、乐观的信念以及对身体固有的自我康复能力的认可，来控制疾病，达到最佳的健康水平。自我照顾也称自我保健，一些基本的常识是，穿衣戴帽，保暖为要；即脱即着，好过服药；春捂秋冻，一年无病；夏衣要透，冬衣要厚；裤带越紧，疾病越近；颜色适当，心里亮堂等。

②健康知识。这是照顾好自己的基础，是拥有高健商的前提。健康知识有助于提高个体对健康内容、保健制度、健康维护以及健康监测的风险因素和工具的了解。欲有高健商，须增长健康知识。个体对健康知识了解得越多，就越能够对自己的健康做出明智的选择。健康知识的概念似乎很明确，即有关健康的知识，但是，按照新的健康概念，它应该是包含从生物、心理到社会的众多内容所构成的庞大知识体系，是个体用尽毕生精力也难以学完的。当然，让普通人都掌握这些知识显然不可能，可那些基本的、对健康影响较大的从衣、食、住、行到心理、家庭、工作单位及人际关系方面的知识还是需要掌握的。

③生活方式。这与个体的作息、饮食、生活观、价值观以及情感友谊等生活习惯和方式有关，它对健康的影响是举足轻重的。健康观念的落后和健康知识的不足导致生活方式的不健康。应予倡导且受到推崇的是不生病的、简单而平和的生活方式。它让人们在生活中保持健康，在琐事中保养身心，既不会耗费太多的金钱，也不耽误时间。因此更适合现代人远离疾病、独善其身的朴素需求，不致给自己的健康暗埋“不定时炸弹”。

④健康心理。其作用是克服焦虑、愤怒和压抑。健康心理与下文即将探讨的健商开发至关重要。员工作为成年人，需要承担各种家庭、工作与社会的责任，或多或少会面临环境适应、学习竞争、人际交往、友情爱情、生活自理以及理想与现实等方面的问题。如果没有正确的认知和应对策略，在遭遇挫折、遭受创伤时，处理不善，那么就会逐渐形成心理困扰。个体应尽快通过自我心理调适或积极寻求帮助等方式适应环境。

⑤生活技能。它是指通过重新评估个体和环境，包括供养系统、工作和人际关系来改善其核心生活技术，从而掌握健康的秘诀和方法。生活技能除了生活自理能力，如打理日常生活等常规劳动外，更重要的是生存技能（如野外生存）、人际交往（如拒绝技巧）、生活适应性（如独立决策）、实践技能（如动手操作）以及处事能力（如获取信息）等。①

（3）健商开发。

在商品经济时代，常常有一些员工废寝忘食、夜以继日地忘我工作，忘记对健康的维护和投资。颈椎增生、骨质疏松、脂肪肝，这些常见于50岁以上的人身上的疾患，却惊人地出现在青年白领的身上，“出师未捷身先死，长使英雄泪满襟”，有

---

① 张国玺．要健康，先要有健商［J］．家庭医药，2005（2）：49.

的甚至积劳成疾，英年早逝。人们说知识型员工是“高智商，低健商”。许多知识型员工“用青春和健康赌明天”，不懂得锻炼、补充营养与劳逸结合，严重透支体力，压力、焦虑使他们饱受“亚健康”的困扰。

作为健康智慧的健商，随人的生长、发育、成熟逐渐演变，终其一生，影响着人们的工作和生活态度、情绪与效率。一般而言，健商高者精力充沛，乐观开放、积极高效；而健商低者力不从心，易悲观自恋、消极低效，容易陷入“疲劳—工作—更疲劳”的恶性循环，甚至产生对外界事物的厌倦情绪。因此，做好员工的健商开发，增强其健康责任是企业必须重视的工作。

①健康意识。正确的健康意识对于保持身体健康至关重要。只有意识到健康的重要性，了解到健康可以通过努力去获得，危害健康的因素可以通过有效措施加以消除或控制，才能激发员工接受健康教育，纠正不良生活方式，建立健康生活方式，方可将其工作生活与健康联系起来，消除控制危害健康的因素。所以，正确的健康意识是人们学习健康知识，获得健康的先决条件之一，而错误的健康意识是阻碍人们学习健康知识、获得健康之大敌。特别是要彻底破除“不干不净，吃了没病”，“生死有命，富贵在天”的落后观念，更不能从自己所看到的个别现象出发，否定科学工作者通过长期系统的科学研究得出的科学结论。人类社会和医学发展到今日，大部分危害健康的原因都已查明并且有了防治的办法。

②健康计划。员工的身体是企业的本钱。关怀员工身心健康的企业是睿智的企业，重视员工健康的公司是有竞争力的公司。美国某公司曾经推出“员工健康关怀计划”，慷慨奖励为健康做出努力的员工：当月一周锻炼 3 次，可获奖 7 美元；不吸烟，再加 3 美元，若全部做到，一年可以多得 300 美元以上。此外，全年出满勤的员工还可以得到 300 美元奖励。“员工健康关怀计划”在实施十个月后收到了效果，部分员工过度的体重减轻了。据测算，如果人人都成为健康员工，公司可以少付三分之二的医疗费用。西方国家有一个普遍承认的成本核算：健康管理投资一元可节约后期医疗费用八九元。“员工健康关怀计划”是企业开发员工的重要内容，它应当包括人身、健康保险计划，医疗补助计划，以及健康咨询、心理咨询、健身运动、员工服务等，以培养员工日常健康习惯和普及科学保健知识为目标。

③健康科普。随着人们对健康关注度的增加，随之暴露出的问题也越来越多。许多员工健康观念的落后和健康知识的不足导致其生活方式不健康。企业可以有针对性地购买健康读物，为员工提供关于保健、养生方面的信息，组织员工学习交流，引导员工变经验养生为科学养生。开展各种形式的健康知识宣传、讲座，向员工灌输现代健康理念，引导员工平衡膳食、适当运动、戒烟、戒酒、心理调适，改变不良生活方式，储蓄健康。不断收集有关文章，编写有关小贴士、顺口溜，在局域网发布，或在大厅张贴，可营造企业健康环境，增强员工健康意识。

④健身运动。企业可以开展丰富多彩的健身运动，提高员工健康体质。让员工利用工作的间隙运用身边的器械行动起来，根据各自的爱好及身体素质，做适合自己的健身运动，如打太极拳、跳广播操、跳绳、跳舞、打球、散步等。定期举行的趣味运动会既可活跃员工的文化生活，又能增强员工的体质。

⑤心理保健。关注员工思想动态，营造员工健康心理环境。企业工作紧张，压力大，如果得不到及时调整，就可能产生心理障碍，导致严重后果，所以健康的定义中还包含心理健康。了解员工的思想，就可以加以引导，舒缓不良情绪，排解压力。企业可以举办有关身心健康的讲座，开展心理咨询、心理调理，与员工进行必要的交流与沟通，增进感情，帮助其树立积极的人生观，营造保证员工健康的心理环境。

⑥健康平台。搭建健康管理平台，努力开发“员工健康信息管理系统”。在企业健康管理过程中，根据企业特点开发不同的模式，以保障员工健康。这一体系中的个体健康状况是基础，还应该切实发挥其作用，多方位、多视角、立体地展示其功能，提升员工健康水平，促进企业和谐、可持续发展。①

3. 财商

学者认为，存在富人和穷人的分野，是源于不同的金钱观念，穷人遵循“工作为挣钱”的思路，而富人则主张“钱要为我工作”。

（1）何谓财商。

财商（Financial Quotient，FQ），是指一个人认识和驾驭金钱运动规律的能力，即理财能力，特别是投资收益能力。没有理财的本领，个体只有坐吃山空。会理财的人越来越富有，一个关键的原因就是财商区别。特别是富人，何以能在一生中积累巨大的财富？答案是：投资理财的能力。可以这样理解：智商反映人作为一般生物的生存能力；情商反映人作为社会生物的生存能力；而财商则反映人作为经济人在经济社会里的生存能力。智商拥有文凭，情商决定成功，财商则可让人成为富翁！

（2）财商构成。

财商包括观念、知识、行为三个层次。观念是指对金钱、对财富认识和理解的过程，它是致富的动力和基础，没有正确的财富观念，就会缺乏致富的信心，或者即使走上致富之路，也会倒退回来；知识是指投资创业必不可少的知识积累，包括个人品质、会计知识、法律知识、商业知识、商业信息和文化知识等方面的修养和能力，是致富成功的基本保证；行为是观念的表现和载体，是观念和知识在个体与环境之间的实施，将观念和知识创造性地融进实际经营活动，使财富的积聚成为一种现实的存在，可以表现为自我突破、自我激活、自我控制的素质和能力。财商如同智商，讲究天赋，但它更需要用实践来培养和激活。财商不是孤立的，而是与人的其他智慧和能力密切相关的，可以通过后天的专门训练和学习而获得，是可以被不断开发的！② 人如果主动意识到了，就会先于别人致富；没有意识到，懒得学，就会落后与继续清贫。所以改变个体观念，唤起其潜在的信心和勇气参与理财、投资、创业，是很有积极意义的。具体而言，财商需要运用的知识由四个方面构成。

①会计知识。也就是财务知识，即阅读理解数字的能力。它是个体确立资金优势的基础技能。个体管理的金钱越多，就越需要精确，否则资金链就会断裂。这是

① 晓篱，侯井岗. 要健商，不要泡沫健康［J］. 人力资本，2006（4）：52－53.

② 乐耀辉. 四招提高你的财商［J］. 理财周刊（月末版），2006（11）：64－65.

左脑要处理的，或者说是细节。会计知识能帮助个体读懂财务报表，记账的目的是让个体清楚资金的流向，以便于精打细算。记账还有助于查漏补缺，借助这种能力可以辨别业务的优势和劣势。

②投资理念。俗称为“钱生钱”的科学。一个金点子，一个新创意，一个新招术，往往能出奇制胜，改变人的一生，使个体发现致富的金矿，由失败转向成功，由穷人变为富人，从而奠定创业的根基。商海沉浮，波谲云诡，唯有巧妙应变方能取胜。创富人在商场如何立于不败之地？如何在千变万化的商战中把握商机，从而创造出无穷的财富？这就要看个体能否构思出卓越的方案，看个体能否亮出令人惊奇的绝招。投资涉及策略和方案，这是右脑要做的事，或者说是创造。孔子曰：“君子爱财，取之有道。”此言不差，君子爱财，更应治之有道。资金的生命在于运动。如今，金融日益成为经济生活中的热点，债券、股票、信用卡、投资基金等充满诱惑的金融产品层出不穷。正确选择投资渠道，科学确定理财产品，能够让财富自我复制。

③市场知识。它是供给与需求的科学。提供市场需要的产品，要求了解其“技术面”。随着市场的发展变化，客户的需要会随之发生变化，即市场利润区会不断移动，要时刻注意利润区的移动，找出客户急切的需求，及时调整市场策略和切入点。市场的另一个因素是“基本面”，或者说是投资的经济意义。它注重金融、经济理论和政局发展，包括对宏观经济指标、资本市场以及政治因素的研究，从而判断供给和需求要素以研判市场运动。

④法律规章。即有关会计、法律及税收之类的规定。它可以帮助个体有效运营新创企业并实现扩张性发展。了解税收优惠政策和《中华人民共和国公司法》的人能比员工和小企业主更快致富，这就像一个人在走，而另一个人却在飞，若从长远看来，这种差距会更大。公司可以做许多个体无法做的事，如将慈善捐赠列入税前费用开支，这是一个令人怦然心动而又名利双收的项目。若个体拥有自己的公司，其购车费用以及随之而来的车险费用和修理费用也将由企业支出，健身俱乐部会员会费由企业支出，大部分的餐费仍由企业支出，而且它们都在税前被合法支付。中国《公司法》对外资企业的超优惠政策（如“二免三减”）使得三资企业在大陆星罗棋布，尽管其中许多企业都可见到中国面孔。

（3）财商开发。

由于传统文化和封建观念的影响，人们素来羞于谈钱。有的人在同事、朋友间不愿谈钱，觉得有伤和气，不想沾上过多的铜臭气，更有甚者视金钱为粪土，其实这都是对金钱的偏见。其实金钱只是一种观念，人们经常容易看到的是金钱的物质形态，却忽视了金钱的精神形态。让员工认清金钱的本质有助于培养他们对金钱、对工作、对事业的正确态度。因此，对员工进行财商开发真的很有必要。

①黜奢崇俭。中国有句古训：成由勤俭，败由奢。成功由勤劳节俭开始，失败因奢侈浪费所致。节俭是一个人的重要品质，很难想象，一个大手大脚、随便浪费的人能创造一番事业。节俭的美德是传家宝，在员工身上应得到继承和发扬。社会上关于奢侈消费的宣传与刺激、盲目消费的广告形形色色。这经常会使受众产生非

合理消费的心理——攀比、从众、追求时髦、喜新厌旧等。时代变了，人们的消费观念确实应该改变。随着经济收入的增加，饮食更讲究营养，穿着更讲究时尚，这些自然无可非议，而且应该提倡。但盲目消费、随便浪费永远是坏事情，是不良品质的反映。膨胀的成本永远是企业的心头病，价值工程增收节支实践即是黜奢崇俭思想的朴实反映。

人的素质和对财富的占有欲望是两个既相互独立又相互联系的因素。有的人素质很高，但对财富的占有欲望很低；有的人素质很低，但对财富的占有欲望很高。例如，有些饱读诗书，学富五车，身怀绝技的人，可谓素质很高，但他们之中有很多人对金钱兴趣不大，对财富的占有欲望不强烈；相反，有些人虽然没有读多少书，文化程度不高，也没有什么值得一提的特殊本领，但他们对财富有着强烈的占有欲望。正因为如此，许多素质较低的人比素质高的人所赚的钱还要多。但是，如果一个人金钱欲望极强，其素质也很高，那么他的聚财力（赚钱的能力）将会无与伦比。譬如，知识资本家们既有赚钱的欲望，又有技术，还有经营和管理才能，所以，这些人能够财源广进。相反，如果一个人金钱欲望不强，且素质较低，那么他的聚财力就会受到抑制。所以，只有素质较高且对财富的占有欲望极强的人，才有较强的聚财力。当今世界大富豪多是才华横溢、懂技术、会管理的知识型资本家。企业指导员工熟练掌握基本的金融知识与工具，从短期效果看是养成员工知财、理财的习惯；从长远来看，将有利于企业压缩生产运营成本，使其在高度发达、快速发展的市场中，具有低成本的竞争力。

②财富资本。财富对于人来说，是至关重要的东西。人们常说，有钱能使鬼推磨。虽然人们都需要钱，但并不是每个人都能如愿以偿。有的人会赚钱，有的人则不会赚钱。要想在经营中取得成功，一方面需要拥有较多的财富，另一方面还要善于利用财富——资本运营。财富相当于万有引力定律中的质量或库仑定律中的电量。根据爱因斯坦的相对论原理，质量是相对的，一个物体的质量随其运动速度的增加而增加。在经济学中，财富的性质与质量一样也是相对的，其价值随财富运动速度的增加而增加。做好资本运营，加快资金周转速度，相当于增大投资总量。有的人看起来有很多财富，但是如果把财富都变成不可流动的非生产性固定资产投资，他的财富价值就会打折扣。有的人手头有点资金，就会拿去做买卖，用钱生钱，这种人即使其财富（资本）不多，他的财富价值也很大。精明的商人不会允许资本闲置，更不会把资本变成不能流动的死钱。

一般说来，资本在流通领域的周转是较快的，所以，流通领域的利润也是较大的，但是，这并不是说，流通领域是利润率最高的。因为盈利能力不仅与财富（资本）的周转速度有关，而且还与个体的素质、其所获得的信息以及社会环境等要素有关。当然，加快资本的周转速度，提高利用效率，只是资本运营的一个方面。要发挥财富的最大效率，还应使财富的结构分布合理。否则，仍会影响资本的使用效率。

③财富环境。财富基本上可被分为两类：一类是依附财富，它们都拥有主人；另一类则是游离财富，它们是暂时没有主人或主人不确定的财富。依附财富还可分

为紧密依附财富和松散依附财富。所谓紧密依附财富就是已经分配到每个人的财富，即私人财产；所谓松散依附财富就是为一部分人所共同占有的财富。一方面，社会财富的分配是由实力来决定的，即资本雄厚而又善于经营的公司往往较资本较少而经营管理不善的公司盈利多，在竞争中处于有利的地位。从公司的内部分配来看，拥有较多股份的人总比拥有较少股份的人所分得的红利多，有技术的专家一般要比没有技术的工人薪酬高。另一方面，游离财富一般较依附财富容易被瓜分，松散依附财富一般较紧密依附财富容易被瓜分。在我国经济体制由计划向市场转轨的过程中，许多国有及集体资产轻而易举地流进了个人的账户，其原因就是这些国有及集体资产都是松散依附财富，没有具体的人对这些资产行使管理和受益权。

环境的财富分布状况亦即环境财富的密度，包括依附财富，也包括游离财富。如果依附财富的密度较大，则说明当地的人富有；如果游离财富的密度较大，则说明当地资源丰富，有待开发。因此，个体适合到什么地方去工作、赚钱，要根据环境状况及本人条件进行具体分析。如果是去打工，一般说来，环境的财富密度越大（环境越富裕）便越好。因为打工者一般没有财富被人瓜分，而只参与瓜分（分配）其他的财富。倘若是去做生意，且为小本经营，那么最好是选择游离财富较多的地区或行业。倘若拥有较多的财富，最好选择富裕地区或富裕者消费领域和政治法律制度等约束小（政策宽松）的地区做生意。这样将有可能成为通吃的赢家。①

（三）员工动力增加

要使员工在工作中保持强劲的动力，就要锻炼他的胆量——唯唯诺诺的人不敢尝试，也不会成功。考察个体的动力，其在逆境中的表现是最有说服力的。开发他承受逆境中压力的能力，就很有必要。是否具有良好的意志品质，对个体的事业成败具有很大的意义，需要企业加以培养。

1．胆商

大凡成功的商人、政客，都具有非凡的胆略和魄力，临危不乱、破釜沉舟、力排众议、“该出手时就出手”等，都是对胆商的绝好注释。

（1）何谓胆商。

胆商（Daring Quotient，DQ）是一个人胆量、胆识、胆略的度量，体现了一种冒险精神。无论是什么时代，人若没有敢于承担风险的胆略，就难成气候。胆商高的人有胆识和决策的魄力，能够把握一切机会，以最快的速度应对环境的变化。②许多人胆商太低，使得头脑中的许多好想法被束之高阁，许多创意流于空谈，这样的情形现实中屡见不鲜。③

成千上万的人做着创业梦，只有少之又少的人勇敢地付诸行动。在没有资金的

① 张国文．经济力学［EB/OL］．（2009－05－31）．http：//blog. china. com. cn/art/show. do？dn = gwz1000&id = 13637&agMode = 1.

② 张磊．胆商［J］．新读写，2005（5）：33.

③ 孙博，李燕萍．创新导向的胆商开发［J］．中国经贸导刊，2012（2）：56－58.

情况下，敢想、敢说、敢做也是一种资本。当个体拥有足够的想象力，在资金短缺的原始积累初期，它能发挥出难以想象的资本威力。胆商并不是无知的莽撞，它是建立在一定知识水平基础上的勇敢。只有把胆识建立在渊博的知识和丰富的实践经验的基础上，它才会成良机。正所谓，大智之外还要有大勇。商场如战场，企业家没有胆量，没有冒险精神，要取得高效益是天方夜谭。企业家要抓住稍纵即逝的商机，需要胆识、胆略，容不得优柔寡断。做任何事情，都没有100%的保险系数。世上不存在万全之策，没有不需要付出成本，就能轻易承担风险的事情。想法太多、顾忌太多、瞻前顾后，手里拿着利剑却不敢刺出，利剑又有何用？等到有了100%的保险系数再去做，恐怕机会早已流失。华尔街的定律之一，就是“无风险则无回报”。

（2）胆商构成。

如上文所述，胆商由胆量、胆识、胆略构成。

①胆量。胆量是指不怕危险困难的精神以及敢作敢为、无所畏惧的魄力。作为胆商三要素中最为基础的一个，人的胆量有其天生的成分。譬如，甲天生怕蛇，乙见到老鼠就会魂飞魄散。但胆量也可以通过后天训练加以改变。如前述情形，让甲与无毒的蛇共处，在乙的家里养上几只老鼠。个体的恐惧心理将逐渐消退，胆量会渐渐增大。

②胆识。胆识是指个体的胆量和见识。它在胆量的基础上，增加了见识的维度。即对客观情形的经历与感触。一个人见多识广，就会对胆量的适用场合形成科学合理的判断，进而升华到胆商的第三个层次。

③胆略。胆略是指个体的勇气和谋略，它是胆商的第三个要素，也是最高层次，是前两个要素与层次的积累与综合。个体在具有一定胆量的基础上，通过胆识对形势进行研判，决定攻略打法：是莽撞应战，还是迎头痛击；是退避三舍，还是隐忍待发。胆略高的人，其行为收放自如，不拘泥于一城一池的得失，是胆商的最高境界。①

（3）胆商开发。

胆略来自于主观能动性，它是一种渴望，想常人不敢想、做常人不敢做之事，这就是胆略的特质。职场路上风风雨雨，坎坷与荆棘密布，唯有智慧者、勇敢者才能撷取美丽的花朵。没有超人的胆识，就没有超凡的事业。有志者要具备超人的胆识，勇于承担他人望而却步的风险事业。在复杂多变、竞争激烈的市场环境中尤其如此，所谓狭路相逢勇者胜，胆商在某些关键时刻甚至决定着企业的兴衰成败。但凡富有创造性的人都是敢于提出问题的人，敢于提出问题的人就是善于思考的人，善于思考的人就是能够解决问题的人。对于创新型人才就要运用独特的眼光来审视，先让他们的胆子大起来。这样才能让问题浮出水面，创造性才会得以发挥，企业创新也确实需要这样一批“闯将”。

①精神不倒。要开发胆商，首先要解决的就是精神问题。生命的支柱不是肉体，

① 红星．胆子·胆商·胆略［J］．现代工商，2005（2）：66.

是精神。精神是生命的真正脊梁，一个人一旦从精神上被摧垮，那么其生命也就随之变形了。个体所处的绝境，在很多情况下都不是生存的绝境，而是一种精神上的绝境。只要不在精神上垮下来，外界因素很难将人击倒。怎样才能让精神不垮塌呢？这就要训练个体健康自信的心态，因为心态决定行动方式。企业可以多组织员工参加一些竞争性的活动，鼓励其勇于表现、勇于表率，敢于承担风险、抢占先机，增强抵抗挫折的能力，从整体上提高个体的心理承受能力和决策能力，保持精神状态的阳光与正向。

②突破现状。企业要避免员工重复地做同一种模式的工作，过同一种重复单调的生活。这种模式表示个体已经积累了一些经验，可以应付日常情况下出现的问题，但从另一个角度来看，如果面对每一个状况，都用同一种模式去思考，用同一种方式来处理，就会陷入因循守旧的困境。长此以往，习惯就会成为束缚头脑的枷锁，创造力渐渐衰亡，胆子也不知不觉变小了。应让员工培养自我挑战的勇气，主动求变，掌握先机。

③思想独立。个体需要坚持自己的立场和主张，独立思考和判断；不人云亦云，不盲目追随流行；不哗众取宠，不为了讨好上司、同事而放弃原则或立场。在多数意见面前，个体有没有坚持自己观点的勇气？是不是随波逐流、少数服从多数？真理和正确的抉择，并不在于人数的多寡，或者是否让别人的面子觉得好看。如果为了让自己不受歧视和孤立而追随大多数，如果面对思想上的冲突总是选择缄默，臣服于压力，终会使人格失去独立性，做事情就不敢有突破的胆量了。敢于超越常规，不走寻常路，将带来意想不到的机会。有时候人不被逼上绝路，是不会考虑去面对的。个体需要敢想敢做，不指望他人持久的挡风遮雨与呵护备至。个体最大的敌人是自己，最好的朋友也是自己。相信自己，鼓励自己，就会进步发展。

④敢作敢为。工作生活中，难免会遭遇种种困难。个体需要有从容面对困难、战胜困难的魄力，除了全面周详地分析考察客观条件，做出科学决策外，还要靠果敢的行动。语言的巨人、行动的矮子，永远不会获得实质性回报。修炼高胆商，果断行动是一种勇气。“晚上想起万条路，早起还是卖豆腐。”如果不付诸行动，目标将永远是幻想。非要等到万事俱备，机会恐怕早已错失。做出一个决定，如果迟迟不付诸实施，无论计划多完美，最终都不免纸上谈兵。无论多大信心，随着时间的推移，都会因为耽于行动而变成无用的空话。只有将自己的胆识、勇气付诸实践，才能产生实实在在的成果。好的策略不应局限于书面，最好的办法还是行动起来，按照完善的计划，一步一步地实施，并根据外界环境的变化调整策略。果敢地行动起来需要勇气，坚持下去则需要更大的勇气。敢想敢做，在确认了目标后竭力为之，这是个人进步的先决条件。渴望成功者的信条是：“别人能做得到，我也能做得到。”

⑤排除懦弱。敢是一种胜利，不敢就是一种失败。有多少“不敢”让个体与成功失之交臂，最终半途而废呢？“敢”是一种衡量胆商高低的表现，因为敢，与成功的距离将被拉近。因为不敢，在远离风险的同时，也将错过成功的机会，造成遗憾。在懦弱者面前，哪怕只是一块小小的石头，也会筑起一座坚不可摧的堡垒。挑

战成功，就应该大声地对懦弱和“不敢”说不。

⑥有所不为。真正有胆有识的人，懂得看准尝试的时机。“该出手时就出手”的另一面是“该出手时才出手”，它包含两方面的意思：第一，该出手时绝对不能退缩，不能有半点畏惧之心；第二，不该出手时决不出手。从表面上看，这好像是一种近乎懦弱的表现，其实它是一种超越，是能够明察真相的胆略。勇敢的定义虽然只有一个，但表现形式有多种多样。真正的勇者，该前进时就决不退缩，该退后时也决不鲁莽。面对权威，有没有勇气说出相反的观点？面对错误的命令，有没有勇气反抗？也许这样的问题，应该在脑海中经常出现才行。高胆商的人明白什么可为，什么不可为。什么都不敢为的人，是怯懦的人，不会成功；什么都敢为的人，也不见得是高胆商的人，充其量是鲁莽之人，也不大可能成功。[①] 勇敢和冲动，虽然只是差之毫厘，却可能导致谬以千里的结果。知道自己真正想要什么，知道自己能够做什么，然后勇敢地去做，这才是成功的必要素养。

2. 逆商

当今和平年代，拥有应付逆境的能力更能使人立于不败之地。

（1）何谓逆商。

逆商（Adversity Quotient，AQ）全称“逆境商数”，又称“挫折商”或“逆境商”，是指面对逆境承受压力的能力，或承受失败和挫折的能力。有些人只能适应一帆风顺的人生机遇，一旦遭遇逆境，即精神崩溃。失败乃成功之母。法国大作家巴尔扎克说过：“苦难对于天才是一块垫脚石，对于能干的人是一笔财富，而对于弱者则是万丈深渊。”著名成功学大师卡耐基说：“苦难是人生最好的教育。”名人之谈告诉我们：伟大的人格只有经历熔炼和磨难，潜力才会激发，视野才会开阔，灵魂才会升华，个体才会走向成功。正所谓“吃得苦中苦，方为人上人”。[②]

在当今企业中，越来越多的经理人已经认识到了一个事实：智商、情商、逆商三个心商的主要组成要素相互影响、相互作用，共同决定了一个人的成功与否。在企业录用过程中智商很重要，而真正使其在职业道路发展中得到晋升的往往是情商，而面对逆境使其披荆斩棘，最终达到目标的却是逆商。逆商高的人勇往直前，无论环境有利还是不利，人生幸运还是不幸，他们都不会停止前行。他们在逆境面前保持着一种生命激情，绝不让年龄、性别、身体缺陷或者任何其他障碍阻挡其实现成功愿望的脚步。逆商高的人具有坚定的信念，这种信念存在于他们本身。每当他们遭遇困难时，这种信念就会释放一种巨大而神秘的力量。他们坚韧、顽强而有弹性，心中没有退缩。对待逆境，逆商高的人有自己的解决方法，他们会不断调整自己前进的方向，寻找更适合自己的道路。

（2）逆商构成。

逆商由四个部分构成，即控制感、起因和责任归属、影响范围、持续时间。

①控制感。控制感是指人们对周围环境的信念控制能力。面对逆境或挫折时，

---

① 乔辉．必须胜利——用胆商打造一往无前的创业精神［J］．科技创业月刊，2002（9）：62－63.

② 罗媛媛．逆商——青年通向成功的大智慧［J］．当代青年研究，2009（2）：11－14.

控制感弱的人只会逆来顺受，听天由命；而控制感强的人则会能动地改变所处环境，相信人定胜天。控制感弱的人经常说：我无能为力，我能力不及；控制感强的人则会说：虽然很难，但这不算什么，一定有办法。

②起因和责任归属。造成个体陷入逆境的起因大致可以分成两类：第一类属内因：因为疏忽、无能、未尽全力，抑或宿命论，往往表现为过度自责，意志消沉，自怨自艾，自暴自弃；第二类属外因：合作伙伴配合不利，时机尚未成熟，或者外界不可抗力。因内因陷入逆境的人会说：都是我的错，我注定要失败；因外因陷入逆境的人会说：都是因为时机不成熟，事前怎么就没想到会发生这样的情况呢？高逆商者，往往能够清楚地认识到使其陷入逆境的起因，并甘愿承担责任，能够及时地采取有效行动，痛定思痛，在跌倒处再次爬起。

③影响范围。高逆商者，往往能够将在某一范围内陷入逆境所带来的负面影响仅限于这一范围，并将其负面影响程度降至最小。身陷学习中的逆境，就仅限于此，而不会影响工作和家庭生活；与家人吵架，就仅限于此，而不会因此失去家庭；对事争执，就仅限于此，而不致对人也有看法。高逆商者能够将逆境所产生的负面影响限制在一定范围，不至扩大到其他层面。越能够把握逆境的影响范围，就越可以把挫折视为特定事件，越觉得自己有能力处理，不致惊慌失措。

④持续时间。逆境所带来的负面影响既有影响范围问题，又有影响时间问题。逆境将持续多久？造成逆境的因素将持续多久？逆商低的人，往往会认为逆境将长时间持续，事实则会如他们所想的一样去演变。[①]

（3）逆商开发。

在市场经济时代，人们随时随地都会陷入逆境。俗语说："人生不如意事十有八九。"人生前进的路没有一帆风顺的，而一个人在逆境中的表现往往决定了个体的人生走向。个体成功与否，不仅取决于其是否有强烈的创新意识、娴熟的专业技能和卓越的管理才华，而且在很大程度上取决于其面对挫折、摆脱困境和超越困难的能力。学会应付逆境的能力是时代变迁的需要，它成为个体获取成功的先决条件和重要资源。面对逆境，有的人努力奋进，百折不挠；有的人在一番争取后，偃旗息鼓；有的人一旦陷入困境，就心怀恐惧，回避问题。不同的态度导致了不同的结局，或是到达理想的彼岸，或是缩手缩脚，碌碌无为。从个体角度来看，有相似智商、情商和教育背景的人，数年之后，成功的程度差别很大。究其原因，排除机遇的因素，往往取决于逆商的高低。这种体现人的生命力量和生命价值的能力很值得探究。因此，企业应该把员工的逆商开发作为着力点，积极进行逆商培养，使其在逆境面前，形成良好的思维反应习惯，增强意志力和摆脱困境的能力，从而提高其成功率。

逆商专家保罗·史托兹博士的研究表明，一个人逆商愈高，愈能以弹性面对逆境，积极乐观，接受困难的挑战，发挥创意，找出解决方案，因此能不屈不挠，愈挫愈勇，从而实现卓越。相反，逆商低的人，则会感到沮丧、迷失，处处抱怨，逃

---

① 秀斌．逆商——成功的重要因素［J］．继续教育与人事，2003（1）：42.

避挑战，缺乏创意，往往半途而废，自暴自弃，终究一事无成。在企业不景气的阶段，不论是在职或待业，突发状况的发生概率都会提高。因此练就响应逆境的好本领，就愈显重要。到底该怎么做才能提升逆商呢？

①减少抱怨。人们一致认为未来的竞争将越来越激烈，生活的压力也将越来越大。这种挑战与压力会使个体随时随地遭遇逆境。如果逆境无法回避，那么又该如何面对呢？是沮丧、灰心、愤怒、绝望，还是消极地悲叹命运的不公？所有这些都无济于事。只有认真、辩证地对待逆境，逆境才会消失，才会变成一条崎岖的小路将个体引向成功的殿堂。

碰到不如意的情况，逆商低的人会怪东怪西，认为都是别人的错，害自己不能如愿，抱怨过后，心情往往更加沮丧，而问题依旧无解。逆商高的人通常没时间抱怨，因为他们正忙着解决问题。所以请减少抱怨的时间，因为少一点时间抱怨，就多一点时间进步。

②缺中选优。逆境也有可能成为孕育积极的机会，从中寻找积极的因素就会改变人的心态。伟大的人格无法在平庸中养成，只有经历熔炼和磨难，愿望才会激发，视野才会开阔，灵魂才会升华，个体才会走向成功。古今之成大事业者无不屡遭厄运，饱经磨难。但他们以不懈的奋斗在逆境中崛起，以艰苦卓绝、百折不回的努力，最终叩开了成功的大门。约八成创业富豪出身贫寒或学历较低，他们白手起家创大业，赢得了令人羡慕的财富和名誉。他们没有一个是一帆风顺、不经失败和挫折就获得成功的，甚至大起大落，几经沉浮。

逆境不会长久，逆境本身也并非一无是处。在弱势与缺陷之中寻找机会，是逆商高手转败为胜的技术。当挫折发生时，如果第一个念头是："完了，这下没救了。"那就很难逃脱悲观的诅咒。逆商高手的做法是，遇到状况，先问自己："现在有什么可珍惜的？"换句话说，在挫折中找优势，并把它转化成进步的推动力。例如，突然失业的消息令人错愕，但想一想，现在有很多时间可由自己支配，还有遣散费，可以再进修第二专长，似乎会是不错的想法，也许就此开创出另一番事业。毕竟，自怨自艾解决不了问题，懂得在逆境中寻找机会，才是高逆商的表现。

③侧视不幸。看待挫折与失败，不能只是一味地负面理解。在逆境中，在遭受失败和挫折后，个体才会真正发现自己的不足。这些思考和经验都可为前进打下坚实的基础。挫折能给予个体警告，提醒他加倍小心。逆境，是一座警钟，它警告个体，之所以遭遇逆境，肯定是在某方面出了问题：或者观念不对、态度不对、立场不对、方式不对、方法不对、计划不对；或者客观条件不成熟，天不时，地不利，人不和；或者主观与客观不一致，主观愿望违背了客观规律等。逆境有人为因素，也有自然因素，所以面对逆境时，不能怨天尤人、消极等待，而是要积极反思、客观地寻找病症。逆境也给个体警示：人生有喜有悲，有顺势必有逆势；顺势不要骄傲、盲目乐观，而应该未雨绸缪。

个体懂得了这些道理，逆境才能发挥其积极的功能，才能进一步激发斗志和求胜欲。具有这种心态的人，逆境犹如兴奋剂，激励其焕发斗志、热情和潜能。逆商高手清楚地知道，一时的成败并不能决定一生。因此，只要保持乐观，塞翁失马，焉知非福，逆商高手就能将当下的不幸，变成日后回顾时的幸运。

④逆境大学。面对逆境，如果选择放弃，就是选择失败。逃避逆境者往往想过得过且过的生活，他们会说："这就足够了。"他们找到一些堂而皇之的借口放弃梦想，放弃追求，选择自认为是一条平坦、轻松的人生道路。但是，随着时间的推移，他们将付出更大的代价，可能会遇到更大的逆境。一些人虽然也曾经努力过，但收效甚微。这是因为在前进的途中遭遇了困难，漫长的、看起来毫无结果的征途使其厌倦。于是，他们就会停下来，寻找一个避风的港湾，在那儿躲避风浪。没有什么比半途而废的放弃和丧失希望对未来威胁更大的了，放弃和丧失希望不仅不能解决现实存在的问题，而且还会让个体在未来陷入更大的困境。在追求成功的道路上，许多人都缺乏正确面对逆境的态度。他们遇难而退，拒绝机会，忽略、掩盖甚至放弃人类内在追求进步的本能要求。①

生命蕴藏着巨大的潜能，在逆境中崛起即是例证。不能面对逆境的人就是忽视生命中这种潜能的人，是在有意或无意中逃避自己的人。"逆境大学"将挫折当成人生最好的教材，不断地去书写。企业有意无意地设置逆境以锻炼员工，可使其居安思危，提升员工反弹力的同时提升企业危机管理的能力。

3. 意商

著名教育家陶行知先生曾说过："学生的学习光靠智力不行，光有学习的热情也不够，还得有坚持到底的意志，才能克服大的困难，使学习取得成功。"可见，良好的意志品质对于成功起着极其重要的作用。

（1）何谓意商。

意商（Will Quotient，WQ），也称"意志商数"，是指用以反映人的意志品质及其发展水平的一个概念，包括意志的自觉性、果断性、坚毅性、自制性等。个体如果扛不住风浪，顶不住赞美，就将失却理智，得意即忘形，失意就变形，从而陷入失望、努力、再失望、再努力的循环——一鼓作气，再而衰，三而竭！这些人不是不聪明，不努力，其原因就在于意商的缺失。②

（2）意商构成。

意商的构成因素是自觉性、果断性、坚毅性和自制性。

①自觉性。自觉性是指在行动前能清楚地认识到行动的目的及重要性，并在行动中主导自己加强注意力，坚持到底的意志品质。如员工认识到遵章守纪的重要性，就能自觉地遵守，不需他人去督促；员工懂得生命的可贵，认识到人生的意义，就能珍惜生命，不会轻易自杀；具有自觉性的员工，在工作中就能自觉地完成工作任务，能独立发现问题、分析问题和解决问题，不需要领导、上级的监督，对外界诱惑的抵御力也较强。与自觉性相反的是受暗示性和独断性，这些都是意志力薄弱的表现。

②果断性。果断性是指善于迅速地明辨是非，坚决地采取和执行决定的意志品

① 陈兵．提高"逆商"安度难关［J］．法音，2008（6）：53－55.

② 郝丽，崔永刚．意商与创造性人才培养［J］．山东商业职业技术学院学报，2008（4）：34－36.

质。具有果断性的人，在紧急情况下能够全面、深刻地认识行动目的和采取方法，清楚地预料行动后果。与果断性相反的是轻率和优柔寡断。果断性在员工中有明显的表现，轻率从事、遇事犹豫不决在许多情形中占主导地位。这往往导致员工业绩不佳，甚至品德不良，违纪犯法。随着员工职业生涯发展，知识经验不断积累丰富，认识能力与明辨是非能力提升，果断性的发展逐渐趋于成熟。

③坚毅性。坚毅性又叫毅力，是一个人能够长期地保持精力、克服困难、坚持完成任务的品质。具有坚毅性的人，能克服内、外部困难，不屈不挠地向既定目标前进。坚毅性差的表现是意志薄弱，缺乏毅力。由于兴趣和需要的不同，对所执行任务的意义理解程度的不同，员工的坚毅性呈现出个体差异。意志坚定的员工往往能克服困难，循序渐进地推进工作，能够养成良好的工作习惯，而意志薄弱的员工往往朝三暮四，虎头蛇尾，常常半途而废，难以成功。①

④自制性。自制性是人善于控制和支配自己行动的能力。自制性强的人能够驾驭自我，克服欲望和情绪干扰，迫使自己执行已经采取的并认为是正确的决定，或者坚决制止某些行为的能力。自制性差的表现是冲动、任性，不善于控制自己，不能自觉地去调节行动。员工的自制性与其等级是相关的。一线员工的自制性是初步的，往往易兴奋并带有一定程度的冲动性。由于他们的行为举止较易出格，就须加强控制。随着层级的擢升，员工意志行动的自制性逐步提高。特别到高级管理人员，他们的自制性很强，自我控制与自我调节行为的表现也较为突出。

（3）意商开发。

对于企业及其员工来讲，意商就是忍耐艰苦、抵御引诱的人格意志。耐得住寂寞、受得了委屈、经得起颠簸的人，将是走得最远的人。这个过程其实就是对意志的考验与对意商的开发过程。

①雄心壮志。个体如果没有理想，没有目标，就不会有奋斗的热情，更不能充分挖掘潜力和发挥主观能动性，往往遇到困难、遭受挫折便丧失信心。立志是一件很重要的事情。工作引导志向走，成功随着工作来。立志、工作、成功是员工活动的三大要素，立志是事业的大门，工作是登堂入室的旅程。对理想的追求，树立远大的志向，确定明确的目标，这是员工成才、成功的先决条件。因此，在长期的工作过程中，要始终坚持对员工加强理想教育，引导员工早立志，立大志。企业要把员工的远大志向和具体的工作目标结合起来，把崇高的理想与工作行动结合起来，用理想来指导他们的学习、工作和生活。

②模范效应。榜样的力量是无穷的。对待工作有困难、意志薄弱的员工，管理者应善于运用模范榜样激起其为理想奋斗的热情，促使他们增强自信心，提高责任心，严格要求自己，自觉完成工作任务。管理者的情感意志对员工即有模范效应的影响。管理者在工作中以身作则，持之以恒，时时处处为人师表，一言一行深刻地感染着员工。其矢志不渝的追求，顽强拼搏、刻苦敬业的精神，是激励员工奋发上进，努力工作的催化剂。

---

① 郝丽. 意志与意商的辩证关系［J］. 唯实，2004（3）：13－15.

③情境孵化。参加各种实践活动是培养、锻炼员工意志的有效途径。企业应根据员工的年龄特征和意志发展的个体差异，有意识地在工作中通过各种活动令其独立完成任务。遇到困难和挫折，管理者应及时给予指导，鼓励他们增强战胜困难的信心和勇气，培养他们对社会、集体的责任感。在员工的亲身实践过程中，不断强化他们的意志力，使其逐步形成良好的意志品质。意志力的形成离不开体育锻炼，坚持体育锻炼，不仅能强健员工的体魄，而且还能培养其勇敢、坚强、机智、果断、团结、互助等意志品质。长跑、溜冰、登山、军训等都是锻炼意志的有效方法。

④激情澎湃。激情是一种强烈的情感表现形式，往往发生在强烈刺激或突如其来的变化之后，具有迅猛、激烈、难以抑制等特点。人在激情的支配下，常能调动身心的巨大潜力。企业的主战场就是市场，其背后的激情和意志非常关键。为了赢得市场，企业及其员工都需要激情与执着。赢取市场就好比一场马拉松，在途中掉队的不计其数，鼓舞个体承受寂寞、委屈、劳累与颠簸到达终点的就是他内心燃起的激情——人生也是如此。

⑤坦诚相待。何谓坦诚？顾名思义就是坦白真诚，用真心与别人交流。坦诚在现实中经常被亵渎，能够守住坦诚确实是很不容易的事，这是意志的体现。人都有保持心理平衡的需要，交往如果不能维持一方或双方的心理平衡，势必造成裂痕。当心理处于不平衡状态时，个体需要花费相当的精力去调整，时间短尚且可以，时间一长，就会因耗费太多的精力而疲惫。而在繁忙的工作生活中，谁还会花时间和精力去维持一段没有充分理由却一定要继续下去的谎言呢？于是个体开始封闭自我。究其原因，是坦诚缺位消磨了人的意志。

⑥求真务实。求，就是探索、争取、创造、思考；真，就是本源、真实、真理、规律；务，就是用心做事、努力工作；实，就是真实、成果、实在、实效。结合起来，求真务实就是追求真理，探索规律，结合实践，讲求实效。概括起来，求真务实就是实实在在地做该做的事，用最简单的方法做事。求真务实的好处就是可以把很多没有价值的工作省略，比如重复的报告、多余的制度、太多的喧哗等。

⑦拼搏进取。何谓拼搏，拼搏就是用尽全力搏斗或争取。拼搏是一种精神，是改变命运的法宝。只有拼搏，才能改变自己，进而改变不利的环境，扭转被动局面。拼搏是人类进步的阶梯，人类每一项发明创造无一不是拼搏的结晶。拼搏又是一种生存理念。人生处处充满竞争，要在竞争中取胜，必须拼搏。拼搏不一定取得成功，但是不拼搏必将一事无成。

（四）员工空间拓广

拓广员工在工作中的发展空间，使其左右逢源，良好的人际关系不可或缺。这需要情商的培养。“得道多助，失道寡助。”个体德行水平的高低也是影响员工发挥空间的重要因素。打破常规，举一反三，是个体灵性的表现。如果灵性可以开发，无疑它会使人有更为自由的发挥空间。

1．情商

如今，人们面对的是快节奏的生活，高负荷的工作和复杂的人际关系，没有较高的情商是难以获得成功的。

（1）何谓情商。

情商（Emotional Quotient，EQ），又称“情绪商数”，是指个体控制自己情绪、认知他人情绪并进行协调的能力。情商高的人，总是能得到众人的拥护和支持，人们都喜欢与其交往。同时，人际关系也是人生的重要资源，良好的人际关系往往能获得更多的成功机会。①

员工在职场中经常会遇到许多困惑：不知道何时该说、何时不该说；不知道何时该严、何时可以松；不知道如何与别人建立情感连接；不知道世界不只是非黑即白；不知道帮助别人的方式是否有效；不知道自己怎样才能赢得上级、同事的好感……可以说这些都是情商匮乏的表现。

（2）情商构成。

所谓“人贵有自知之明”就是情商的第一层次。自我控制和自我激励是情商的第二层次和第三层次。第四层次（理解和帮助他人）和第五层次（影响和感召他人）与前三个层次不同，前三个层次是情商的基础，是情商的自我修炼；后两个层次是与他人相处方面的情商应用，是情商高低的表现。

①自我认知。个体首先要清晰地认识自己。许多人虽然了解自己的优势与劣势，但对自己的劣势没有去控制克服，对优势没有去挖掘发挥，而是不断在自己的劣势部分去挖掘、去硬拼，而对自己的真实优势却未加重视，只能说，其还是没有真正认识自己。职场道路的稳步推进，关键在于提升自我认知。如何提升自我认知呢？一个最简单而经济的方法，就是随机式自我认知。它随时都可用，即经常主动向他人寻求对自己的评价反馈，特别是要重视负面的反馈。

②自我控制。个体一旦失去控制，局面将难以想象。所以需要找到适当的方法，在感觉快要失去理智时使自己平静下来，做出理智的行动。当遇到突发事件时，理智的人让血液充满大脑，聪明地思考问题；野蛮的人让血液充满四肢，因此大脑空虚，疯狂冲动。当血液充满大脑时，个体头脑清醒，举止得当；反之，当血液都流向四肢和舌头的时候，个体就会做蠢事，冲动暴躁，口不择言。事实上，当个体在压力之下变得过度紧张时，血液的确会离开大脑皮层，于是就会举止失常。此时，大脑中动物的本性会起主导作用，使个体像原始的动物那样行事。要知道，在文明社会中，表现得像个原始动物会给个体带来大麻烦。

③自我激励。人是需要激励的，但总是依赖别人的激励是被动的。因为每个人都是处于矛盾复杂的工作、学习和生活环境中，时时都会有来自他人的埋怨、误解、中伤，甚至敌意。心态是积极的还是消极的、主动的还是被动的，所表现的行为是不一样的，其结果也不一样。能自我激励的人，比靠别人激励的人更强大，更有可能把握机会，也更容易获得成功。自我激励的方法很多：离开舒适区、加强紧迫感、调高目标、敢于竞争、多与积极进取的人交往、多读励志方面的书、多听励志方面的歌曲……认识到成功更多地由非智力因素等可控因子决定，即事在人为，那么个

---

① 李津军．不可忽视的“情商”［J］．知识窗，2002（8）：34－35．

体就会信心满怀。

④理解和帮助他人。情商高的人是关注他人、关心他人、关爱他人的人。关注别人才能敏锐察觉别人的需求，才能精准满足别人的需要。善于理解和帮助他人的人，会拥有非常健康积极的人际环境。不关注他人、不关心他人、不关爱他人的人，也难以得到别人的关注、关心与关爱。“帮助别人就等于帮助自己”，乐于助人者所得到的帮助会比不愿意帮助别人的人多得多。帮助像存款一样，施与别人的帮助越多，在需要时得到的帮助也会越多。

⑤影响和感召他人。这是情商的最高境界，时下流行的“领导力”实际上就属于这一内容。某些人不能成为管理人员，得不到下属的尊重和追随，其根本原因就是缺乏影响和感召他人的能力。要具备第五层次的能力，必须有第一、第二、第三、第四层次的逻辑基础。第一，要对自己有清晰的认识；第二，能控制好人性的私欲、贪婪、情绪发泄等；第三，能在低谷中振作，有坚强的意志；第四，对人尊重，有仁爱之心；第五，拥有领导者沉着、坚毅、勇敢、负责的素质。以上五个方面，与专业无关，都是软素质，而这些软素质就是情商的组成。有些员工专业能力很强，个人业绩突出，却带领不了团队，他所缺少的就是情商。[①]

（3）情商开发。

与智商不同的是，情商主要是人在后天的人际交往与社会实践中培养修炼出来的。它形成于婴幼儿时期，成熟于儿童和青少年时期，但是成人的情商也可以改变。情商高的人其优秀人格和高尚情操完美结合，能准确地了解自己的真情实感并驾驭自如，能设身处地为他人着想并与之合作。无论是独处还是与许多人在一起时，情商高的人都能怡然自得。由于情商的重要性，情商的测试、培训与开发成为企业人力资源管理的重要工作。

①扫除纷扰。许多耗费精力的事务不利于情商的提高。精力是微妙的，个体平时意识不到精力的消耗，但明显的变化仍可以被体会到。比如，听到好消息时，肾上腺素会激增，而听到坏消息时，会感到精疲力竭。个体通常不会留意精力细微的消耗。譬如，与一个消极的人相处，或在办公室到处找刚刚写过的便笺等。这些琐事确实在分散个体的精力，每次接触之后个体都会感到精力被分散了，这就需要界定分散精力的事务的原因。个体去除浪费精力的事务，从中解脱出来，有助于提高情商——因为他将不再受琐事的纷扰。

②积极思维。任何事物都有两面性。尝试从正面切入，个体可以从多嘴多舌的人身上学会沉默，从脾气暴躁的人身上学会忍耐，从恶人身上学到善良。这些“难以相处的人”最终可能被证明只是与个体不同的人，而对所谓“难以相处的人”来说，该确定个体或许也是“难以相处的对象”。在与难以相处的人打交道时采用与之相同的方式会更有效率，而且会发现这些人并不是那么难以相处。个体可以尝试下决心找出这个人身上的优点，用积极想法代替原先消极的想法。为这个人祈祷，求上苍保佑他。改变对该人的看法，认定他是一个趋于完美的人。个体可能会对一

---

① 李俊霞．情商模型在人力资源管理中的应用［J］．理论与改革，2008（3）：70－72．

直忽视或低估的人大吃一惊，与这些人的关系就会开始改善。个体也可以每周选定一条积极思维语录（开始时可参照一些名言），将其记录在卡片上，把这些卡片每天带在身上，每日阅读、思考几次，例如用餐时。把卡片放在白天见到的地方，例如桌上、皮包中，或镜面上，将其作为该周思维的一部分。每周选定一天为“积极思维日”，在这天从口语中消灭掉“不能”“决不”“不会”等字眼。当个体本来想说“这没用”“从来没这么做过”“我做不了”时，问问自己是否还有其他办法。

③勤奋学习。有一种说法，21 世纪有四种人最容易被淘汰：一是知识老化的人，二是技能素质单一的人，三是单打独斗的人，四是不愿学习、不会学习的人。员工要端正态度，谦虚谨慎，甘当学生，虚心向同事请教。员工还要在“学、思、用、创”四个方面下功夫。“学而不思则罔，思而不学则殆”这句话在 21 世纪，应该有所创新，所以谓之“学而不用则废，用而不创则僵”。只会用还不够，要学以致用。照猫画虎，满足于按部就班，机械式地重复还不行，要敢于创新。学习的进步与工作的顺意是个体情感状态良好的保证。毋庸置疑，难点的突破与问题的解决，将会极大地唤起个体继续努力的热情，其心情自会舒畅。

④善于移情。作为心理学的用语，移情是人际交往中人们彼此之间感情上的互动，指“能设身处地地感受和理解对方的心情”。它包含两方面的含义，一是设身处地地站在对方的角度，体验对方的情绪情感；二是将自己内心的情感移入对方心里，感染对方。善于移情是一种人际交往的能力，体现在交际双方用语言或非语言手段进行情感交流。通过移情，使对方产生真实的、发自内心的思想感情变化，有助于自我同他人共享情感，容易引起亲社会行为的产生和友爱亲善的人际关系形成。情绪情感，是一种随感觉而来的心理现象，是人对客观事物的一种特殊的反映形式，即人对客观事物与人的需要之间的关系反映。它同需要紧密联系，促进和维系人们进行各类活动。人对客观事物采取怎样的态度，要以某事物是否满足人的需要为中介。设身处地、推己及人、角色转换等移情做法会激起情感共鸣，通过体验对方的情绪情感，提升个体控制自我情绪的能力。

⑤远离刻薄。员工在工作的时候需要着重把握的就是处理好高标准与刻薄的矛盾关系。所谓的高标准要有据可查、有法可依。目标设置难度要适中，切不可好高骛远从而令员工无所适从。刻薄则刁钻，引致冲突频起，个体的情绪状态势必喜怒无常。这会造成企业四面楚歌，腹背受敌，管理者只会身陷困境，令各方情绪更加糟糕。所以要保持员工的情绪稳定舒畅，工作标准不可制定得严苛，不可对员工提出过高的要求。

⑥内省自悟。内省强调自我的省察与认知，最早是由孔子提出来的。自悟的意思是，自己觉醒、自己觉悟、自己领会、自己理解。久而久之，个体的心态就会“阳光”起来。具备阳光心态可以使人深刻而不浮躁，谦和而不张扬，自信而又有亲和力。要求个体内省与自悟，其目的不仅是要力求人与人和谐，人与自然和谐，还要注重人内心的和谐。由于缺乏内省自悟，人们的财富在增加，但满足感在减少；沟通工具在增加，但深入的沟通在减少；认识的人在增加，可以谈话的人在减少；房子越来越大，里边的人越来越少；精美的房子越来越多，完整的家庭越来越少；

路越来越宽，心越来越窄……心态出了问题，那就要调整好心态，好心情才能欣赏好风光。塑造健康的心态，塑造知足、感恩、达观的阳光心态，就要从自省与自悟中寻得。通过自省、自悟和自我体验，个体就可以学会享受生活，学会释放，学会谅解、宽容。不原谅别人，等于给了别人持续伤害的机会。境由心造，相由心生——快乐的心态会像温暖的阳光驱散心里的阴云，提升个体的情商。①

2. 德商

虽然情商可以使人具有高度的自制力和人际交往能力，但它在多数情况下是价值中立的，不能帮助人区分对与错，使人避免做错事。② “德”是人才的根本和统帅。个体如果没有道德，不仅不会成为社会所需要的人才，还可能成为一个歪才，即使真有本领，也可能因为满身负能量而对社会造成较大伤害。

（1）何谓德商。

德商（Moral Quotient，MQ），是指一个人的德行水平或道德人格品质。德商的内容包括体贴、尊重、容忍、宽恕、诚实、负责、平和、忠心、礼貌、幽默等各种美德。人们常说的“德智体”是把德放在首位的。罗伯特·科尔斯说，“品格胜于知识”。可见，德是最重要的。人才是“人”和“才”的统一，只有先“成人”，才能“成才”，人才须是德才兼备的。“成才”重在思想道德修养，学会做人，形成正确的世界观、人生观、价值观。

古人云：“得道多助，失道寡助”，“道之以德”，“德者得也”，就是说要以道德来规范行为，不断自我修炼，才能获得人生的成功。德不厚，无以载物。一些人的失败，不是能力的失败，而是做人的失败，道德的失败。一个高德商的人，一定会受到信任和尊敬，正所谓“德高望重”，自然会有更多成功的机会。职场竞争激烈，人心日益浮躁。如不对德商加以重视，诸多传统道德有日渐沦丧的危险。因此，企业挑选人才时，在同等能力下更应看重其品德。③

（2）德商构成。

德商由七个基本美德组成，即同情、正直、节制、尊重、和善、宽容和公正。

①同情。同情是人感受别人情感的途径，是人类相互理解的基础。同情意味着真诚热情地对待别人，主动帮助他人，帮助那些遇到困难的人。

②正直。正直是人内在的强烈需求，它能帮助个体妥善处理人际关系中的纠葛，明辨是非。正直使得个体一旦偏离道德的轨道，就会忐忑不安。正直使个体面对诱惑也能坚决抵制，增强抵御那些与善行背道而驰的力量。

③节制。节制使得个体面对自己的欲望时，能够三思而后行，约束其冲动，从而使得个体有正确的行动。节制的人可以避免因为匆忙做出选择而导致严重的后果，形成独立思考和行动的能力。

④尊重。尊重是所有美德中最基础的，它使得个体在生活中可了解别人的感受、

---

① 罗西．和谐职场关系，从提升情商开始［J］．人力资源，2008（17）：70－71.

② 嘉嵘．德商，并非虚名［J］．现代工商，2007（8）：40－41.

③ 曾向东．德商是人生的根本［J］．南京社会科学，2006（6）：30－31.

为别人着想，真正做到“己所不欲，勿施于人”。一个尊重别人的人很少会用暴力、辱骂、仇恨去对待他人。当尊重融入个体生命的时候，他能更好地去感受，体会人际关系的奥妙，在更加尊重别人的基础上，更加尊重自己。

⑤和善。和善使得个体在日常工作生活中充满涵养。拥有和善品德的人能够更多地考虑别人的感受，体会别人的生活，关心别人的疾苦。这些人通常还很谦虚，不认为别人比自己低一等，差一个级别，不会小看他人。和气生财，懂得和气待人的人不骄傲、不自卑，更受欢迎。

⑥宽容。宽容的人在对待与自己持有不同观点、不同见解的人时，有耐心去思考这些差异的来源，而不是简单地认为别人错了。宽容的品德使得个体在面对与自己不同种族、不同性别、不同信仰、不同文化、不同宗教、不同能力的人时，能够去伪存真，求同存异。

⑦公正。公正使得个体在人际关系中，光明正大、不偏不倚地对待别人。因此，个体会按规则办事，在做出判断之前听取各方的意见。公正的人尤其具有同情心，从而可增强其美德，保护那些遭受不公待遇的人。世界是公正的，公正对待别人的人，才会被别人公正地对待。

（3）德商开发。

有人提出，智商决定人的学习能力，情商使人适应环境，德商决定如何做人。智育不合格是次品，体育不合格是废品，德育不合格是危险品！所以，开发员工的德商是企业成功的关键和根本，企业要不断加强员工的道德修养，陶冶情操，不断增强其企业责任感，提升道德品质和道德境界。水能载舟，亦能覆舟！虽说企业经营获取利润天经地义，但只有经得起道德检验的利润，才能赢得社会对企业的敬重。反之，如果企业及其管理者对德商视而不见、漠不关心，将会使企业形象蒙垢，顾客渐行渐远。

前文所述的七种德商，即同情、正直、节制、尊重、和善、宽容和公正，也可以概括为四个方面：诚信、宽容、责任和感恩。诚信即诚实、诚恳、信用和信任。做到诚信，一方面要取信于人，另一方面也要给予他人信任。只有忠诚对人，诚恳待人，才会得到他人的信任。宽容是一种非凡的气度和胸怀，是对人对事的包容、理解和接纳，是一种思想成熟、心灵丰盈的境界。责任是个体应当承担的分内之事，责任心主要反映在行动中，表现为遇到再大的困难，都勇于担当。当然，承担这种责任，需要意志的支撑。感恩是一种深刻的感受，是一种增强个人魅力的体现。感恩能够提升德商的指数，时常怀有一颗感恩的心，会使个体显得更谦和，从而受到他人的欢迎。若想有效开发德商，就有必要从这四方面入手。

①诚信立身。诚实守信，做人做事的态度才会正确，才能找到为人处事的恰当方法，获得良好的效果。诚信于君为忠，诚信于父为孝，诚信于友为义，诚信于民为仁，诚信于交为智。诚信是最宝贵的美德，是我们取信于人的根本。生命不可能从谎言中开出灿烂的花朵。个体如果失去了诚信，就如同一叶孤舟，茫然在人际的汪洋中漂泊。只有讲诚信，内不欺己，外不欺人，才能成为受人尊敬的人。

诚信既是做人的基本准则，也是社会中人与人相互关系间的基础道德规范，一个充满欺诈和谎言的社会，会销蚀人的勇气和良善，消弭国家民族的团结精神。个体不妨先做一个善意的“老实人”。当然，这种善意、老实是讲究时机、分寸及效果的。

②宽容安身。宽容是一种豁达的风范，气量狭窄、无法宽容是不受欢迎的。中国自古就提倡“君子有容，其德乃大”，“不责人小过，不发人阴私，不念人旧恶。三者可以养德，亦可以远害”。宽容待人，就是在心理上接纳他人，学会接受他人的缺点和错误，这是理解和尊重他人的原则。

个体当存有隐恶扬善、忠恕宽厚的美德，不揭发别人的隐私，不计较别人的过失。这才是立身处世之道，也能避免无妄之灾。首先，要敢于正视自己的怒气，心平气和地多从他人的角度考虑，这样就能避免诸多不必要的矛盾和麻烦。哲学家康德说：“生气，是拿别人的错误惩罚自己。”成功需要宽容，不需要仇恨，只有理解才能带来更多机会。其次，要着眼于未来，放下烦恼。曾经发生的许多不快之事不要重提，重要的是未来。最后，要对误解和伤害过自己的人表示谅解。把对手看作朋友，这是至高境界的宽容。将敌人变成朋友，难道不正是消灭敌人吗？多一些宽容，公开的对手或许就会成为潜在的朋友。宽则得众，内心宽厚，必能得到部下的忠心；相反，若心胸狭窄，则难免众叛亲离。

③责任守身。人是社会的人，无论是对工作、家庭、亲人还是朋友，个体都具有一定的责任。正因为存在各种责任，个体才会对自己的行为有所约束。个体责任感的强弱，决定了其做事是尽心尽责还是浑浑噩噩，这种态度又在某种程度上决定了其做事结果的好坏。对于渴望成功的人，个人的学识、能力、才华固然很重要，但如果缺乏责任感，这些素养就会被轻易抹去，成功也就无所傍依。没有责任感的人是自私的，他们虽然也有欢乐，但那只是轻浅而短暂的。

责任感的培养并非易事，强烈的责任感是在做事的过程中形成的。每个人所承担的工作不同，能力和作用就不同，但无论什么事情，系于责任就绝无小事。一颗道钉足以倾覆一列火车，一根烟头足以毁掉一片森林。个体如果因为事小而不为，就是对工作、对自己的不负责，同样，逃避和推卸责任更是愚蠢的做法。懒散和敷衍一旦成为习惯，必然使工作变得糟糕。生活中失去责任感，会失信于人；工作中失去责任感，做事就会漏洞百出。人对自己履行责任的过程，就是建构自我主体意识的过程；对别人履行责任的过程，就是相互取得认同的过程。没有责任感、缺少认同的人，是不会被企业与社会接纳的。①

④感恩养身。很多人以为，“感恩”就是“感谢恩人”，就是感谢于己有大恩大德的人。事实上，感恩是一种生活态度，一种能否善于从生活中发现真善美的习惯。对很多“理所当然的事情”心存感激，对每一件平凡的事物心存感激，是一种难得的心境。怀有感恩的心，个体就会对别人、对环境少一分挑剔，多一分欣赏，就会发现更多寻常生活中的闪光之处。

“感谢父母把我带到这个世界，感谢朋友热心的帮助，感谢兄弟姐妹之间的相

---

① 牟永泉．情商、德商与人际和谐［J］．经济视角，2008（8）：53－55.

互理解，感谢上苍、亲人、同学、同事、领导、部下……”其实这些话员工都应该经常默念。不要因为自己没有美貌、财富或者过人的智慧而抱怨上苍的不公——快乐健康地生活在世上，难道不是命运的恩赐吗？如果囿于某种不如意，难免会郁郁寡欢，生活自然会无趣。感恩之心，足以稀释心中的宿怨和愤恨，以坦荡的心境、开阔的胸怀应对工作与生活中的酸甜苦辣，给予别人更多的帮助和鼓励，原本平淡的工作与生活就会焕发出迷人的光彩！

3. 灵商

许多科学家、发明家和艺术家都认为，灵感出现在长期的紧张工作与思索之后的暂时松弛状态。其实，灵感并不是科学家、发明家和艺术家的“专利”，一般人只要头脑正常都会有，只不过发挥的作用没有那么大。平常我们说，某人脑子很“灵光”，指的就是其灵感思维，即顿悟性。为什么人往往在紧急关头，能急中生智、胸有成竹、灵机应变？为什么有的人能过目不忘、过目成诵，有惊人的记忆力？东方智者素有“明心见性，顿悟成佛”之说，指的就是“灵商”的作用。[①]

（1）何谓灵商。

灵商（Spiritual Quotient，SQ），又称“灵感商数”“灵性智力”，是对事物本质的灵感、顿悟能力和直觉思维能力。灵性智力可以打破常规、打破有限。实际上，灵商是指一种智力潜能，是以与生俱来的心灵感应原理为依据的灵感智力，属于潜意识的能量范畴。著名科学家钱学森说：“灵感是潜意识，当酝酿成熟时突然沟通，涌现于意识即成为灵感。”灵感是人在神奇的创新活动中的心理现象，它是人脑的机能，是对客观现实的反映。灵感思维往往表现为灵感或意念的突然闪现或悟性的涌现，它是智力劳动的产物，具有突发性、飞跃性、瞬时性的显著特征。由于思维过程和概念运动都不是连续的和一致的，灵感思维在很大程度上只能任其自由发挥，很难对其进行控制与引导，或寻找出思维对象的来龙去脉。

（2）灵商构成。

灵商的构成因素有灵感、顿悟能力和直觉思维能力。

①灵感。灵感是在构思探索过程中由于某种机缘的启发，或由于艰苦学习、长期实践，不断积累经验和知识而突然出现的富有创造力的思路，即豁然开朗、精神亢奋并取得突破的一种心理现象。灵感给人们带来意想不到的创造力，是思维过程中认识飞跃的心理现象。然而它的产生却是突然而来、倏然而去的，并不为人们的理智所控制，具有突然性、短暂性、亢奋性和突破性等特征。

②顿悟能力。顿悟是一种瞬间迸发的灵感，是指一种特定问题求解，即瞬间产生思想火花的心理过程。格式塔理论揭示，顿悟是思维中旧的格式塔（即旧的逻辑）被打破和新的格式塔（新的逻辑）被创建的过程。格式塔理论还揭示，人的顿悟能力是普遍的、先天性的，即无师自通的。现代心理学发现，任何顿悟必须以明确的思考问题为大前提，同时，人们必须对此问题经过长期、认真，甚至艰苦的思考，顿悟才可能出现。

---

① 梁勤．灵商——人类成功与幸福的缔造力［J］．决策咨询通讯，2007（3）：58－61．

③直觉思维能力。直觉思维能力是指对某问题未经逐步分析，仅依据内因的感知迅速地对其答案做出判断、猜想、设想，或者在对问题百思不得其解之时，突然有灵感和顿悟，甚至对未来事物的结果有预感、预言的思维能力。直觉思维是一种心理现象，在创造性思维活动的关键阶段起着极为重要的作用，这种能力是可以有意识地加以训练和培养的。直觉和灵感就像是理智与情感的孪生姊妹，和灵感比较起来，直觉更具有理智性，灵感则更具情感冲动。一般说来，灵感创造必然触及直觉，但直觉思维不完全都源于灵感。情感性的灵感相当难以捉摸，而理智性的直觉意味着可以循迹而入，即被进一步接触。①

(3) 灵商开发。

成功与管理没有定式，单靠成文的理论是解决不了实际问题的，还得需要悟性，需要灵商的闪现。修炼灵商，关键在于不断学习、观察、思考，要敢于大胆地假设，敢于突破传统思维。高灵商代表有正确的价值观，能分辨是非，辨别真伪。没有正确价值观指引、无法分辨是非黑白的人，在其他方面的能力愈强，对他人的危害也就愈大。只有抓住灵感出现的时机，摆脱惯性思维的束缚，灵感才有可能被捕捉。灵商的先天性很重要，但先天并不能决定全部，后天的开发也是相当重要的。为实现创新，必须开发“灵商”。②

①换位思考。换个角度看问题，可以获得新的理解，做出与常规思维不一样的行为决策。变则通，通则灵。常规思维会限制视野，尤其在遇到挫折困难时，常规思维使个体无法摆脱困扰，除了造成心理上的困扰，还会导致行为上的偏差。因此，要从逻辑出发，学会变通进取，换一种立场和角度看问题，从挫折中不断总结经验，产生创造性的变革。

②学以致用。有效的学习能力，是动态衡量人力资源质量高低的重要标准。我们通过学习来开发大脑潜能，吸纳有实用价值的信息资讯。实践证明，企业或个人凡是能通过自我超越、心智模式等提高学习力，都能在原有基础上焕发活力，再铸辉煌。提高学习力，读书是有效的方法。提高自身的素质和修养，也有益于身心健康，这是古今能人共同追求的目标。模仿是从他人的成功里汲取经验的一条捷径。跟成功者在一起，模仿成功者的精神，拷贝成功者的心绪，能够获得价值不菲的知识。

③心领神会。孔子曰：“学而不思则罔，思而不学则殆”，意指不仅要会学，还要勤思考、会领悟。成功人生没有定式，单靠成文的理论是解决不了实际问题的，还得需要悟性，需要灵商的闪现。开发灵商，关键在于观察、思考，要敢于大胆假设，敢于突破传统思维。表现在实际工作中，就是要把学到的东西融会贯通。工作实践能让人明白很多事理，感悟到书本外的东西。在日常的生活和工作中，不断思考的过程将促成一次次灵感的飞跃。理论联系实际，通过不断领悟，让自己的经验与理论日臻完善与成熟，由外而内从根本上升华自己。人类的大脑存在无限可待开

---

① 周宏波．论人类的第三种智力［J］．重庆工商大学学报（社会科学版），2003（3）：150－152.

② 孙博．创新导向的灵商开发［J］．企业改革与管理，2012（3）：46－47.

发的潜力。因此，悟性、灵商都可以通过有计划的思考训练获得提高。

④居安思危。孟子曰："生于忧患，死于安乐"，意指人要有危机意识。一个国家如果没有危机意识，迟早会灭亡；一个企业如果没有危机意识，迟早会垮掉；一个人如果没有危机意识，难以应对不可预知的灾难。未雨绸缪是一种好习惯。未来是不可预测的，人也不会天天都交好运。因此，要在心理上和行动上有所准备，应对突如其来的变化。有了危机意识，也许不能把问题完全消灭，却可以把出差错的概率降低。在顺境中找退路，在逆境中找出路，谨慎行事。在这样的危机意识下，更能激发灵感与创意。缺乏危机意识是最大的危机。在生活、工作和人际关系等方面，都要有居安思危的认识和心理准备。尤其在一帆风顺时，更应随时把"万一"摆在心里。人最怕的就是过安逸的日子，在安逸中会失去反思的意识和能力。①

⑤右脑开发。人类力大不如牛，奔跑不如鹿，灵敏不如猫，嗅觉不及狗，但是凭借发达的大脑，成为主宰地球的"万物之灵"。如今，"灵性"已成为备受关注的概念。与灵商相关的主要是右脑。人的大脑由左脑和右脑两部分组成。左脑主要司职分析、抽象、计算、语言等，侧重于抽象思维，被称为"科学脑"。右脑主要司职想象、虚构、感受、创造等，侧重于直觉的形象思维，被称为"艺术脑"。右脑思维在认知方面的直觉思维能力、顿悟思维能力、形象识别能力、空间判断能力，以及对复杂关系的理解能力和情绪表达能力等，远远超过左脑。产生创造性思维的能力有赖于灵感、顿悟、直觉的激发与涌现，需要将直觉顿悟与逻辑语言结合起来。故此，右脑又称为"创造脑"，其跳跃性形象思维方式是创新能力的源泉。②

---

① 刘燕. 浅谈"灵商"与21世纪人才培养［J］. 扬州职业大学学报，2008（1）：47－49.

② 司丽丽，李蓉，张久兵. 右脑开发与人才培养［J］. 教书育人，2003（24）：6－7.

后　记

本著作完稿于2016年春天，初稿成于2009年冬天，研究始于2006年春天，前期调研则可追溯至20世纪90年代——可以说其成书过程凝结了笔者二十余年的心力。笔者于2000年前后在企业从事实务工作，此后一直在高校从事工商管理专业教学科研工作并主持了多项企业对接课题。十年前，笔者还是一名懵懵懂懂的人力资源管理专业博士研究生。此间，历经“创新型国家”战略洗礼，深研创新导向的人力资源管理。近年来，虽然行政事务缠身，但推出本书的初衷未曾改变，并坚持勉力为之，一以贯之。受此经历影响，笔者对本书主题感触颇深。本书成果来源于实践，归纳于理论，其目的是服务于实践。改革开放近四十年，《中华人民共和国公司法》出台二十余年并几经修改，其间，我们所接触的创新不胜枚举，受惠群体则数不胜数……但愿这部著作能够为知识经济背景下的创业创新工作提供一定的借鉴。

与经典人力资源管理相比，创新导向的人力资源管理最大的不同就是它具有一种前瞻思维，即在实施人力资源管理之前，以是否有利于创新作为考量与取舍的依据。如因为知识工作者更有可能创新，就可认为其在战略的某一方面具有创新导向。再如，因为个性化的福利设计更有可能提升组织士气与员工满意度，就可认为其在保障的某一方面可以进行创新导向。在践行人力资源管理之时，企业对创新的关注可能是有意识的，也可能是无意识的，即管理者可能已经在不经意间实施了创新导向的人力资源管理。本书的宗旨就是明确其目标与任务，从而使其发挥更大的作用。

需要说明的是，本书的若干观点曾在《内蒙古社会科学》《兰州学刊》等学术期刊及有关国际会议上发表与传播，为EI、CPCI等国际检索收录，获得第二届中国人力资源管理大奖成果银奖、“人力资源管理实践与创新”征文优秀奖等奖项，受到较好的社会评价。

孙　博

2016年2月于嘉园